主　　编　蒋惠岭　国家法官学院副院长
　　　　　　　　　最高人民法院司法案例研究院负责人
副 主 编　关　毅　国家法官学院科研部主任
　　　　　刘　畅　最高人民法院司法案例研究院规划部主任
主编助理　边疆戈　国家法官学院科研部编辑
　　　　　朱建伟　国家法官学院科研部编辑
　　　　　赵文轩　最高人民法院司法案例研究院规划部编辑

《中国法院年度案例》编辑人员（按姓氏笔画）
边疆戈　朱建伟　刘　畅　关　毅　杨小利
罗胜华　赵文轩　胡　岩　袁登明　唐世银
曹海荣　梁　欣　蒋惠岭　程　瑛　谭　红

本书编审人员　刘　畅

中国法院

2020年度案例

国　家　法　官　学　院
最高人民法院司法案例研究院◎编

人格权纠纷

（含生命、健康、身体、姓名、肖像、名誉权纠纷）

中国法制出版社
CHINA LEGAL PUBLISHING HOUSE

《中国法院年度案例》通讯编辑名单

序

坚持和完善中国特色社会主义法治体系，是党的十九届四中全会作出的一项重要部署。作为其核心组成部分，高效的法治实施体系所要实现的就是让静态的法律制度在实践中得到良好实施。《中国法院年度案例》丛书的价值追求，即公开精品案例，研究案例所体现的裁判方法和价值理念，提炼裁判规则，助推司法标准统一。

《中国法院年度案例》丛书，是国家法官学院于2012年开始编辑出版的一套大型年度案例丛书。丛书由国家法官学院案例开发研究中心具体承担编辑工作，每年年初定期出版。此前，该中心坚持20余年连续不辍编辑出版了《中国审判案例要览》丛书近90卷，分中文版和英文版在海内外发行，颇有口碑，享有赞誉。作为一种全新的案例研究产品，《中国法院年度案例》丛书旨在加强完善中国特色案例指导制度，探索编辑案例的新方法、新模式，以弥补当前各种案例出版物的不足。该丛书2012~2019年已连续出版8套，一直受到读者的广泛好评，并迅速售罄。为更加全面地反映我国司法审判执行工作的发展进程，顺应审判执行实践的需要，响应读者需求，2014年度新增3个分册即金融纠纷、行政纠纷、刑事案例，2015年度将刑事案例调整为刑法总则案例、刑法分则案例2册，2016年度新增知识产权纠纷分册，2017年度新增执行案例分册，2018年度、2019年度将刑事案例扩充为4个分册。现国家法官学院及时编撰推出《中国法院2020年度案例》系列丛书，共23册。

当前市面上的案例丛书百花齐放，又有裁判文书网，可以查询各级法院、各类的裁判文书，还有各种专门领域的案例汇编书籍，以及各种案例指导、案例参考等读物，各具特色。而《中国法院年度案例》丛书则以开放务实的态度、简洁明快的风格，试图把案例书籍变得“好读有用”，故在编辑中坚持以下方法：一是高度提炼案例内容，控制案例篇幅，每个案例基本在3000字以内；二是突出争议焦点，剔除无效信息，尽可能在有限的篇幅内为读者提供有效、有益的信息；三是注重对案件裁判文书的再加工，大多数案例由案件的主审法官撰写“法官后语”，高度提炼、总结案例的指导价值。

同时，《中国法院年度案例》丛书还有以下特色：一是信息量大。国家法官学院案例开发研究中心每年从全国各地法院收集到的上一年度审结的典型案例近万件，使该丛书有广泛的选编基础，可提供给读者新近发生的全国各地多种类型的代表性案例。二是方便检索。为体现以读者为本，丛书分卷细化，每卷下还将案例主要根据案由分类编排，每个案例用一句话概括裁判规则、裁判思路或焦点问题作为主标题，让读者一目了然，迅速找到目标案例。

中国法制出版社始终全力支持《中国法院年度案例》丛书的出版，给了作者和编辑们巨大的鼓励。2018年、2019年连续推出数据库增值服务，2020年继续提供数据库增值服务并充实完善数据内容。购买本书，扫描前勒口二维码，即可在本年度免费查阅往年同类案例数据库。我们在此谨表谢忱，并希望通过共同努力，逐步完善，做得更好，真正探索出一条编辑案例书籍、挖掘案例价值的新路，更好地服务于学习、研究法律的读者，服务于社会，服务于国家的法治建设。

本丛书既可作为法官、检察官、律师等司法实务工作人员的办案参考和司法人员培训推荐教程，也是社会大众学法用法的极佳指导，亦是教学科研机构案例研究的精品素材。当然，案例作者和编辑在编写过程中也难以一步到位实现最初的编写愿望，可能会存在各种不足，甚至错误，欢迎读者批评指正，我们愿听取建议，并不断改进，不断扩大案例研究领域，实现中国特色案例研究事业新发展。

从今年起，《中国法院年度案例》改由国家法官学院与最高人民法院司法案例研究院共同编辑。最高人民法院司法案例研究院是中编办批准设置的最高人民法院的司法案例专门研究机构，与国家法官学院合署办公，在最高人民法院领导下，秉持服务司法审判实践、经济社会发展、法学教育研究、中外法学交流、法治中国建设的办院宗旨，坚持“服务、创新、合作、开放、共享”工作原则，依托国家法官学院开展司法案例的收集、生成、研究、发布和国际交流工作。司法案例研究院的加入，必将使本套丛书的编辑力量更加壮大，案例质量将进一步提升。

国家法官学院副院长

最高人民法院司法案例研究院负责人

蒋惠岭

目　录

Contents

一、生命权、健康权、身体权纠纷

（一）未成年人损害赔偿纠纷

（二）未尽安全保障义务的损害赔偿纠纷

（五）其他

二、名誉权纠纷

（一）新闻报道相关纠纷

三、姓名权、肖像权纠纷

四、一般人格权纠纷

一、生命权、健康权、身体权纠纷

（一）未成年人损害赔偿纠纷

1

过失相抵规则在涉校园欺凌侵权案件中的适用

——王甲诉王乙等侵犯生命权、健康权、身体权案

【案件基本信息】

1. 裁判书字号

云南省昆明市中级人民法院（2018）云01民终5973号民事判决书

2. 案由：侵犯生命权、健康权、身体权纠纷

3. 当事人

原告（上诉人）：王甲

被告（上诉人）：王乙

被告（被上诉人）：严某、潘某、某学校

【基本案情】

王甲与严某、王乙、潘某系某学校学生。2016年5月12日午饭后，王甲回宿舍途中，遇潘某约其到274宿舍玩，王甲进入274宿舍几分钟后离开，因关门声音过大，严某怀疑王甲对其不满，遂追出宿舍在楼道内与王甲发生口角。其间，严某拿了一个凳子欲砸王甲，在同学劝阻下，双方停止争执，王甲回到自己的393宿

舍。十多分钟后，严某、王乙、潘某手持宿舍衣柜里挂衣服的小钢管，到393宿舍敲门，进入宿舍后严某与王甲再次发生口角。严某要求与王甲对打，王甲拒绝。在此过程中，严某用手中的小钢管打王甲头部，王甲也从桌子上拿起严某等人摆放的钢管打严某的脸部，之后王乙、潘某也参与厮打。后同宿舍的三名同学将双方拉开，并让王甲到厕所躲避，王甲未进厕所，而是站在厕所外的窗台处。严某以其脸部被王甲打伤为由，要求王甲下跪道歉，王甲拒绝并走到窗户边，王乙见状上前关闭窗户、拉上窗帘。严某仍然要求王甲下跪认错，并用钢管指着王甲，王甲便爬上洗漱台打开窗户，坐在窗户边，背对着严某等人，此时严某仍以言语挑衅，王甲回头看严某时不慎坠楼受伤。当日，王甲被送往医院住院治疗。

2016年8月，王甲的损伤经鉴定为九级伤残。后王甲诉至法院，要求严某、王乙、潘某、某学校连带赔偿医疗费、营养费、护理费、残疾赔偿金、精神损害赔偿金等共计37万余元。

【案件焦点】

王甲自身对于损害后果的发生是否存在过错，能否据此减轻侵权人的责任。

【法院裁判要旨】

云南省嵩明县人民法院经审理认为：严某、王乙、潘某对王甲的受伤均存在过错，应对王甲所受伤害承担赔偿责任。王甲作为完全民事行为能力人，具有一定的识别和预见能力，应当预见坐在窗户边的行为有一定的盲目性和危险性，对损害的发生也有一定的过错，可以适当减轻严某、王乙、潘某的赔偿责任。某学校作为教育机构，未尽到充分的管理职责，有一定过错。综合全案情况，严某、王乙、潘某就王甲人身损害的各项损失承担连带责任，其中严某负担王甲损失的30%；王乙、潘某各负担王甲损失的20%；某学校负担王甲损失的10%；王甲自行负担损失的20%。一审法院判决：

一、由严某、王乙、潘某于判决生效后三十日内连带赔偿王甲医疗费、护理费、交通费等费用共计181313.06元（其中，严某赔偿王甲77919.88元，王乙赔偿王甲51446.59元，潘某赔偿王甲51946.59元）；

二、严某、王乙、潘某支付超出自己赔偿数额的部分，有权向其他连带责任人追偿；

三、由某学校于判决生效后三十日内赔偿王甲医疗费、护理费、交通费等费用共计19973.29元；

四、驳回王甲的其他诉讼请求。

王甲、王乙不服一审判决，提起上诉。云南省昆明市中级人民法院经审理认为：关于王甲自身对于损害后果的发生是否存在过错，并能否据此减轻侵权人责任的问题。首先，严某与王甲在楼道内发生争执经同学劝解后，王甲已回到自己的宿舍，之后系严某、王乙、潘某共同相约持小钢管进入王甲所在宿舍再次引发争执和厮打，故双方纠纷的再次发生并非由王甲引起，其没有过错；其次，王甲陈述其靠近并坐上窗台是为了向楼下的老师求助，结合其坠落前的现场状况、刑事案件中学校老师的证言，该陈述具有合理性，其靠近并坐上窗台的行为并无过错；最后，坐上窗台后，王甲不慎坠楼受伤，虽然作为完全民事行为能力人，王甲本应预见其行为的危险性，并尽到相应的注意义务以避免损害后果的发生，但王甲在事件发生时，身处相对封闭的空间，面临的是多人的殴打、言语刺激挑衅，在此情况下，不能要求其以正常情况下普通人的认知水平进行理性判断。因此，根据事发时现场的情况，王甲对损害的发生没有过错，其上诉认为不应自行承担部分责任的主张成立。

关于王乙是否应就王甲的损失承担责任的问题。王乙与严某、潘某共同持挂衣服的小钢管进入王甲所在宿舍，其本人亦对王甲实际实施了侵权行为。相对于王甲损害后果的最终产生，严某、王乙、潘某之前的行为在时间上具有连贯性，空间上具有同一性，损害后果与侵权行为之间具备因果关系，且三人的行为系一个整体，具有不可分性。故王乙应当对王甲的损失与严某、潘某共同承担连带责任。

关于王甲主张的精神损害赔偿金应如何确认的问题。王甲所受伤害经鉴定为九级伤残，综合考虑该损害后果及本案中各侵权人的过错程度、王甲自身无过错等相关因素，酌情确定精神损害赔偿金数额为10000元。

综上所述，二审法院判决：

一、撤销云南省嵩明县人民法院（2018）云0127民初91号民事判决；

二、由王乙、严某、潘某于本判决生效后十日内连带赔偿王甲各项损失共计240959.65元；

三、由某学校于本判决生效后十日内赔偿王甲各项损失共计20773.29元；

四、驳回王甲的其他诉讼请求。

【法官后语】

本案涉及过失相抵规则在涉校园欺凌侵权案件中的具体适用。校园欺凌是指发生在校园内外、学生之间，一方单次或多次蓄意或恶意通过肢体、语言及网络等手段实施欺负、侮辱，造成另一方身体伤害、财产损失或精神损害等的事件。与一般的侵权行为相比，涉及校园欺凌的侵权行为最主要的特点在于所涉及的主体均为在校学生，其中绝大部分是未成年人。该群体在社会经验、心理素质、处置能力等方面均具有特殊性，因此在涉及校园欺凌的侵权案件中，对于过失相抵规则的适用尤应引起注意。

1. 过失相抵规则的概念及构成要件

过失相抵，是指当被侵权人对于损害的发生或者损害结果的扩大具有过错时，依法减轻或者免除赔偿义务人的损害赔偿责任，从而公平合理地分配损害。过失相抵的构成要件主要包括损害原因具有竞合性、损害结果具有同一性、被侵权人主观上具有过错。

2. 过失相抵规则是否适用于涉及校园欺凌的侵权案件

在被侵权人为成年人的案件中，一般适用的是过错责任原则，因此对过失相抵规则适用于该类案件并无争议。而在被侵权人为未成年人的案件中，对于未成年被侵权人是否适用过失相抵规则，我国法律并无明确规定，理论界亦存争议，这导致司法实践中不一致的做法。在现代侵权法上，一般认为过失相抵规则源于民法的公平精神和侵权行为法的责任自负原则。在被侵权人为未成年人的案件中，如果被侵权人是具有一定事理辨别能力的未成年人，其应该对与其能力相适应的行为承担责任，减轻侵权人的损害赔偿责任，这样才符合侵权行为法的责任自负原则。如果仅将损害的分担视为纯粹简单的原因力的对比或者双方行为的违法性相抵，那么在被侵权人为未成年人时，一方面监护人承担的是无过错责任，另一方面仅就纯粹原因力的对比就要对未成年人的损害赔偿请求权进行减免，这将在损害赔偿的过程中造成对被侵权未成年人的双重不利，这是对全面救济被侵权人初衷的背离，也是对保护未成年人最大利益原则的违背。

3. 过失相抵规则构成要件中过失的判断标准

被侵权人的过失，是指被侵权人没有采取合理的注意或者可以获得的预防措施来保护其身体、财产以及其他权益免受损害，以致遭受了他人的损害或者在遭受他人损害后进一步导致了损害结果的扩大。过失相抵中被侵权人的过失，有别于侵权人侵权构成要件中过失的认定，因为过失相抵规则并不是为了对被侵权人追究积极的侵权责任，而是从公平分配责任的角度分配损害赔偿额，被侵权人的过错是对不真正义务的违反。

对于过失的判断，应当以被侵权人是否违反其能够意识到和能够履行的义务作为判断标准。这种过失的判断标准，英美法中表述为“The reasonable person（理性人)”，大陆法中表述为“善良管理人”，其实质都体现为一种以“注意义务”为标准的过失检验方法。在审判实践中，实际操作方法即将被侵权人的行为与善良管理人/理性人的行为进行比较，如果存在差距，则被侵权人的行为低于注意标准，可认定其有过失。如何确定上述相对客观的过失判断标准，建立法律拟制的理性人或善良管理人，应当由审理案件的法官根据案件的具体情况，考虑相关的因素，甚至在特定场合还要结合法官的价值判断来进行综合判定。

4. 校园欺凌案件中过失判断标准的确立

学生，特别是未成年学生的身心发育还不成熟，出于对未成年人的特殊保护，其行为应当以一种特殊的标准来判断。确立客观的过失判断标准时，应当充分考虑如下几点：

（1）法律对于民事行为能力的既有规定。我国法律在对民事行为能力进行立法时，考虑到了行为人的心理身体发育规律，以及在不同年龄阶段一般人的认知能力。因此，在具体案件中确立过失判断标准时，可以参考我国民法对于自然人民事行为能力的划分标准，或者以民事行为能力界限为基准，综合其他因素进行调整。

（2）学生的心智、身体发育状况。学生，尤其是未成年学生，其心智发育状况与年龄、教育、经历，甚至生活的地域等因素均有关系，在确立相仿的其他人在同等情况下的心智状况时，应当对上述因素进行充分考虑。除心智处于成熟期外，学生的身体亦处于生长发育期。其力量、速度、平衡能力、控制能力等均有别于成年人。因此，在判断被侵权人是否存在过失时，不能以超过其同龄人身体发育状态的标准来要求被侵权人作出相应的行为选择。

（3）事件的紧迫及危险程度。在校园欺凌事件中，被欺凌者往往面对的是多人、长期或者是突发的侵害。欺凌行为实施过程中，在极度恐慌、无助或者愤怒的心理状态下，被侵权人对于事态的判断将受到很大的影响，在此情况下，不能要求其用正常情况下一般人的认知水平来进行判断，应当把事件的紧迫及危险程度作为一个重要的考量被侵权人行为合理性的因素。本案中，虽然被侵权人已成年，但在事发时，其身处相对封闭的空间，面临的是多人的殴打、言语刺激挑衅，在此情况下，不能要求其以正常情况下普通人的认知水平进行理性判断，在本案中过失判断标准即善良管理人/理性人的设立，应当充分考虑事件的紧迫及危险程度，这也是一、二审法院对于被侵权人过失认定存在分歧的主要原因。

编写人：云南省昆明市中级人民法院　王瑞

2

未成年人坠楼身亡，监护人及楼宇管理者责任的认定

——杨某、潘某诉张某等生命权、健康权、身体权案

【案件基本信息】

1. 裁判书字号

广东省茂名市中级人民法院（2019）粤09民终152号民事判决书

2. 案由：生命权、健康权、身体权纠纷

3. 当事人

原告（被上诉人）：杨某、潘某

被告（上诉人）：张某

被告：任某、凌某、黄某、万某

【基本案情】

某住宅楼由张某负责建设完成，其建设工程设计方案于2013年12月24日经信宜市住房和城乡建设局审定批准，并于2015年8月24日取得《建设工程规划核实合格证》。张某是该住宅楼首层的登记权利人，任某是302房的登记权利人，凌某是301房的登记权利人，黄某是401房的登记权利人，万某是402房的登记权利人。潘小某是杨某、潘某于2014年10月29日生育的女儿，为肢体残疾人。2018

年2月17日11时许，杨某、潘某带潘小某到涉案住宅楼探访亲戚。午饭后，杨某、潘某等人在亲戚家客厅聊天，没有留意潘小某于13时15分许离开，独自上下电梯、楼梯。14时许发现潘小某不见，杨某、潘某等人到处寻找。14时10分许，他们发现潘小某躺在涉案住宅楼与另一楼盘之间小巷的地上，后经送医抢救无效身亡。信宜市公安局刑事侦查大队出具的《潘小某检验意见》第三项分析说明为，被检验人潘小某尸体体表损伤符合高坠特征。《潘小某检验意见》所附照片显示，事发后在涉案住宅楼3楼至4楼楼梯平台至窗口底部的高度为1.02米，有几个砖块散落在平台的地上，将砖块堆叠起来后，砖块顶部到窗口底部约0.7米，窗口底部内侧、外侧均有新鲜触摸痕迹，窗台没有安装防盗网等防护设施。

根据《广东省2017年度人身损害赔偿计算标准》，确认潘小某死亡的各项损失为：丧葬费41433元、死亡赔偿金753686元、精神损害抚慰金50000元，共845119元。

【案件焦点】

潘小某堕楼身亡应由何人承担赔偿责任。

【法院裁判要旨】

广东省信宜市人民法院经审理认为：公安机关的现场勘查照片、材料、询问笔录及监控录像等系列证据，形成了有效的证据链，故对杨某、潘某主张潘小某在涉案住宅楼3楼至4楼楼梯平台的窗户坠楼予以采信。杨某、潘某作为潘小某的监护人，对3岁多的潘小某明显未尽监护职责，应承担80%的责任。张某是涉案住宅楼的建设人，涉案住宅楼一直由其管理，该楼的监控摄像也是由其管理使用。张某主张出售后已告知由业主自行管理，但未提交证据证明，故对其主张不予采信。张某作为管理者，没有及时清除堆放在楼梯平台的砖块，未尽监管和管理的义务，应承担20%的责任。杨某、潘某未提供证据证明位于3楼至4楼楼梯平台的砖块是任某等人放置，要求任某、凌某、黄某、万某对潘小某的死亡承担责任没有法律依据。

广东省信宜市人民法院依照《中华人民共和国民法通则》第十八条，《中华人民共和国侵权责任法》第六条第一款，《最高人民法院关于审理人身损害赔偿案件适用法律若干问题的解释》第十七条第三款、第十八条、第二十七条、第二十九条，《中华人民共和国民事诉讼法》第六十四条及《最高人民法院关于适用〈中华人民共和国民事诉讼法〉的解释》第九十条规定，作出如下判决：

限张某于本判决发生法律效力后六十日内赔偿死亡赔偿金、丧葬费、精神损害抚慰金共169023.8元给杨某、潘某。

张某不服一审判决，提起上诉。广东省茂名市中级人民法院同意一审法院的裁判意见。

【法官后语】

全球儿童安全组织指出，幼儿在成长过程中对世界充满好奇，但对危险却没有足够的认识，喜欢跑跳或者攀爬眺望。然而，由于家长安全意识淡薄，怀有侥幸心理，常常将幼童独自留在家中或其他场所，导致幼童伤亡事件频发。家长作为子女的监护人，应当履行监护职责，保护幼童的身心健康，家长因疏忽大意将孩子置于危险境地的行为，明显具有监护不力的重大过错，应对事故承担主要责任。

过错推定责任原则，是过错责任原则的一种特殊表现形式，它是在适用过错责任原则的前提下，在某些特殊情形，直接从损害事实推定致害人有过错，无须受害人举证加以证明，致害人不能证明自己无过错的，应承担民事责任。一般适用于以下五种情形：1. 共同危险行为致人损害责任；2. 雇员、法人工作人员职务行为致人损害责任；3. 无民事行为能力人、限制民事行为能力人致人损害责任；4. 建筑物及其他地上物致人损害责任；5. 医疗损害责任。儿童坠楼事故并不属于适用过错推定责任原则的情形，不能当然地从损害事实推定楼宇的建设者或者管理者对儿童坠楼事故有过错，而应适用过错责任原则，由当事人对自己提出的诉讼请求所依据的事实提供证据加以证明，否则由负有举证证明责任的当事人承担不利的后果。

本案中，杨某、潘某作为潘小某的监护人，应当做好潘小某的安全教育工作并尽安全保护职责，让潘小某远离危险，但杨某、潘某带潘小某外出参加活动时，没有加强警惕和对潘小某的看护，放任潘小某长时间脱离监护人视线，对潘小某明显未尽监护职责，存在监护不力的重大过错，应对潘小某坠楼事故承担主要责任。张某作为楼宇的建设者、管理者应当确保楼宇的建设符合住宅设计规范，更应加强对楼宇的管理，尤其是公共区域的管理，及时排查安全隐患，避免发生危险，但在日常管理中张某没有及时清除堆放在楼梯平台的砖块，未尽监管和管理的义务，在管理上存在过错，应对潘小某坠楼事故承担次要责任。综上，面对时有发生的儿童坠楼事故，家长和楼宇的建设者、管理者均应履行相应的义务，以杜绝儿童坠楼悲剧的发生，否则均要担责。

编写人：广东省信宜市人民法院　欧宁

3

未成年人在酒吧醉酒的侵权责任认定

——刘某某诉百瑞咖啡厅生命权、健康权、身体权案

【案件基本信息】

1. 裁判书字号

北京市朝阳区人民法院（2018）京0105民初70563号民事判决书

2. 案由：生命权、健康权、身体权纠纷

3. 当事人

原告：刘某某

被告：百瑞咖啡厅

【基本案情】

2017年9月17日下午，未成年人刘某某与另两名未成年人来到百瑞咖啡厅饮酒。后刘某某因饮酒过度而发生醉酒，于当日晚20时被送至首都医科大学附属北京朝阳医院急救，被诊断为急性酒精中毒、吸入性肺炎、代谢性酸中毒、窦性心动过速、低钾血症。2017年9月20日14时，刘某某出院。

刘某某主张，事发时自己年仅12周岁，尚未成年，正值青春期，社会经验极少。在百瑞咖啡厅服务员的诱导下，连续饮酒18杯后不省人事。该事件给刘某某带来了极大的身心损害，同时刘某某家人也因此承受了巨大的精神痛苦。因此，刘某某要求百瑞咖啡厅承担赔偿责任。

【案件焦点】

造成未成年人在酒吧、咖啡厅等餐饮场所饮酒至醉酒、急性酒精中毒的侵权责任是否应由经营者承担。

【法院裁判要旨】

北京市朝阳区人民法院经审理认为:《中华人民共和国未成年人保护法》规定,禁止向未成年人出售烟酒,经营者应当在显著位置设置不向未成年人出售烟酒的标志;对难以判明是否已成年的,应当要求其出示身份证件。百瑞咖啡厅作为经营者,向未成年人刘某某等人提供酒精度数极高的烈性酒,导致刘某某醉酒。百瑞咖啡厅对刘某某因此造成的合理损失,应承担相应的赔偿责任。《中华人民共和国未成年人保护法》还规定,父母或者其他监护人应当创造良好、和睦的家庭环境,依法履行对未成年人的监护职责和抚养义务。父母或者其他监护人应当关注未成年人的生理、心理状况和行为习惯,以健康的思想、良好的品行和适当的方法教育和影响未成年人,引导未成年人进行有益身心健康的活动,预防和制止未成年人吸烟、酗酒等行为。刘某某饮酒并出现醉酒状态,表明其父母未尽到监护职责,亦应承担责任。百瑞咖啡厅表示愿意承担社会责任,同意赔偿刘某某主张的医疗费、护理费、住院伙食补助费、营养费等共计21232.23元,依法予以确认。关于刘某某主张的精神损害抚慰金,基于刘某某父母的监护职责以及现有证据不足以证明其因此致精神损害,且造成严重后果,不予支持。综上,依据《中华人民共和国未成年人保护法》第十条、第十一条、第三十七条规定,判决如下:

一、百瑞咖啡厅赔偿刘某某医疗费18932.23元、护理费150元、住院伙食补助费150元、营养费2000元;

二、驳回刘某某的其他诉讼请求。

【法官后语】

未成年人正处在生长发育阶段,身体各个组织发育仍不成熟,各个器官尤其是消化器官还未长成,对各种异物刺激反应敏感。具有明显刺激性的酒精对肝、胃等器官会造成直接伤害,其不仅会刺激胃黏膜,影响胃酸和消化酶的分泌而导致消化不良,而且还可能使血管充血受损,导致胃炎和胃溃疡。酒精被人体吸收后,在体内主要靠肝脏解毒代谢,而未成年人肝细胞分化不完全,饮酒容易造成肝脾肿大,使得血液中的转氨酶及碱性磷酸酶等增高，影响肝功能。酒精作为一种精神活性物质，还会对人的心、脑、血管产生很强的刺激作用，对人体的神经系统也会产生不良影响，导致智力发育迟缓，感觉迟钝，视力、听力、触觉灵敏度降低，还会使注意力分散、记忆力减退，尤其是大量饮酒引发的急性酒精中毒，对于神经系统发育不完全、自身解毒能力较差的未成年人来说，危害更大，严重的会影响呼吸循环中枢，导致死亡。即便抛开对未成年人身体伤害的考虑，作为无/限制民事行为能力的未成年人，在意识清晰的时候也不能很好地判断自己的行为可能造成的法律后果，更不用说在饮酒、醉酒后意识不清时作出的行为会带来多大的影响，故未成年人饮酒的危害巨大。

出售含有酒精饮料的零售商、酒吧和有售酒水执照的餐厅，是年轻人热衷前往的场所，这些场所必须依法在经营场所显著位置张贴相关拒绝向未成年人销售烟酒的标识，且必须明确拒绝向未成年人出售酒及含酒精饮品、食品（及烟草）。如经营者无法判断年轻人的年龄，则应按照规定要求其出示身份证明，来确认其是否已经达到了合法年龄。本案中，百瑞咖啡厅虽表示无法从刘某某的外貌上判断其是否达到成年，也表示刘某某非第一次到酒吧饮酒，但其未核实刘某某的身份，对于刘某某醉酒至急性酒精中毒送医抢救，其负有不可推卸的侵权责任。

同时，刘某某并非第一次到酒吧饮酒，其饮酒并出现醉酒状态回家，父母应有所察觉，但未实施有效的教育和制止行为，表明其父母未尽到监护职责，应承担相应的责任。

消除酒精的消极影响为世界各地相关机构所关心。不论立竿见影的伤害，还是潜伏体内的威胁，对未成年人来说，酒精都是不可触碰的“禁品”，所有向未成年人出售酒的、“逗、劝”未成年人饮酒的或对未成年人饮酒不加制止的成年人及经营者，都应承担相应的法律责任。我国饮酒文化深远，管理未成年人饮酒问题任重道远，各方均应提高自觉，保护未成年人健康成长。

编写人：北京市朝阳区人民法院　毛文蝶

4

教育机构未尽到教育、管理职责应当对学生自杀承担一定责任

——周某诉南京某某初级中学、陈某某教育机构责任案

【案件基本信息】

1. 裁判书字号

江苏省南京市中级人民法院（2018）苏01民终5287号民事判决书

2. 案由：教育机构责任纠纷

3. 当事人

原告（上诉人）：周某

被告（上诉人）：南京某某初级中学

被告（被上诉人）：陈某某

【基本案情】

周某系南京某某初级中学初三五班学生，陈某某系其班主任。2016年11月28日早晨，周某携带手机到学校，陈某某对其批评教育后通知其父母到校处理，并让其站着听课。随后，周某父亲赶来，陈某某将周某带至四楼办公室继续批评教育，周某从办公室窗户跳出坠落至一楼，随后被送至南京市某人民医院救治。2017年5月26日，周某出院诊断为腰椎骨折、脊髓损伤、骶骨椎骨折、骨盆骨折等。2017年6月26日，周某进入南京市某医院进行康复治疗，于2017年7月14日出院。事发后，南京某某初级中学向周某支付20000元。周某先后支付医疗费12597.74元，尚欠医疗费101728.56元。案件审理过程中，周某申请鉴定，南京某司法鉴定所鉴定认为：1. 被鉴定人周某脊柱伴脊髓损伤后留有重度排尿障碍、截瘫（双下肢肌力4级）构成五级残疾；2. 其所需护理、营养期限分别给予270日、210日，其中

第一次住院期间给予2人护理（含护工），剩余期间给予1人护理；3. 其在护理期限结束后需要的护理依赖程度为部分护理依赖；4. 其后续第1腰椎骨折手术内固定物的治疗费10000元。周某垫付鉴定费3540元。周某父亲在事发前曾打过周某，且周某曾有欲跳楼的行为。

【案件焦点】

南京某某初级中学是否应当对学生自杀承担责任。

【法院裁判要旨】

江苏省南京市六合区人民法院经审理认为："罚站"对未成年人的身体健康有一定损害，在众多同学面前被"罚站"，也会让其产生一种"示众"的羞耻感，因此，"罚站"会对学生身心健康造成一定程度的损害，不能因为"罚站"曾经普遍存在而否认其体罚的性质，甚至否定其危害性。周某违规携带手机，陈某某应当耐心批评教育，而不应该进行"罚站"，在周某出现抵抗情绪时，更应该耐心安抚和教育，故南京某某初级中学未尽到教育、管理职责。陈某某以"罚站"方式对周某批评教育，随后周某跳楼自杀，陈某某的体罚行为与周某的自杀行为存在一定的关联性，即南京某某初级中学的教育、管理行为与周某的自杀行为有一定关联性，学校不能依据《学生伤害事故处理办法》第十二条的规定免除责任。周某虽为限制民事行为能力人，但已满十四周岁，是初三学生，其年龄及所受的教育应当对自己从四楼跳楼行为的后果预知，但仍然实施该行为，故其对损害的发生应当负主要责任；周某的父亲在事发前曾对其进行打骂，得知其有跳楼念头后，既没有及时制止、说服和劝解，也没有告知学校，事发后仍对周某进行踢打，周某父亲简单、粗暴的教育方式也是周某自杀的重要原因。陈某某对周某采用"罚站"的方式进行教育，一定程度上伤害了周某的自尊心，是周某自杀的原因之一，故陈某某应当对损害的发生承担一定责任。综合本案实际情况，陈某某应当承担40%的责任。用人单位的工作人员因执行工作任务造成他人损害的，由用人单位承担侵权责任。陈某某系南京某某初级中学的教师，其因执行教育教学任务造成周某损害，应当由南京某某初级中学承担责任。

江苏省南京市六合区人民法院依照《中华人民共和国侵权责任法》第六条、第十六条、第二十六条、第三十四条、第三十九条，《中华人民共和国义务教育法》

第二十九条，《中华人民共和国未成年人保护法》第十八条、第二十一条，《最高人民法院关于审理人身损害赔偿案件适用法律若干问题的解释》第十八条、第十九条、第二十一条、第二十二条、第二十三条、第二十四条、第二十五条，作出如下判决：

一、南京某某初级中学于本判决生效之日起十日内赔偿周某289712.12元；

二、南京某某初级中学于本判决生效之日起十日内支付周某精神抚慰金12000元；

三、驳回周某超出部分的诉讼请求；

四、驳回周某对陈某某的诉讼请求。

周某、南京某某初级中学不服一审判决，提起上诉。江苏省南京市中级人民法院同意一审法院裁判意见，依照《中华人民共和国民事诉讼法》第一百七十条第一款第一项规定，作出如下判决：

驳回上诉，维持原判。

【法官后语】

学生自杀往往是由其自身性格、家庭、学校等多方因素造成。当事人的争议焦点通常是教育机构对学生自杀的后果是否承担赔偿责任及责任比例，这也是法官在审理此类案件时的难点。

第一，应当根据学生的具体情况确定归责原则。无民事行为能力的学生在教育机构学习、生活期间受到人身损害，教育机构承担的是过错推定责任；限制民事行为能力的学生在教育机构学习、生活期间受到人身损害，教育机构承担的是过错责任。归责原则直接决定了当事人的举证责任。过错推定责任需要“自证清白”，教育机构应举证证明自己没有过错，不能证明则将承担责任；过错责任遵从“谁主张，谁举证”的原则，学生或家长认为教育机构存在过错，应举证证明，不能证明则教育机构不需要承担责任。

第二，具体判断教育机构是否尽到教育、管理职责。对于不同年龄段的学生，教育机构承担的教育、管理职责不同。主要从两个方面来判断，一方面是教育机构是否尽到概括的教育、管理职责，如教育机构的场地、设施是否符合国家规定的安全质量标准，规章制度等是否合法、合理；另一方面是教育机构的具体教育、管理行为是否符合规定和恰当，如本案中周某自杀前，学校老师对其有“罚站”、批评等行为，应判断该行为是否符合相关规定、是否恰当。

第三，学生自杀、自伤的，教育机构能否因此免责。一般情况下，学生自杀、自伤后，学校没有加重伤害后果，尽到了应当的救助义务，应当免责。笔者认为，适用该规定的前提应当是学生的自杀、自伤行为与学校的教育、管理行为完全无关，如果两者存在一定关联性，则不一定免责。本案中，学校的教育、管理行为与学生的自杀行为有一定关联性，故不能依据《学生伤害事故处理办法》第十二条的规定免除责任。

第四，根据教育机构对损害发生的原因力判断其承担责任的比例。学生自杀不同于一般的人身损害，往往是由多方因素造成的，如自身性格、家庭、学校、第三人等。学生应具备与其年龄相适应的危险认知、心理承受及问题处置等能力，同样是自杀，年龄较大的学生比年龄较小的学生应当对自杀的后果承担更大的责任。好的家庭充满温馨、宁静、舒适和随意，孩子和父母可以坦诚相待，深入交流，学生一般不会轻易自杀。因此，学生与家庭成员之间的关系也是影响其自杀的重要因素。法官审理案件时，应当注意查明自杀发生前是否存在家庭矛盾等情况。学校是学生家庭之外学习和生活的主要场所，学生从学校走向社会是一个漫长的过程，学校对学生的行为也有很大的影响，法官应注意审查自杀发生前是否存在同学之间、师生之间矛盾，这些矛盾与学生自杀是否存在关联性，还要审查该学生在校期间长期的举止行为、习惯和人际关系等。综合各种因素，判断学校在学生自杀事件中的原因力大小，以此确定承担责任的比例。

面对学生自杀，应从问题的源头入手，尽量避免学生自杀事件发生，而不是等待事件发生后来争论谁来承担责任，再去进行“亡羊补牢”式的反思。

首先，让学生了解自杀的严重后果。让学生正确了解死亡，死亡不是“睡着”了，一旦死亡便永远醒不过来，死亡之后不会去另一个世界，而是彻底消失；死亡不是解脱，会给亲人带来无尽的痛苦，还可能导致严重的伤残，影响自己以及家人后半生的生活。

其次，提高学生的心理素质。一方面，要提高学生的抗压能力，要经常对学生进行挫折教育，让学生懂得苦难就是生命的一部分，要让学生适当地直面挫折，提高学生解决问题的能力。这种挫折既有劳累、疼痛等身体上的，也要有烦心、迷茫等精神上的。前者可以用适当的体力劳动、户外运动等方式磨砺学生的意志，后者可以引导学生寻找内心不安的原因，根据原因寻找解决的方法。暂时不能解决的矛盾，学会坦然面对。随着时间的流逝，很多问题就会迎刃而解，不再成为问题；随着注意力的转移，很多问题不攻自破。车到山前必有路，人活着才是最重要的。另一方面，要寻找缓解压力的途径。面对自己难以承受的压力，如何去疏通至关重要。缓解压力的途径千万条，需要寻找适合自己的有效途径，如体育运动、娱乐、餐饮、旅游、向好友倾诉等。

任何一件不起眼的“小事”，都有可能成为“压死骆驼的最后那根稻草”，希望家庭、学校及社会各界能够高度重视未成年人的身心健康，共同努力关心帮助未成年人走出人生阴霾，远离自杀。

编写人：江苏省南京市六合区人民法院　徐传洋

5

校园体育活动中学生伤害事件校方责任的认定

——陈某诉田某、北京××武术学校生命权、健康权、身体权案

【案件基本信息】

1. 裁判书字号

北京市第一中级人民法院（2018）京01民终5846号民事判决书

2. 案由：生命权、健康权、身体权纠纷

3. 当事人

原告（被上诉人）：陈某

被告（上诉人）：北京××武术学校（以下简称××武校）

被告（被上诉人）：田某

【基本案情】

陈某系××武校散打一队学生，在××武校同时接受文化课教育及武术培训。田某系其他学校到××武校进行交流的学生。2016年12月13日下午，××武校临

时组织散打实战训练，在未对参训队员称重、明确确定重量级别的情况下，陈某与田某经双方教练分配，分别佩戴护具，组成一组进行实战。在对抗的过程中，陈某与田某均无明显违反散打比赛规则的行为，并均有将对方摔倒在地的情形。训练结束后，陈某的教练于某询问队里有无人员受伤，此时未发现陈某有异常情况。当日晚文化课上，陈某因肚子痛返回宿舍并告知其班长，班长打电话通知了教练，教练通知了陈某的家长带陈某至中国人民解放军第 261 医院进行检查，经诊断为“腹痛；胸部挫伤；脾破裂”。后陈某转至北京市红十字会急诊抢救中心住院 12 天，诊断为“1. 腹部闭合性损伤（脾破裂 脾蒂血管外伤性破裂 胰尾破裂）；2. 左侧胸腔积液；3. 左胸部软组织损伤；4. 低钠血症”。经鉴定，陈某的伤残等级属七级（赔偿指数 40%）。

陈某起诉请求田某、××武校连带赔偿陈某医疗费等各项费用合计 654298.6 元。各方均认可正规比赛中，田某与陈某不属于一个重量级的选手，田某应该比陈某高一级别。

【案件焦点】

各方责任比例如何认定。

【法院裁判要旨】

北京市昌平区人民法院经审理认为：公民的身体权受法律保护。散打作为一项具有高风险的竞技项目，本身具有一定的对抗性及人身危险性，出现人身伤害事件属于正当的危险后果，基于这一特点，参与者既是危险的潜在制造者，又是危险的潜在承受者。陈某系接受散打专业培训的学生，对散打所具有的危险性应有明确的认识，故对于其自身参加实战产生的损害后果应当承担一定的风险。田某主观上没有侵害陈某的故意，行为上没有对散打规则的重大违反，其对陈某受伤不存在过错，故田某对陈某的损害后果不应当承担赔偿责任。××武校组织散打实战训练并无过错，但在训练前并未对队员根据体重进行分级训练，在陈某受伤后特别是陈某在文化课上身体有异常情况却未能及时发现并送医治疗，××武校并未尽到相应的教育、管理职责，对陈某的损失应当承担一定的责任。具体应承担的责任比例，根据××武校的过错程度酌情确定为 60%。

北京市昌平区人民法院作出判决：

一、××武校于判决生效之日起七日内赔偿陈某各项损失301478.98元；

二、驳回陈某的其他诉讼请求。

××武校提起上诉。北京市第一中级人民法院经审理认为：本案二审的争议焦点在于责任比例的认定问题。××武校系对陈某和田某进行培训的教育机构及本次散打实战训练的组织者，其作为风险的开启者，应就活动的安全开展尽到相应的职责，但其未尽到该项义务。在训练前，教练仅凭目测组织陈某与田某进行训练，导致陈某被分配与高于其一个重量级别的田某进行训练；训练结束后，××武校未及时检查并发现陈某的身体是否存在异常，而且在知晓陈某身体不适后也未能及时送医，因此××武校并未尽到相应的教育、管理职责，应就陈某的损失承担相应的责任。散打系一项高风险的竞技项目，具有很强的人身对抗性，陈某和田某作为接受武术培训的学生，对于散打实战训练的风险应具有相应的认知，陈某虽在与田某散打的过程中受伤，但田某并不具有侵害陈某的故意，其亦未实施明显违反散打规则的行为，故其无需就陈某的损害承担责任。综上，一审法院综合本案情况认定××武校就陈某的损失承担60%的责任，并无不当，予以维持。××武校上诉认为其应当承担责任的方式为补充责任，缺乏事实和法律依据，不予支持。

北京市第一中级人民作出判决：

驳回上诉，维持原判。

【法官后语】

校园体育活动中学生受伤事件屡见不鲜，学校对此应承担何种责任，关乎青少年与校方两方面的利益平衡。法院应合理界定校方责任的内容与界限，以期在利益平衡的基础上促进青少年体育活动的良性开展。

1. 责任来源：安全保障义务

学生与学校之间属于教育管理关系，学校对学生具有法定的教育管理的义务。校方作为管理者，对青少年在校期间的体育活动行为具有指导与管理的能力和条件，而且许多情况下校方还兼具体育活动组织方的身份。从性质上来说，校方在校园体育活动中负担责任的来源属于安全保障义务。

通常而言，安全保障义务的内容可区分为硬件方面的义务和软件方面的义务。硬件方面是指主动排除危险的义务，可以通过物的方面和人的方面予以保障。前者是指场所使用的建筑物、配套服务设施、设备应当安全可靠，不存在危害人身、财产安全的隐患；后者是指配备相应人员以便及时保障参与者的安全。软件方面指的是对不安全因素的提示、说明、劝告、协助义务。结合上述内容，可对校园体育活动中校方义务的类型与内容进行具体分析。

2. 校方义务定性：类型与内容

以安全保障义务的性质内容为基础，结合校园体育活动的特点，可从如下方面认定校方在校园体育活动中应负担的义务：

(1) 设施保障义务

校园体育场所及设施设备由校方提供，校方应确保场所、设施、器械的安全，定期进行维护管理。针对危险性较强的体育运动，校方还应提供相应的防护措施，确保学生在运动中予以佩戴，或设置相应的防护设施，以避免意外伤害的发生。

(2) 事前教育与组织义务

在体育活动开展前，校方应尽到教育指导义务，并进行合理的组织安排。教育指导义务包括有针对性地讲解告知该项体育活动中的规则要领、对运动中可能产生的风险进行提示说明；组织安排义务包括组织体育运动的有序开展、在对抗性运动中合理安排对抗人员、组织热身活动等。

(3) 事中管理与防护义务

在体育活动开展过程当中，校方应予以密切关注，追踪学生开展活动的情况，进行跟踪指导，对不合规范或风险较强的动作予以提示，及时发现活动中出现的意外情况。

(4) 事后及时救助义务

体育活动结束后，校方应及时关注学生是否存在身体不适，在伤害发生后尽快采取救助措施或送医，防止伤情恶化，并及时通知学生家长。

本案中，作为对陈某和田某具有教育管理职责的教育机构及本次散打实战训练的组织者，××武校存在的过错包括：训练前，教练仅凭目测组织陈某与田某进行训练，导致陈某被分配与高于其一个重量级别的田某进行对抗，增加了陈某在此项对抗性运动中受伤的风险；训练过程中，教练未能观察留意学员可能出现的身体伤害；训练结束后，校方在双方均有摔倒在地的情况下未及时检查并发现陈某的身体存在异常，而且在知晓陈某身体不适后也未能及时送医。综合上述因素，××武校未能尽到相应的教育、管理职责，应就其过错承担相应的责任。

3. 影响校方责任定量的因素

学生在校园体育活动中受伤往往是多种因素共同作用的结果，考虑到学生、校方及体育活动的特点，应参考下列因素对校方的责任比例作出合理界定：

（1）学生的认知能力及对体育活动的熟悉程度。具体包括学生的年龄、认知能力以及接受该项体育训练的时间等因素。

（2）体育活动风险系数。在对抗性越强、风险系数越高的体育活动中，校方应负担的责任越高。

（3）校方的营利性及专业性。如果校方为营利性教育机构、具有较高专业性质的体育学校，则其责任比例应相对扩大。

（4）体育活动是否由校方组织。相对于校方自身组织的活动，校方针对学生自行在校内开展的体育活动承担的责任更偏重于设施保障及事后救助义务。

本案中，虽然进行散打训练的两名学员均有散打相关的训练经验，对训练中可能出现的风险具有一定的认知能力，但××武校系专业性较强的武术类院校，具有教授散打技能的丰富知识和教学经验，其系本次训练的组织者，且涉及的又是对抗性强、风险高的身体接触类活动，故其应在涉案散打训练中负担较高的教育管理职责。因此，综合本案情况，法院最终认定××武校就陈某的损失承担60%的责任。

综上，在审理校园体育活动中学生受伤案件时，应基于校方承担的安全保障义务，从设施保障及事前、事中、事后等角度审查校方是否尽到了教育管理职责，并在考虑学生、学校双方的特点及涉案体育活动性质后，对校方的具体责任比例作出认定。

编写人：北京市第一中级人民法院　赵小军　黄慧婧

6

学生代表校方参加比赛受到损伤，学校应承担责任

——张某诉××中学生命权、健康权、身体权案

【案件基本信息】

1. 裁判书字号

北京市密云区人民法院（2018）京0118民初4458号民事判决书

2. 案由：生命权、健康权、身体权纠纷

3. 当事人

原告：张某

被告：××中学

【基本案情】

张某系××中学高三学生。2017年12月16日下午14时许，张某在代表××中学参加密云区教委组织的篮球比赛过程中因和对方球员发生碰撞而受伤，后张某被送医治疗，在北京市水利医院住院治疗10天，共计支出医疗费79795.71元，该费用经北京市新型农村合作医疗费用报销14377.30元，经中国人寿保险股份有限公司北京市分公司理赔20000元，剩余自付部分为45418.41元，张某另有其他治疗费用共计531.82元，以上合计45950.23元。张某认为其系代表××中学参加比赛受伤，××中学作为篮球比赛的组织者和受益人，未尽到教育、管理、保护义务，应赔偿其全部经济损失。

在诉讼过程中，××中学提交了安全教育及处理过程书面材料以及该校篮球比赛安全预案、密云区教育委员会通知等书面证据。

【案件焦点】

××中学是否应当对张某在代表其参加比赛中所涉损伤承担赔偿责任。

【法院裁判要旨】

北京市密云区人民法院经审理认为：首先，张某虽系在××中学组织下参加比赛，但亦属于自愿参加比赛。本案所涉事故发生时，张某已经年满十八周岁，具有完全民事行为能力，其本人理应对篮球活动具有较强的肢体对抗性和可能造成人身损害的风险性有所预见并应当对因此产生的后果自行承担部分责任，故酌定张某自担责任比例为20%。其次，××中学组织张某代表学校参加篮球竞技比赛，赛前进行了必要的安全教育，制定了相关的预案，在张某受伤时对其伤情进行了必要的救助，根据现已查明事实，难以认定××中学对于张某受伤一事存在过错。但张某受伤是在为实现××中学所期待的荣誉过程中导致，故即使××中学对张某受伤一事并不存在过错，无需承担侵权赔偿责任，但作为张某参赛的受益人，仍应承担受益人的补偿责任，对张某之合理损失作出一定的经济补偿。综上，酌定由××中学对于张某的合理损失承担80%的补偿责任。

关于张某所主张的各项诉讼请求，其中医疗费、住院伙食补助费于法有据，予以支持，具体数额根据张某所提交法庭的证据材料核算后确定；张某主张的营养费、护理费、交通费三项诉讼请求，根据张某伤情及就医情况酌情确定上述费用的具体数额；关于张某所主张租床费之诉讼请求，于法无据，不予支持；关于张某所主张补课费之诉讼请求，考虑张某身份为高三在校学生，即将面临高考，因受伤不能正常上学请老师单独补课符合常情，故酌情予以支持。另，关于张某所主张后续治疗费用一项，张某可在实际发生后另行主张权利。

北京市密云区人民法院依据《中华人民共和国民法总则》第三条、《最高人民法院关于审理人身损害赔偿案件适用法律若干问题的解释》第十七条、《学生伤害事故处理办法》第二十六条规定，判决如下：

一、××中学于本判决生效之日起七日内补偿张某医疗费、住院伙食补助费、营养费、护理费、交通费、补课费等共计49320元；

二、驳回张某的其他诉讼请求。

【法官后语】

篮球或足球等活动是具有高度危险和激烈对抗性的竞技体育运动，决定了参赛者难以避免地存在潜在的人身危险，是可能出现人身伤害后果的，参加比赛的人员都应当意识到在比赛中有可能伤及他人、也可能被他人所伤。参赛者自愿参加此类高度危险性的体育运动，应视为一种甘冒风险行为，除非行为人有严重违规行为或者故意加害行为。因此，在体育竞赛规则和道德规范中，对于冲撞虽可能被判犯规而对参赛人判罚，但对因这种冲撞造成人身伤害的，致害人一般不承担民事赔偿责任。这主要是由“受害人同意”构成责任阻却这一民法原则所决定的。

所谓受害人同意，是指受害人参加某种活动时，其事先作出甘愿承担某种损害后果或致损风险的明示或默示的意思表示。当出现这种损害或致损事实后，致害人即可据此抗辩，免除其应承担的民事责任。《中华人民共和国民法通则》虽然没有明文规定受害人同意属于免责事由，但体育竞赛中致害人不承担赔偿责任已是约定俗成，法律也应当认可体育竞赛中的这种惯例。

运动员在体育比赛中出现人身损害事故，致害人虽不承担民事赔偿责任，但运动员所代表的单位应承担一定的补偿责任。这是因为体育比赛可以为单位带来一定的荣誉感，单位是比赛的受益人。所谓受益人的补偿是指因受害人受损害的事件而受有利益的人，于受害人不能得到足额赔偿时应当分担损害或者给予受害人一定补偿。《最高人民法院关于贯彻执行〈中华人民共和国民法通则〉若干问题的意见（试行）》第一百五十七条对受益人的补偿责任作了明确规定，即：“当事人对造成损害均无过错，但一方是在为对方的利益或者共同的利益进行活动的过程中受到损害的，可以责令对方或者受益人给予一定的经济补偿。”

同时，学生在代表学校对外参加足球、篮球等体育竞技或比赛时，学校应当考虑到相关比赛是风险性较强的体育运动，应在赛前进行安全教育、赛中进行正确指导、赛后进行积极救助，尽到职责范围内的教育、管理和保护义务。如果学校未能尽到相关义务，导致学生发生意外伤害事故造成人身损害的，那么学校存在过错，应当承担相应赔偿责任。

本案中，张某自愿参加篮球比赛，实际上是向对手以及向赛事的组织者作出了允许对手进行一定身体碰撞的认可。此类竞技性比赛出现相互碰撞、争抢应属正常现象，对方球员并不存在恶意犯规、故意冲撞等行为，应当认定为双方当事人均无过错，对方球员不应承担赔偿责任。而××中学在赛前对张某进行了必要的安全教育，制定了相关的预案，在张某受伤时对其伤情进行了必要的救助，已经尽到了安全保障的义务，对张某受伤不存在过错，也不应承担侵权赔偿责任。但××中学作为张某参赛的受益人，应承担作为受益人的补偿责任，对张某进行酌情补偿。

编写人：北京市密云区人民法院　张帆

（二）未尽安全保障义务的损害赔偿纠纷

7

第三人身份不明情形下安保义务人补充责任的认定

——范某诉北京合道络亿咨询有限公司健康权、身体权案

【案件基本信息】

1. 裁判书字号

北京市第三中级人民法院（2018）京03民终12860号民事判决书

2. 案由：健康权、身体权纠纷

3. 当事人

原告（上诉人）：范某

被告（被上诉人）：北京合道络亿咨询有限公司（以下简称合道公司）

【基本案情】

2017年11月6日，范某到合道公司进行拳击训练，在体能训练过程中，范某等三人在四肢支撑绕圈爬行的过程中，被其后的人撞到，导致手臂受伤。合道公司称当时范某在前、中间为一男士、后面为一女士，事发场地没有监控。事后询问在场者，男士称范某突然停下，其就撞了上去，教练称未看到当时的情形。合道公司称现已无法联系当时训练的男士。事发后，范某于2017年11月7日至19日住院治

疗，被诊断为左尺骨干骨折，并进行手术治疗。出院后，范某又多次就医复查，共支出医疗费 11557.16 元，护理费 1800 元。医院 2018 年 2 月 7 日出具的最后一份诊断证明书记载“全休 4 周”。

【案件焦点】

1. 合道公司应当承担何种责任；2. 合道公司是否应当对损害承担全部赔偿责任。

【法院裁判要旨】

北京市朝阳区人民法院经审理认为：宾馆、商场、银行、车站、娱乐场所等公共场所的管理人或者群众性活动的组织者，未尽到安全保障义务，造成他人损害的，应当承担侵权责任。因第三人的行为造成他人损害的，由第三人承担侵权责任；管理人或者组织者未尽到安全保障义务的，承担相应的补充责任。合道公司在组织学员进行拳击训练时，教练未进行全方位指导、管理，导致在只有三名学员进行训练时发生冲撞事故，未尽到安全保障义务，应当承担相应的补充责任。根据本案的具体情况，合道公司应当承担 30% 的赔偿责任。

北京市朝阳区人民法院依照《中华人民共和国侵权责任法》第三十七条规定，判决：

一、合道公司于本判决生效后七日内赔偿范某医疗费 3362 元、误工费 8430 元、护理费 540 元、住院伙食补助费 390 元；

二、合道公司于本判决生效后七日内返还范某会费 5100 元；

三、驳回范某的其他诉讼请求。

范某不服一审判决，提起上诉。北京市第三中级人民法院经审理认为：《中华人民共和国侵权责任法》第三十七条第二款规定，因第三人的行为造成他人损害的，由第三人承担侵权责任；管理人或者组织者未尽到安全保障义务的，承担相应的补充责任。双方当事人均认可范某受伤系由第三人造成的，根据上述法律规定，应当由第三人承担侵权责任。现范某上诉请求合道公司对其损害承担全部赔偿责任，于法无据，不予支持。合道公司在组织范某等三人进行拳击训练时，未能进行全方位指导、管理，且事故发生时在场教练称未看到事发时的情形，事发场地亦未有视频监控，合道公司作为本案中的安全保障义务主体，未能尽到安全保障义务，应当根据上述法律规定，承担相应的补充责任。一审法院根据本案情况，认定合道公司承担30%的赔偿责任，具有事实与法律依据，二审法院对此予以维持。

《最高人民法院关于审理人身损害赔偿案件适用法律若干问题的解释》第六条第二款规定，因第三人侵权导致损害结果发生的，由实施侵权行为的第三人承担赔偿责任。安全保障义务人有过错的，应当在其能够防止或者制止损害的范围内承担相应的补充赔偿责任。安全保障义务人承担责任后，可以向第三人追偿。赔偿权利人起诉安全保障义务人的，应当将第三人作为共同被告，但第三人不能确定的除外。范某在本案中仅起诉了合道公司，现双方当事人虽主张范某受伤系由第三人造成，但范某在一审提起本案诉讼时，不能提供第三人的明确信息，致使第三人不能确定。因此，范某上诉主张一审法院应当追加第三人参加诉讼的上诉理由不能成立，不予支持。此外，关于范某主张的一审判决书中无事实认定部分内容，经本院审查范某的该项主张与事实不符，不能成立。

北京市第三中级人民法院依照《中华人民共和国民事诉讼法》第一百七十条第一款第一项规定，作出如下判决：

驳回上诉，维持原判。

【法官后语】

本案涉及公共场所管理人未尽安全保障义务的补充责任问题。民法上的补充责任，是指多个责任主体对于同一损害后果承担共同责任时的一种侵权赔偿责任。此种责任发生在第三人介入侵权时，由直接侵权的第三人承担赔偿责任，未尽安保义务或管理职责的主体承担补充责任。《中华人民共和国侵权责任法》第三十七条第二款规定的是安保义务人的补充责任，其具有以下几个特点：第一，补充责任的法理基础是安保义务人不作为侵权；第二，补充责任的核心是安保义务人享有“顺序利益”，造成损害后果的第三人按照第一顺序承担责任，安保义务人按照第二顺序承担责任，即只有在第三人不能承担、不足承担或者第三人不能确定的情况下，补充责任人才承担补充责任；第三，赔偿权利人除第三人不明确外，不得单独起诉安保义务人。

1. 安保义务人的不作为间接侵权

安保义务作为侵权责任法中的法定义务，是指公共场所经营者或管理人对进入其服务场所的消费者、其他人员负有的保障人身、财产安全的义务。尽到安保义务与否一般从是否达到了法律、法规、规章等所要求达到的注意义务，或者是否达到了同类经营者所应当达到的注意程度，或者是否达到了诚信、善良的经营者所应当达到的注意程度等方面进行判断。在第三人侵权的情形下，安保义务人未尽安保义务属于消极不作为，存在过错。如果安保义务人尽到安保义务，可以避免或者减轻损害结果的发生，表明未尽安保义务与损害结果之间存在因果关系，此时安保义务人的不作为符合侵权的构成要件。补充责任是安保义务人的自己责任，而非为第三人承担的责任。

2. 安保义务人承担补充责任的范围

从侵权责任法对于安保义务人承担补充责任范围的规定可以作出以下解读：第一，安保义务人承担补充责任需未尽安保义务，即存在过错，补充责任的归责原则是过错原则；第二，承担补充责任的范围受到“能够防止或者制止损害”、减轻损害的限制，如果即便安保义务人尽到安保义务仍不能防止、制止、减轻损害，安保义务人不承担责任；第三，安保义务人承担的补充责任与其过错程度、原因力的大小相适应，并非对第三人造成的全部损害后果承担责任。在司法实践中，考虑到每个案件都有其特点，需要法官在具体个案中基于上述因素衡量安保义务人承担补充责任的比例，并没有统一的标准。

3. 补充责任的第二顺序性如何体现

第二顺序性是补充责任制度的本质特征，在诉讼中主要体现在以下两个方面：第一，除第三人不明确外，赔偿权利人不能单独起诉安保义务人，必须将第三人和安保义务人作为共同被告，便于节约当事人的诉讼成本。此处的第三人不明确特指第三人身份不明确，并非指下落不明，诚如本案中致使原告受伤的第三人身份不明，原告才可仅起诉安保义务人。赔偿权利人放弃对第三人的索赔或者与第三人达成和解协议并履行的，不得再要求安保义务人承担补充责任，这种规则体现了补充责任是一种对第三人赔偿不能的弥补措施，第三人有赔偿能力时，安保义务人无需承担补充责任。第二，补充责任的承担需在执行程序中体现。即便判决安保义务人承担相应比例的补充责任，也应当先要求第三人履行赔偿义务，只有对第三人的强制执行因无可供执行的财产使执行程序终结的，才能对安保义务人主张不超过判决确定比例的补充责任。

4. 安保义务人是否有追偿权

《最高人民法院关于审理人身损害赔偿案件适用法律若干问题的解释》（本案

以下简称《人身损害司法解释》）第六条第二款明确规定了安保义务人对第三人的追偿权，在制定侵权责任法时立法争议极大，最后并未规定上述内容。全国人大常委会法制工作委员会所起草的我国民法典侵权责任编草案对追偿权问题立场反复不定，2018年2月25日草稿规定了安保义务人的追偿权，同年10月18日草稿予以删除，同年12月14日草稿又予增设。肯定追偿权的理由主要是《人身损害司法解释》有明确规定且《中华人民共和国侵权责任法》并未予以否认，第三人的行为是造成损害后果的直接原因，赋予安保义务人追偿权实质是让第三人承担终局责任，并未加重第三人的责任。否定追偿权的理由主要从补充责任的法律基础即安保义务人不作为侵权出发，认为安保义务人承担的是自己责任而非替代责任，追偿权与自己责任有内在冲突，自己责任意味着安保义务人自身有过错，应承担终局责任，这种观点是将补充责任归入不真正连带责任的一种形式。另有一种折中的观点认为，可以根据第三人侵权的故意和过失，区分安保义务人是否享有追偿权。第三人故意侵权时，安保义务人的过错和原因力较小，赋予安保义务人追偿权，由第三人承担终局责任与第三人故意侵权的法律后果一致。第三人过失侵权时，安保义务人未尽安保义务也是过失侵权，两者各自承担责任较为合理。但目前立法上并未作此区分，司法实践中一般在不区分第三人故意或过失的情况下，赋予安保义务人追偿权。然而，补充责任在责任承担上的第二顺序性决定了安保义务人的追偿权在理论上可行，实际上很可能因第三人履行能力不足而难以实现。

补充责任制度是侵权领域的一项颇具中国特色、较为成熟的制度。第三人对损害后果的全部承担侵权责任、安保义务人承担补充责任的纠纷处理模式十分清晰，但需要法官在具体案件中斟酌以下难点问题：第一，对安保义务人应当承担安保义务的范围和界限的衡量，这与安保义务人是否有过错直接相关；第二，安保义务人的不作为与损害后果之间是否存在法律上的因果关系，是判断安保义务人应否承担补充责任的关键环节；第三，补充责任的第二顺序性最终体现在执行程序之中，第三人经过执行后仍不能、不足承担赔偿责任，安保义务人在不超过应负担比例的范围内承担补充责任；第四，关于追偿权问题，目前司法实践中基本认可安保义务人的追偿权，但在理论上争议较大，需要立法进一步明确。

编写人：北京市朝阳区人民法院　刘茵茵

8

安全保障义务与监护责任在侵权案件中的认定

——张某某诉北京某儿童摄影有限公司生命权、健康权、身体权案

【案件基本信息】

1. 裁判书字号

北京市朝阳区人民法院（2018）京0105民初58022号民事判决书

2. 案由：生命权、健康权、身体权纠纷

3. 当事人

原告：张某某

被告：北京某儿童摄影有限公司（以下简称某摄影公司）

【基本案情】

2017年9月20日，张某某随其父母来到某摄影公司店里，与某摄影公司签订了儿童摄影协议，约定某摄影公司为张某某拍摄“服装造型2组、5×5寸杂志册三本、明信片2张和修片5张”。随后，某摄影公司安排了拍摄，因张某某不愿意穿某摄影公司提供的衣服，摄影师遂提议改拍外景，并告知其父母外景的拍摄地点位于朝阳大悦城北侧楼下的小花园，其父母同意后，下楼来到花园。为了营造气氛，摄影师吹气泡逗张某某，张某某在追逐气泡时，摔倒在台阶上，前额磕伤。张某某随即被父母送往民航医院，在该院的建议下又将张某某送往北京儿童医院，发生救护车费用及急救费共计271元。北京儿童医院检查确认张某某前额伤口长8厘米，深达肌层，有出血，诊断为前额外伤，该院进行了清创缝合，并嘱“术后第三天于治疗室换药，头面部伤口七天拆线，伤口感染、瘢痕、皮肤坏死植皮可能，限于技术条件，异物残留可能，需随诊，拆线后外用金因肽/金扶宁一次/天，用7天，拆线后一周待痂皮完全脱落后开始使用祛疤药物，2～3次/天”。张某某此后

遵医嘱多次到该院进行换药、复查，张某某的父母提交的医疗费发票累计数额为7344.82元。张某某的父母自行购买“倍舒痕硅凝胶”，支出4784元。

2018年1月7日，北京儿童医院烧伤整形科医生医嘱：“继续涂抹瘢痕凝胶并外用瘢痕敷料，瘢痕增生可延长使用时间，继续涂抹1~2年，减轻后期瘢痕增生。”张某某的父母称遵医嘱使用疤痕贴，每贴640.5元，每月使用三贴，总计需要连续使用2年。对此后续治疗费，某摄影公司不予认可。经核对，张某某的父母所称单价与其提交的2017年11月1日的医疗费发票数额一致。张某某的父母提交了其与北京儿童医院医生在2017年9月27日的对话录音，其中有“挺好的挺好的，但是这个疤肯定是有，这是没有办法的。这已经是最美化的了，抗疤痕的药3天到5天就可以开始用了”等内容。

【案件焦点】

张某某的监护人在本案中应否承担一定责任。

【法院裁判要旨】

北京市朝阳区人民法院经审理认为：作为专业儿童摄影机构，某摄影公司应当预见到张某某在追逐气泡时可能碰到树木或磕到台阶等公园内设施而受伤，故某摄影公司对相应风险应当有提示、引导、防护等义务。因某摄影公司疏忽大意，未履行相应义务，导致张某某摔倒并磕伤，某摄影公司对此应承担赔偿责任。首先，消费者在购买商品或接受服务时享有人身、财产不受损坏的权利。其次，宾馆、商场、银行、车站、娱乐场所等公共场所的管理人或者群众性活动的组织者，未尽到安全保障义务，造成他人损害的，应当承担侵权责任。最后，本案中有以下事实需要注意：（1）被服务的对象为年仅2岁多的小孩，缺乏相应的危险辨别及控制能力；（2）事发地点小公园系某摄影公司选定的外景拍摄地，公园内有台阶；（3）某摄影公司选择了吹泡泡的活动与张某某互动，引逗张某某追着气泡跑，上述行为系拍摄活动的组成部分。结合本案具体情况，依法确定某摄影公司对张某某的损失承担80%的赔偿责任。

本案争议的问题在于张某某的监护人应否承担一定责任。张某某的监护人对某摄影公司提议的拍摄外景表示同意，并带着张某某跟随工作人员来到公园，理应对公园中的环境、设施等安全情况有基本的判断，对可能引起事故的因素应当重视并加以防范。张某某父母事发时均在现场，但并未及时提醒或采取措施避免张某某在此受伤，其未尽监护责任，有疏于看管的过失。张某某的监护人和照片拍摄服务的提供者之间并不发生监护义务转移的情形，故张某某父母在接受孩子拍照服务过程中也并不免除监护责任，对事故的发生要承担20%的过错。

根据本案具体情况，酌情确定后续治疗期间为18个月，并结合张某某方提交的费用单价及用药频率等因素酌情确定后续治疗费数额。结合医嘱意见及张某某在此前治疗过程中使用的疤痕药物等事实，张某某主张的后续治疗用药有较为充分的依据，某摄影公司虽对该治疗的必要性提出质疑，但未提交证据，经释明也未申请鉴定，对其关于使用进口药不合理的意见不予采纳。关于治疗周期，医嘱建议为1～2年，双方对此有争议，但均未申请相应的医学鉴定。

张某某的伤情虽未经伤残等级鉴定，但鉴于张某某伤于面部，且至法庭辩论终结时仍留有较为明显的疤痕，上述损伤给张某某以后的生活将带来一定的不利影响，酌定某摄影公司应赔偿张某某精神损害抚慰金20000元。

北京市朝阳区人民法院依照《中华人民共和国消费者权益保护法》第七条，《中华人民共和国侵权责任法》第三十七条第一款，《最高人民法院关于确定民事侵权精神损害赔偿若干问题的解释》第一条、第八条第二款规定，判决如下：

一、某摄影公司于本判决生效后十日内赔偿张某某医疗费、后续治疗费、精神损害抚慰金共计57590元；

二、驳回张某某的其他诉讼请求。

【法官后语】

本案中，原告作为消费者，被告为其提供摄影服务，在提供服务过程中，原告的人身、财产安全应受法律保护。

现有法律规定的安全保障义务主体有宾馆、商场、银行、车站、娱乐场所等公共场所的管理人或者群众性活动的组织者。此案被告虽不是严格意义上的公共场所管理人或群众性活动组织者，但此案中经原、被告协商一致进行外景拍摄之时起，被告就要对原告在外拍现场的人身安全尽安全保障义务。

被告选取的外拍场地是被告提供服务的场所，也在被告的控制与支配范围内。原告作为未成年人，而且在被告知悉拍摄现场有台阶的情况下，被告理应预见一种现实的危险性，更应尽到严格意义上的注意提醒与安全保障义务，即应对可能存在的意外危险做出警示和说明。但被告的工作人员在与原告互动前没有采取任何的防范措施，致使原告受伤。按我国现阶段法律之规定，被告在此事件中的责任应是过错责任，实行的是过错责任归责原则。

监护权的范围与取得都是由法律明文规定的，不容随意设立或变更。根据《中华人民共和国民法通则》第十六条的明确规定，未成年人的父母自然是监护人。这种基于身份关系的原始取得方式符合我国法律对监护权产生的设定。最关键的是，这种与身份权紧密相连的监护职责转移必须有家长与其他主体进行特别约定和必要的表现形式，绝不是依主观推定，否则就不存在监护权的自然转移。因此，本案中并没有监护权移转的情况，原告父母仍应对原告尽到监护义务。

本案中，原告系幼儿，对自身行为、环境的安全性缺乏客观认识。但作为原告监护人的父母亦在拍摄场地，应该对拍摄现场安全性有基础判断，在明知有台阶情况下未对原告尽到谨慎的看管监护职责，应对原告受伤承担一定责任。而对监护人实行的是无过错归责原则。

对于两责任主体承担的责任比例，《最高人民法院关于审理人身损害赔偿案件适用法律若干问题的解释》中有相关规定，即应当承担与其过错相应的赔偿责任，亦即按在伤害事故发生中过错程度大小、过错对损害结果的影响以及过错与损害结果之间的因果关系原因力进行比较而确定。如果有主要过错，则应承担主要责任。被告未尽到安全保障义务，是原告受伤的主要原因力，对原告未充分履行法定的安全保障义务，被告应承担主要责任，作为监护人的原告父母承担次要责任。法院酌情判定被告承担80%的赔偿责任，原告父母自担20%的责任并无不当。

经营者未尽到安全保障义务致使消费者身体权、健康权、生命权受到侵害，应承担损害赔偿责任。这里的安全保障义务既包括一定程度的合理注意义务，亦要包括对危险可能发生的提醒义务。同时，若消费者系未成年人，其父母在此过程中未尽到监护义务，对损害结果的发生具有过错的，亦应承担一定责任。二者的担责比例视具体案情而定。

编写人：北京市朝阳区人民法院　高艺林

9

在出租屋坠楼的过错判断和赔偿责任认定

——杨某同、吴某兰诉贺某南生命权、健康权、身体权案

【案件基本信息】

1. 裁判书字号

广东省广州市中级人民法院（2017）粤01民终20337号民事判决书

2. 案由：生命权、健康权、身体权纠纷

3. 当事人

原告（被上诉人）：杨某同、吴某兰

被告（上诉人）：贺某南

【基本案情】

杨某同、吴某兰为夫妻关系，杨某（2001年10月23日出生）系双方之子。2014年2月24日，杨某同、吴某兰向贺某南承租了白云区白某街10-2（606）号房，用于居住使用。2017年，杨某来到广州与父母共同居住生活。2017年5月6日18时许，杨某从上述出租屋阳台逃生窗处坠落并死亡。经广州市公安局白云区分局太和派出所介入调查，查明杨某死亡原因排除他杀。杨某坠楼的出租屋为6楼，阳台装有防盗网，阳台地面至防盗网底部为墙体，高度约85厘米，防盗网左下角紧邻墙体处设有60厘米×70厘米大小的逃生窗，杨某即从该逃生窗坠落身亡，无证据证明属于自杀。2017年5月11日，杨某遗体在广州火化。

庭审过程中，杨某同、吴某兰称事发房屋的逃生窗平时没有锁住，贺某南亦未告知其该如何处理。贺某南称，按照当地有关部门的要求，逃生窗不能固定死，故其出租房屋时是用铁丝缠住逃生窗上的锁扣，方便打开。

【案件焦点】

涉案出租屋所有权人是否应就杨某的死亡承担赔偿责任。

【法院裁判要旨】

广东省广州市白云区人民法院经审理认为：贺某南作为房屋出租方，应提供符合安全标准的房屋给杨某同、吴某兰居住使用。根据国家《住宅设计规范》《民用建筑设计通则》等规定，六层或六层以下阳台栏板或栏杆净高不应低于1.05米，该高度是依据人体重心力学设定的，其目的是防止栏板、栏杆高度不够人体重心外移发生坠落。涉案出租屋在六楼，其阳台虽有防盗网，但防盗网左下角设有逃生窗，导致该阳台处于未完全封闭状态，此时，如果逃生窗下栏板（墙体）达不到应有的高度，必然增加倚靠逃生窗时坠落的风险。现贺某南将阳台栏板（墙体）高度仅约85厘米、与应有高度相差较大的房屋出租给杨某同、吴某兰，存在安全隐患，其对杨某的死亡应负一定的责任。但是，杨某同、吴某兰租住贺某南的房子已经三年多，其本身具有管理居住场所、保障居住人员安全的责任和义务。在杨某同、吴某兰租住期间，贺某南是无法控制该出租房屋的使用的，即使如杨某同、吴某兰所述，逃生窗没有封锁，杨某同、吴某兰也理应自己进行妥善处理，并应监管好其他人的使用，尤其是未成年人，只应在发生危险、需要使用时才打开逃生窗。故不论事发时逃生窗是锁住还是未锁住，该责任均不在贺某南，而应由杨某同、吴某兰承担相应的管理不善的责任。同时，杨某死亡时已年满15周岁，其对于自身行为可能产生的不利后果具有辨识和控制能力，不论是其打开逃生窗还是靠近未上锁的逃生窗，均应知道存在一定的风险，故杨某亦应对自身死亡承担一定的责任。

广东省广州市白云区人民法院依法判决如下：

一、于本判决生效之日起五日内，贺某南赔偿杨某同、吴某兰死亡赔偿金、丧葬费、交通费、精神损害抚慰金合计40453.75元；

二、驳回杨某同、吴某兰的其他诉讼请求。

贺某南不服，提起上诉。广东省广州市中级人民法院经审理认为：贺某南主张杨某系自杀而非失足坠落，但其庭审中亦明确表示无证据证明杨某系自杀，原审法院对其上述主张不予采信，并无不当，并依法作出如下判决：

驳回上诉，维持原判。

【法官后语】

本案坠楼事发的场所位于出租屋，具有一定的特殊性。首先，出租屋是承租人租赁用于生活居住的场所，性质上属于私人领域，因此不属于公共场所，不能适用《中华人民共和国侵权责任法》第三十七条关于宾馆、商场、车站、娱乐场所等公共场所管理人违反安全保障义务致人损害的规定。其次，出租屋以房屋租赁合同关系为基础，涉及的权利主体包含不动产所有权人和不动产占有、使用权人，且不动产的所有权与使用权存在一定程度的分离，《中华人民共和国民法总则》第一百二十条和《中华人民共和国侵权责任法》第六条仅是原则性的规定，该情形下侵权责任如何划分和认定，需要法院对该类型案件权责主体、过错判断的界定予以准确把握。

1. 出租屋坠楼事件的侵权责任主体是否必然归责于出租人（即房屋所有权人）

对出租屋具有一定支配或控制权利的主体，包括出租屋的所有权人、使用人、占有人或管理人等。在侵权法上，判断侵权责任主体并不以物权的归属为依据，而在于哪个主体对侵权后果的发生存在责任。是以，当不动产发生危险致人损害时，出租屋的所有权人、使用人、占有人或管理人均不是当然的或唯一的侵权责任承担主体。本案事故的发生与逃生窗相关，属于附着在不动产上的其他设施，按照消防规范要求，位于六楼的出租屋设置的未封锁的逃生窗完全符合规定。假设本案出租屋的阳台栏板或栏杆净高高于1.05米，即符合《民用建筑设计通则》规定的国家标准，其他情形不变的情况下，不动产所有权人对坠楼后果则无需承担责任。于此，不动产所有权人应当首先保障提供符合安全居住标准的房屋，其出租的房屋安全隐患越少，归责的程度也相应减少。

2. 出租屋权利主体不作为情形下，侵权过错的判断

侵权责任分为作为的侵权责任和不作为的侵权责任，前者是指行为人以积极行为造成损害而应承担的责任，后者是指行为人应为而不为某种义务致使他人损害而应承担的责任，故不作为的侵权责任的成立须以作为义务的存在为前提。在房屋租赁合同关系中，出租人和承租人对房屋享有不同的权利，均负有一定的作为义务。具体而言，包括：

（1）出租人负有维护房屋确保正常安全居住的义务

作为出租人，应保证房屋本身符合国家强制标准、行业标准或者社会公认的安

全标准，以保障承租人在使用房屋时的安全性。其一，房屋的主体结构、质量必须符合《中华人民共和国建筑法》和《建筑工程质量管理条例》等强制性国家安全标准，需经过建筑行政主管部门验收合格等。其二，消防设施与其他附属设施应当符合法律法规的要求，如配备必要消防设施和器材、消防安全标志等。如按照《民用建筑设计通则》规定，临空高度在24米以下时，栏杆高度不应低于1.05米等。其三，应对房屋及其附属设施进行正常必要的维护，使房屋处于安全状态。如出租人对房屋渗水进行修缮，对容易倒塌的附着物进行加固和更换，对房屋的用水、用电、用气、出入口、通道、阳台、消防、逃生通道等进行维护等。前两项义务属于法定义务或标准，第三项义务可通过合同约定转移给承租人。

（2）出租人和承租人均负有必要的检查和保护义务

出租人让与房屋使用权的同时，并不完全转移必要的检查义务，这与其收取租金的权利对等。承租人对房屋实际占有、使用后，同样也负有检查房屋是否存在潜在的致人损害的危险的责任，如承租人对自行添置的可能存在安全隐患的物品应尽到合理照看、检查义务。对于检查发现的风险，出租人和承租人应当采取合理有效措施预防、及时排除风险或将危险控制在最小范围内，避免或减少他人损害。该种风险的排除责任还应区分风险源存在于房屋本身还是承租人承租后因个人行为导致，如是房屋本身存在危险，出租人应尽主要保护义务，如是承租人个人行为导致，则应由承租人承担相应的责任。

（3）出租人和承租人对房屋存在危险的警示义务

出租人在出租房屋时对能够合理预见的侵害危险，应及时告知承租人。警示标准应是让一个普通人的认知能力能够注意到危险并产生警惕，从而采取自我保护措施避免危险发生。警示形式可在租赁合同或房屋内张贴警示标志体现。如本案中，出租人如能在合同中注明逃生窗的存在，并告知合理使用的注意事项，以证明其已尽到安全警示义务，则将进一步降低其过错程度。对于承租人而言，承租人对与其共同生活或临时居住的家庭成员，也负有一定的危险警示义务，尤其是对于未成年人，所负义务程度更高。

（4）承租人对受害人的救助义务

对在出租屋内已经发生损害或正在发生损害的情形，承租人应当积极进行救助，避免加重损害。如承租人邀请朋友做客，客人在房屋内不慎发生意外，承租人应当采取积极救助措施，这与承租人对自己控制下的房屋负有安全保障义务相一致。

综上，房屋权利主体的四种作为义务来源存在一定区别，负担义务的主体也具有相对性。而法官判断出租人、承租人对侵权损害的后果是否存在过错，应遵循客观过错理论，即以行为人是否履行作为义务为判断根据。如果行为人未尽到作为义务，则可判断行为人具有过错，从而认定对侵权损害后果承担责任。判断行为人过错的大小程度，一是应当遵循个案判断原则，具体考量作为义务的内容根据和义务负担主体、违反义务的方式以及损害的严重程度、危险的严重性等；二是兼顾合理性原则，包括行为人对预防危险的措施、制止危险的措施和损害救助措施是否合理等。

本案中，承租人使用房屋已长达三年，房屋由承租人长期控制使用的情况下，其对房屋的情况更为了解，理应具有更充足的安全注意能力，并尽到妥善管理的责任。但承租人对于同住的未成年人未能尽足够的提醒警示责任，因管理不善导致坠楼后果的发生应更多归责于承租人。出租人对未上锁的逃生窗设置不具有过错，仅对阳台高度不符合国家安全标准存在过错，且该过错程度较为轻微，因此判决出租人对损害后果承担10%的赔偿责任，较为公平合理。该类案件因果关系的判断亦是从不作为侵权行为出发，准确把握和认定作为义务的负担主体是否因其不作为行为直接造成他人损害。

该类侵权案件的审理难度在于如何判断出租人、承租人的过错程度及如何确定责任比例，通过这个案件，笔者认为审理该类案件时还应当考虑如下因素：(1) 房屋的建设使用年限。房屋已经建设并使用较长的年限，其间未出现因瑕疵引发的安全事故，说明该房屋的安全隐患较低。(2) 承租人的使用年限。如果承租人对出租屋的使用年限较长，能达到一个正常人对新环境适应、熟悉的周期，则应当将安全管理和注意义务更多地划归于承租人。随着房屋租赁市场的日益壮大，因出租房屋引发的侵权纠纷也越来越多，上述思路为确立和完善涉出租房屋侵权损害赔偿纠纷案件的裁判规则提供了参考。

编写人：广东省广州市白云区人民法院　周蕾　林嘉丽　文豪

10

雇主对超龄雇员负有更高的安全管理义务

——刘某某诉南通市通州区十总镇某某村村民委员会生命权、健康权、身体权案

【案件基本信息】

1. 裁判书字号

江苏省南通市中级人民法院（2018）苏06民终436号民事判决书

2. 案由：生命权、健康权、身体权纠纷

3. 当事人

原告（上诉人）：刘某某

被告（被上诉人）南通市通州区十总镇某某村村民委员会（以下简称某某村委会）

【基本案情】

2016年4月，某某村委会聘用刘某某等村民为村保洁员，双方签订《保洁员管理协议》一份，对垃圾收集清理范围、各自工作职责、工资标准等进行了约定，其中保洁员工作职责为“……对所属包干区域日产日清，全部运送到垃圾集中点……保洁员在工作期间应确保自身安全，如发生安全事故责任自负……”。2016年9月3日8时许，刘某某在清理垃圾过程中点火焚烧垃圾，导致垃圾堆中发泡剂遇热发生爆炸而被烧伤。事发后，刘某某即被送医救治。2017年6月，刘某某诉至法院，要求某某村委会赔偿各项损失合计60658.31元。

【案件焦点】

某某村委会应否承担赔偿责任以及责任大小。

【法院裁判要旨】

江苏省南通市通州区人民法院经审理认为：刘某某系某某村委会聘用的保洁员，其在清运垃圾时被烧伤，属在提供劳务过程中受伤。提供劳务一方因劳务自己受到损害的，应根据各自的过错承担相应责任。某某村委会作为接受劳务一方，应对提供劳务一方的刘某某履行监督和管理职责。某某村委会虽然在平常开会时对刘某某等保洁员进行了相关安全教育，但并无其他监督管理之方法和措施，以致酿成事故，故其应承担本起事故的主要责任。刘某某在清运垃圾过程中点火焚烧垃圾，导致垃圾堆中发泡剂遇热发生爆炸而被烧伤，故刘某某承担本起事故的次要责任。综上，衡定刘某某承担40%责任，某某村委会承担60%责任。双方签订涉案保洁员管理协议中“保洁员发生安全事故责任自负”的约定，属于免除自身责任、加重对方责任情形，依法无效，不予采纳。

江苏省南通市通州区人民法院依照《中华人民共和国侵权责任法》第六条第一款、第十五条第一款第六项、第十六条、第三十五条，《最高人民法院关于审理人身损害赔偿案件适用法律若干问题的解释》第十一条第一款规定，作出如下判决：

一、某某村委会于本判决发生法律效力之日起十日内赔偿刘某某损失30036.17元。

二、驳回刘某某的其他诉讼请求。

刘某某不服一审判决，提起上诉。江苏省南通市中级人民法院同意一审法院裁判意见。

【法官后语】

1. 超龄雇员是当前劳务市场的普遍现象

随着我国人口老龄化程度加剧及社会劳动力结构调整，劳务用工市场也正发生深刻变化。餐饮勤杂、绿化保洁、物业安保、家政服务等劳动密集型行业开始大量雇用超过法定退休年龄的雇员。原因之一在于上述领域岗位准入无门槛或低技术，有些只需简单手工或轻体力，超龄雇员可以适应相应劳动强度或工作要求；原因之二在于这些行业劳务报酬相对低且不稳定，青壮年劳动力多不愿涉足，许多中小型企业、个体工商业主只能雇用超龄雇员。超龄雇员有的来自“二次就业”已退休城镇职工，有的来自仍在劳作的农村老人。

2. 超龄雇员的用工成本更低，但受害风险更高

一方面，在劳务市场中，超龄雇员的议价能力、薪资期待及劳务能力等远低于青壮年劳动力，在许多劳动力密集行业，雇主通常以更低工资雇用超龄雇员工作。另一方面，在劳务关系中，雇主通过选任和使用雇员来扩张自己的经营能力和活动范围，并由此获取利润，但雇佣活动存在雇员受害风险，而超龄雇员发生受害风险更高，原因之一是超龄雇员受限于身体、年龄等生理因素，其在提供劳务活动中预见、规避危险的能力相对有限；原因之二是超龄雇员囿于文化程度、观念习惯等主观原因，往往安全作业意识薄弱，自我保护措施不足，时常进行违规危险作业。本案即是典型一例，某某村委会基于用工成本和岗位性质考虑，雇用刘某某这样的农村老人来完成垃圾清运等农村公共服务工作，但该群体明显缺乏安全生产意识，刘某某即因作业时违规焚烧垃圾导致爆炸事故。

3. 雇主对超龄雇员负有更高的安全管理义务

不同于接受劳务的个人，作为有组织的单位雇主，其在技术、资源、信息、财力上强于个体雇主，具备更强的组织优势和管理能力，而超龄雇员用工成本更低但受害风险更高，根据“利益、风险、责任相一致”原则，单位雇主以较低用工成本雇用超龄雇员获益，应对超龄雇员履行更高的安全管理义务，以防范和减少风险事故的发生。例如，向超龄雇员提供符合安全卫生标准的工作环境、条件、设施工具等；对超龄雇员进行安全生产教育和劳动保护技术培训；日常管理、监督超龄雇员安全作业等。本案中，某某村委会作为农村基层自治组织，其对辖区公共事务和村民生产生活履行一定的行政管理职责，具备较强组织能力和管理条件，雇用刘某某这样年龄大的农村老人进行劳务活动应尽到更细致规范的安全管理义务，但某某村委会只是平时会议中对保洁员进行口头安全教育，而没有采取岗前专项培训、定期安全检查等具体安全管理措施，其作为单位雇主未尽到合理安全管理义务，故法院判决其承担主要责任。

编写人：江苏省南通市通州区人民法院　吴新峰

11

对被侵权人自身引发风险所负安全保障义务“合理性”的认定

——范某某诉北京地铁某公司生命权、健康权、身体权案

【案件基本信息】

1. 裁判书字号

北京市第二中级人民法院（2018）京02民终10764号民事判决书

2. 案由：生命权、健康权、身体权纠纷

3. 当事人

原告（被上诉人）：范某某

被告（上诉人）：北京地铁某公司（以下简称某公司）

【基本案情】

2017年4月7日约9时30分，某公司科怡路地铁站工作人员发现范某某在卫生间疑似处于严重醉酒状态，遂将范某某安置到残疾人卫生间，并使用范某某手机多次联系范某某亲属、朋友告知范某某相关情况，同时联系派出所民警到场，看护至范某某的朋友到达。12点15分，范某某被送至医院急救并住院25天，后辗转不同医院就医，累计支出医疗费129244.93元，护理费3400元。范某某另提供票据，证明治疗期间因另行外购药物而支出医药费24001.3元、褥疮垫及轮椅等医疗用品费用2690元，购买足踝固具残疾辅助器具费580元。范某某向法院起诉，请求判决某公司赔偿医疗费、护理费、住院伙食补助费、误工费、营养费、残疾赔偿金、精神损害抚慰金、残疾辅助器具费、交通费、住宿费、被扶养人生活费、鉴定费。

范某某户籍性质为农业户口，有两个未成年子女和丧失劳动能力的母亲由其扶养。范某某受伤前主要工作地为北京。

【案件焦点】

1. 是否因某公司科怡路地铁站卫生间湿滑导致范某某不慎摔伤致害；2. 某公司发现范某某神志不清状态后是否尽到合理救助义务。

【法院裁判要旨】

北京市丰台区人民法院经审理认为：自然人的生命权、健康权、身体权依法受法律保护。宾馆、商场、银行、车站、娱乐场所等公共场所的管理人或者群众性活动的组织者，未尽到安全保障义务，造成他人损害的，应当承担侵权责任。1. 范某某主张其因某公司所管理的科怡路地铁站卫生间地面湿滑导致摔伤，但对该事实未有证据佐证，且某公司对该意见不予认可，并对此提供了派出所民警调查过程的视频等相关证据予以反驳。从医院的诊断证明及现场工作人员描述情况看，范某某被发现时处于衣裳完整、进行呕吐状态，无据佐证范某某因地面湿滑摔倒受伤，故该事实难以确认。2. 关于某公司发现范某某神志不清状态后是否尽到合理救助义务。公共交通机构负有对处于危险中的乘客进行救助的义务，且应结合实际情况，根据不同人员所处的状态采取相应的救助措施。某公司在发现范某某于卫生间内求助后，派遣其工作人员进入卫生间救助，并将范某某带到残疾人卫生间安置、专人予以照顾，随后又联系范某某友人到场，其已经尽到对范某某的一般照顾义务。但在范某某已明显出现身体不适情况下，某公司作为安全保障义务人，未能采取有效急救措施或通知医疗急救单位，而是等待范某某家人到来后处理，延误范某某治疗时机，某公司在对范某某采取急救措施过程中存在一定程度的不作为，未尽到合理救助义务，故在范某某所受损伤后果上，某公司应承担一定的责任。具体承担的责任比例考虑某公司只是采取急救措施不当，酌定承担20%赔偿责任。对范某某主张的由此产生的其他相关费用，其中合理部分予以支持。医疗费根据已发生的实际支出计算，外购药部分无医院证明的不予支持；住院伙食补助费依据范某某住院天数每日50元计算；营养费依据鉴定报告确定的期限，酌定每日50元；护理费依据鉴定报告给付20年，每日100元；误工期至伤残评定前一日酌定10个月15天，考虑范某某虽未提交误工证明，但确有误工事实，且提供了在北京参保信息记录，对误工费每月酌定3500元；伤残赔偿金，依照鉴定结果确定伤残赔偿指数90%，范某某主张按照2016年北京城镇居民可支配收入标准确定；被扶养人生活费，按2016年北京城镇人均消费支出标准确定，对按照此标准计算的方式予以支持；交通费酌定1000元；器具费根据实际发生的票据确定1780元；关于住宿费于法无据，不予支持；精神损害抚慰金，考虑到范某某伤残程度酌定为50000元。

北京市丰台区人民法院依法判决：

一、某公司于判决生效之日起七日内向范某某赔付医疗费29022.98元、住院伙食补助费1380元、营养费900元、器具费356元、精神损害抚慰金10000元，交通费200元，合计41858.98元；

二、某公司于判决生效之日起七日内向范某某赔付残疾赔偿金206190元、被扶养人生活费70008.48元、误工费7350元，合计283548.48元；

三、某公司于判决生效之日起七日内向范某某赔付护理费146000元；

四、驳回范某某其余诉讼请求。

某公司不服一审判决，提起上诉，北京市第二中级人民法院经审理同意一审裁判意见，依照《中华人民共和国民事诉讼法》第一百七十条第一款第一项规定，判决如下：

驳回上诉，维持原判。

【法官后语】

根据《最高人民法院关于审理人身损害赔偿案件适用法律若干问题的解释》第六条和《中华人民共和国侵权责任法》第三十七条规定，车站等公共场所的管理人未尽合理限度范围内的安全保障义务致使他人遭受人身损害，应当承担侵权责任。本案特殊之处在于，范某某的人身损害状态系自身饮酒引发，某公司作为安全保障义务人是否应当对范某某受伤所遭受损失承担赔偿责任。对此，应从两个方面分析：

1. 因受害人自身原因导致人身危险属安全保障义务范围

安全保障义务来源于德国法上的社会交往安全义务，本质是对那些具有接触要约邀请性质的开放性社会接触中，考虑到接触要约邀请一方对其经营管理场所具有可控性，相对其他人能够更加容易地防止危险发生或扩大，故立法要求组织者或管理者应对相对人人身和财产安全承担保障义务。一般而言，安全保障义务具体内容既可能基于法律明确规定，也可能基于合同义务，也可能基于诚实信用原则而产生。目前，经济发展产生了一些新的社会风险，新的社会风险也产生了一定合理义务：一是基于双方接触产生一定信赖关系，信赖关系一方当事人对安保义务人有一定合理期待，期待能够预防或及时救济危险所致损害。二是在某些情形下社会接触一方可能通过明示或行为表示作出承担法定与约定之外义务的承诺，基于自我承诺产生安全保障义务。例如，行为人自愿提供救助又放弃救助行为或不当救助产生的损害。由此推定，经营场所安全保障义务包括两方面：一是经营资质、配套设施、人员配备及日常管理是否符合相关法律法规及行业规定；二是安保义务行为是否达到同类社会活动或一个诚信善良的从业者应当达到的通常程度。本案中，范某某主张地铁站卫生间湿滑导致其摔伤，由于缺乏证据佐证且某公司有视频证据予以反驳，按照“谁主张，谁举证”的规则，可以认定范某某人身危险来源与某公司无因果关系，但并不能就此简单认定某公司已经尽到安全保障义务。地铁站作为主要通勤和出行工具，人流量大、利用率高，社会风险种类多、发生率高，是开放性较大的社会交往接触空间。乘客乘坐地铁出行，势必与地铁管理方产生一定信赖关系，期待其能够预防或及时救济出行途中发生危险或损害。本案中，虽然范某某人身危险系自身过量饮酒引发，但发现受害人深处人身危险状态后，某公司作为安保义务人，相对其他人具有较强的风险控制力，从一个诚信善良的经营者角度看，其应当承担合理的风险救助义务，故某公司以范某某受伤与其没有因果关系主张自己已尽到安保义务不成立。

2. 救治处置是否及时有效是判断安全保障义务履行与否的标准之一

由于安全保障义务来源于社会开放性接触，如果一味强调义务人责任，则会萎缩其社会交往意愿，同时也会将成本转嫁于潜在交往人一方，使其交往成本上升，均不利于社会生产与经济发展。因此，对安全保障义务的设定应考虑双方利益平衡问题，只要在合理限度范围内履责即可认定义务人尽到安全保障义务。合理限度范围通常根据一般常识来确定，可参考安全保障义务人所属行业的一般行业规定，如考虑行为人是否达到行业一般安全标准，执行这些标准是否存在疏忽、纰漏，在发生损害时处置措施是否妥当等，根据实际情况全面综合判断。本案中，某公司在发现受害人范某某存在人身危险后，第一时间联系受害人亲友，等待其亲友来处理，却未同时采取有效急救措施或拨打急救电话，导致范某某未能在第一时间得到有效医治。整体来看，应当认定某公司提供了一定的安全保障措施，但并未结合具体状况对受害人采取最妥当的救助措施，按照一般生活常识，在无法肉眼识别受害人身体状况前提下，及时拨打120急救电话使受害人尽快接受专业治疗才是最有效的安全保障举措。故某公司应对危险发生后未履行及时和适当的救助义务而使损害扩大的风险承担一定赔偿责任。

编写人：北京市丰台区人民法院　毕凯丽　魏溶辛

12

公共场所管理人违反安全保障义务的认定

——王某、李某诉福建省立医院等生命权案

【案件基本信息】

1. 裁判书字号

福建省福州市鼓楼区人民法院（2018）闽0102民初3119号民事判决书

2. 案由：生命权纠纷

3. 当事人

原告：王某、李某

被告：福建省立医院（以下简称省立医院）、福建医科大学附属协和医院（以下简称协和医院）、福州大众之星酒店有限公司（以下简称福州大众之星酒店）

【基本案情】

王某、李某系死者王甲的父母，王乙系死者王甲的姐姐。

2017年8月22日，王甲与王乙一同入住福州大众之星酒店三坊七巷店606房。当日凌晨6时许，王甲醒来，一直用手捶打胸部，讲话含糊不清。王乙看情况不对，便马上通过酒店拨打了省立医院所属福建省急救中心120急救电话，并告知患者有精神方面问题。经福建省急救中心调度，并被告知“40岁男性，烦躁，家属说几十年前犯病”，协和医院四名医护人员到达酒店。经诊断患者疑似精神分裂症。基于患者精神状态不稳定且有暴力倾向，医护人员遂通过酒店前台电话报警，请求协助将患者送往精神病院。其间，王甲趁众人不备从酒店窗户跳出坠楼死亡。经法

院现场勘查，福州大众之星酒店三坊七巷店窗户正常人可破窗而出。

王某、李某认为协和医院四名医护人员延误抢救、省急救中心对120急救调度存在过错、福州大众之星酒店窗户设计不合理与王甲坠亡有直接因果关系，请求法院判令省立医院、协和医院、福州大众之星酒店承担侵权责任，连带赔偿损失。

【案件焦点】

1. 福州大众之星酒店是否负有安全保障义务；2. 福州大众之星酒店是否尽到了安全保障义务；3. 福州大众之星酒店对于王甲坠楼身亡存在什么程度的过错。

【法院裁判要旨】

福建省福州市鼓楼区人民法院经审理认为：公民的生命权受法律保护。王甲入住福州大众之星酒店，双方形成了消费者与经营者之间的服务合同关系，酒店应对其尽到相应的安全保障义务。王甲入住的房间为6楼，房间对外窗户可打开，人可跳出，福州大众之星酒店未设置警示标志，一定程度上未尽到合理限度范围内的安全保障义务，应依法承担赔偿责任。同时，王甲的家属表示其有精神病方面问题，家属未尽到陪护责任，对王甲自行选择跳楼死亡亦有一定过错。根据《中华人民共和国侵权责任法》第二十六条规定，被侵权人对损害的发生也有过错的，可以减轻侵权人的责任。根据案情，酌定福州大众之星酒店承担10%的赔偿责任为宜。王某、李某诉请省立医院和协和医院承担赔偿责任，却未举证证明省立医院和协和医院存在过错，对该诉请不予以支持。

福建省福州市鼓楼区人民法院依照《中华人民共和国侵权责任法》第十六条，《最高人民法院关于审理人身损害赔偿案件适用法律若干问题的解释》第十七条、第十九条、第二十八条，《中华人民共和国民事诉讼法》第一百四十四条规定，作出如下判决：

一、福州大众之星酒店于本判决生效之日起十日内赔偿王某、李某各项损失90647元；

二、驳回王某、李某其他诉讼请求。

【法官后语】

近年来，公民在公共场所遭受危险进而发生纠纷的事件屡见不鲜，为了更好地保障公民在公共场所的人身及财产安全,《中华人民共和国侵权责任法》第三十七条规定了相关责任者的安全保障义务。具体而言,安全保障义务,是指公共场所的管理者或群众活动的组织者,在合理限度内负有使进入其场所或参与其活动的人免遭人身及财产损失之责任。

目前,普遍认为构成违反安全保障义务,必须符合以下四个要件:首先,要有违反安全保障义务的行为。其次,上述行为使相对人遭受损害。再次,行为与损害存在因果关系。最后,义务人存在过错。这四个构成要件,实践上难以把握的是何为违反安全保障义务,如本案中福州大众之星酒店认为自己的酒店已经通过了消防等相关部门的验收,对于窗户的设计符合相关规定,不存在违反安全保障义务的情况。这实际上涉及的就是安全保障义务的界限问题,安全保障义务对于义务人的要求并不是无限的,不可能要求一个公共场所的管理者考虑得面面俱到。那么问题是安全保障义务的合理限度在哪?

对于安全保障义务的界限目前主要考虑以下标准:(1)法定标准。在法律有明确规定的情况下,应遵照法律规定执行。例如,消防法对于建筑要求加装消防报警系统。(2)约定标准。假若当事人对于涉及安全保障义务部分有相关约定,优先对约定的义务加以考量。(3)业内标准。行业一般都具有自主管理权,在无法定标准时,应该着重考虑行业内普遍标准,如餐厅对于提供的菜品一般以业内公认的方式处理。(4)社会的普遍标准。这是指要求负有安全保障义务者要达到社会上常人所具备的注意义务,防止相对人处于危险之中。例如,超市地面湿滑,以正常人的思维应该预见可能会造成路人滑倒,有必要加以警示或者设置防护措施。

在考虑安全保障义务人的过错大小时,要求法官具体结合个案,综合考虑但不限于以下因素:(1)相对人的个人情况。对于相对人因特殊体质而引起的危险,安全保障义务人可预见性较低,如果存在过错,可相应减轻责任。(2)危险的来源。对于非源自义务人及其场所内的危险,义务人的过错较小。(3)安全保障义务人盈利情况。一般而言,营利性安全保障义务人安全保障义务性较强、义务程度较高。(4)采取防范措施的成本与效果比。假如可采取防范措施的成本与效果严重失衡,则不应认定义务人存在过失。(5)安全保障义务人预见危险的可能性。对于无法或不可能预见的危险,义务人无过错。

就本案而言,王甲入住的酒店为6楼,其窗户设计可以使正常人跳窗而出,以社会的普遍标准而言，因楼层高且窗户开口大，存在极大的安全隐患，而酒店未采取任何防范措施，故酒店实际上未尽到安全保障义务，存在过错。因酒店对窗户设计存在瑕疵，导致王甲产生坠楼的危险，应承担侵权责任。考虑到王甲坠楼的危险主要源自王甲自身的精神疾病，酒店可预见性较低，故法院综合考量后，酌定酒店承担10%的赔偿责任，符合情理。

编写人：福建省福州市鼓楼区人民法院　翁川龙　林心恩

13

履行道路管理维护义务应对安全隐患进行有效警示与合理排除

——赵乙等诉北京市延庆区旧县镇人民政府、北京市延庆区人民政府生命权案

【案件基本信息】

1. 裁判书字号

北京市第一中级人民法院（2018）京01民终2576号民事判决书

2. 案由：生命权纠纷

3. 当事人

原告（上诉人）：赵乙、乔乙、乔丙、田某

被告（被上诉人）：北京市延庆区旧县镇人民政府、北京市延庆区人民政府（以下分别简称旧县镇政府、延庆区政府）

【基本案情】

2017年6月26日16时10分，在北京市延庆区某地，乔甲驾驶无号牌正三轮摩托车（内乘赵甲）由北向南行驶时掉入路右侧沟内，造成乔甲、赵甲死亡。北京市公安局延庆分局交通大队认定：乔甲未取得机动车驾驶证驾驶机动车上道路行驶

的违法行为，与本起道路交通事故的发生有因果关系，是事故发生的全部原因。根据《道路交通安全法实施条例》以及《道路交通事故处理程序规定》的有关规定，确定：乔甲为全部责任、赵甲无责任。

乔甲、赵甲各自的亲属乔乙、乔丙、赵乙、田某认为，《中华人民共和国公路法》规定，乡、民族乡、镇人民政府负责本行政区域内的乡道的建设和养护工作。事发路段两侧沟深数米，且路肩杂草丛生，未设置警示标志，旧县镇政府、延庆区政府作为事发路段管理者未能对该路段履行管理和养护义务，故请求判令旧县镇政府、延庆区政府支付死亡赔偿金744575元（57275元/年×13年）、丧葬费46236元（7706元/月×6月）、精神损害抚慰金100000元、被扶养人生活费38256元。

事发路段属于村道，为柏油路，事发点路况较为平坦，有平缓的转弯，路肩杂草荆棘丛生。经法院依法测量，事发点路段宽约4.8米，路肩宽约4.1米，路面距离沟底部的高度约为9米。该路段与香龙路连接处有一警示牌，写道："此路不通，请绕行。"

【案件焦点】

1. 如何确定对事发路段负有管理养护职责的主体；2. 管理养护责任主体是否尽到了法定义务，是否存在管理养护瑕疵；3. 管理养护履职行为与损害后果之间是否存在因果关系。

【法院裁判要旨】

北京市延庆区人民法院经审理认为：交警部门认定本次事故发生系乔甲自身原因导致。乔甲作为附近村村民，对事发路段路况应较熟悉，只要正常行驶就不会出现交通安全事故。事发路段属于已经禁止通行的村道，不能对该道路提出过高的管理和养护要求。在具体的时空条件下，要求政府部门在路边设置诸如栏杆或围栏等阻碍物并不太符合现实情况。法院难以认定旧县镇政府、延庆区政府存在未尽履行管理和养护义务的过错。综上判决：

驳回赵乙、乔乙、乔丙、田某的诉讼请求。

赵乙等不服一审判决，提起上诉。北京市第一中级人民法院经审理认为：事发路段为村道，依据相关法律法规，该路段管理养护职责的直接主体应认定为旧县镇政府。负有管理养护职责的公路管理机构履行职责的最低标准应为及时发现并通过警示、维修、设置路障等方式减少或排除不符合车辆通行安全要求的情形。事发路段两侧约 9 米的深沟已形成多年，仍可实现机动车及自然人的通行，但却存在两侧被取土形成断崖的通行安全隐患，事发路段入口处的标示牌内容仅为“此路不通，请绕行”，且标识牌尺寸较小，标示内容所用字体、字号及颜色未能达到规范及醒目的标准，警示标牌未能起到有效警示近邻村民及外来车辆此路存在交通安全隐患的作用。故认定旧县镇政府未能有效警示事发路段存在安全隐患，其履行道路管理养护职责的行为存在瑕疵。

乔甲主要因坠落导致外伤死亡，事发路段两侧存在深沟且无相应有效警示标示及安全防护措施的客观情况与本案损害后果的发生存在一定因果关系。法院酌定事发路段的路况与本案损害后果之间的因果关系参与度为 10%。因本案对于事发路段所属级别道路的管理养护职责主体能够依法明确，故仅对直接管理主体旧县镇政府认定相应民事责任。综上判决：

一、撤销一审判决；

二、旧县镇政府赔偿赵乙、乔乙、乔丙、田某死亡赔偿金 74457.5 元、被扶养人生活费 3825.6 元、丧葬费 4623.6 元、精神抚慰金 5000 元，共计 87906.7 元。

【法官后语】

本案是一起村民驾车坠入村道侧沟导致两人死亡的生命权纠纷，村民状告两级政府因其道路管理维护缺陷而要求索赔。本案核心问题在于对道路管理维护责任主体及其履行义务标准的认定，能够体现出两级法院在本案权利请求基础规范识别、归责原则适用及举证责任分配、侵权构成要件的认定、政府履行职能的社会效果等方面存在认识上的差异，对审理围绕国家机关履职情况而判定其承担相应赔偿责任的民事案件裁判具有一定参考意义。

1. 责任主体。二审法院对道路管理维护义务主体的判断进行了较为详细的法律规范查明，在裁判文书中不仅明确引用了法律及行政法规，同时也将《北京市公路条例》《农村公路养护管理办法》等其他规范性文件明确列出作为法律适用的参照和论理逻辑的衔接，以实现对裁判理由的充分补强，亦契合了《最高人民法院关于加强和规范裁判文书释法说理的指导意见》的指导精神和具体要求。

2. 履行义务的标准。本案另一个需要判定的核心问题是国家机关履行道路管理维护义务的技术标准，其履职行为是否违反安全防护以及警示义务，即是否对损害后果的发生存在民事法律关系上的过错及侵权行为。二审对《中华人民共和国公路法》和《公路安全保护条例》等法律及行政法规进行仔细梳理后认为，公路安全养护的理想标准应为公路自身的物理状态符合有关技术标准的要求，包括路面平整，路肩、边坡平顺，有关设施完好。虽然上述规范并未规定最低标准，但道路的建设管理是具有公益性的公共服务。我国的公有公共设施如公路、桥梁等绝大多数属于国家所有，由国家行政机关的有关部门负责设置或管理。道路通行安全事关社会公众利益和公共秩序，法律法规之所以要分级明确道路管理维护责任主体，就是要使覆盖社会公众日常使用的道路均有具体的责任主体进行实际支配、管理和控制，以减少公共交通安全隐患，最大程度保障社会公众的人身财产安全利益。其中政府及其主管部门负有对道路管理维护的行政职能，该职能的履行不能仅以形式化的方式进行，而应以是否能够实际实现相应的社会效果来判断。二审对于涉案政府机关履行职能效果的判断，即从维护公共通行安全利益的价值取向和社会效果的角度予以考量。

3. 责任认定。本案的损害后果为乔甲、赵甲生命的丧失，需要审查的是两级政府是否存在履职瑕疵的侵权行为，该行为对损害后果是否具有因果关系，两级政府对于损害后果的发生是否具有过错。因此，本案诉讼请求的核心基础规范应为《最高人民法院关于审理道路交通事故损害赔偿案件适用法律若干问题的解释》第九条第一款，适用过错推定的归责原则，由两级政府负责举证证明其已经尽到了管理维护义务，不存在管理维护履行缺陷，其行为对损害后果不存在过错。二审改判主要缘于对举证证明义务的分配以及归责原则的适用进行了调整。

编写人：北京市第一中级人民法院　丁少芃

14

温泉经营者对泡温泉者是否尽到安全保障义务的认定

——姚某等诉湘西不二门国家森林公园有限公司生命权、健康权、身体权案

【案件基本信息】

1. 裁判书字号

湖南省湘西土家族苗族自治州中级人民法院(2019)湘31民终410号民事判决书

2. 案由:生命权、健康权、身体权纠纷

3. 当事人

原告(上诉人):姚某、吕某

原告(被上诉人):彭某

被告(上诉人):湘西不二门国家森林公园有限公司(以下简称不二门公司)

【基本案情】

2018年3月2日12点左右,姚甲(姚某、吕某之女,彭某之母)持不二门公司所售实名制温泉洗浴年卡,在不二门公司经营的温泉处泡温泉。13点半左右,其他游客发现趴在温泉池的姚甲异常,并告知了正在另一池消毒的工作人员张某某。张某某在旁人的帮助下,将姚甲扶到岸边,不二门公司主管罗某闻讯赶来。不二门公司工作人员对姚甲进行了心肺复苏、掐人中,随即(14点左右)拨打了120急救电话及110报警电话。永顺县120医务人员赶到现场进行抢救无效,宣告姚甲死亡。经县公安局法医进行尸表检,确定排除他杀。2018年3月7日,永顺县人民医院出具《居民死亡医学证明书》,载明姚甲死亡日期为2018年3月2日,系窒息

死亡。经公安部门测量，涉案温泉池水深55厘米左右。事发后，不二门公司向姚某、吕某一方垫付了50000元丧葬费用。

姚某、吕某、彭某以姚甲死因经医院鉴定为窒息死亡，但证据显示死者右膝盖有明显外伤且后脑有明显血迹，不二门公司在明知其提供的温泉洗浴服务不符合法定的安全经营条件下，仍向广大旅游消费者推广其缺陷服务，造成姚甲不幸身亡的结果等为由，诉于法院，请求判令：1. 不二门公司赔偿姚甲丧葬费、死亡赔偿金和被扶养人生活费共计758286元；2. 不二门公司向姚某、吕某、彭某赔礼道歉以恢复影响并赔偿精神损害抚慰金50000元；3. 不二门公司承担惩罚性赔偿150万元。

【案件焦点】

不二门公司应否承担侵权赔偿责任。

【法院裁判要旨】

湖南省永顺县人民法院经审理认为：不二门公司作为服务的提供者，应对姚甲尽到安全保障义务。不二门公司没有提交合法有效的证据证实在事发之前曾以明示的方式向姚甲等旅游者就必要的安全防范和应急措施、不适宜参加相关活动的群体等可能危及人身、财产安全的情形作出说明或者警示，亦未安排专职安全人员进行定点或巡查监控，未能及时关注游客安全和完全尽到安全保障义务，是造成姚甲窒息死亡的原因之一，不二门公司应承担一定的责任。同时，姚甲作为成年人，独自一人前往泡温泉，有责任高度关注自身的身体状况及安全状况，对其在泡温泉过程中不幸窒息而亡，自身应承担主要责任，加之姚某、吕某、彭某方面的原因未能进行尸体解剖以致死者姚甲的具体窒息原因无法查清，姚某、吕某、彭某也有一定责任。综合本案具体情况，姚甲本人与不二门公司对姚甲死亡所造成的损失应承担主次责任，按60%、40%比例分担为宜。该院判决：

一、限不二门公司赔偿姚某、吕某因姚甲死亡而产生的死亡赔偿金、被扶养人生活费、丧葬费、精神抚慰金各项损失共计176119.73元；

二、限不二门公司赔偿彭某因姚甲死亡而产生的死亡赔偿金、精神抚慰金各项损失共计97194.67元；

三、驳回姚某、吕某、彭某其他诉讼请求。

姚某、吕某和不二门公司不服一审判决，提起上诉。湖南省湘西土家族苗族自治州中级人民法院经审理认为：不二门公司作为温泉经营者，虽主张其在经营场所内设立了各种安全警示标志、安全提示牌，但其未安排专职安全人员进行定点或巡查监控，未能及时关注游客安全并对死者姚甲尽到及时救助义务，故一审认定其未完全尽到安全保障义务并无不当。另外，死者姚甲作为成年人，应注意自身的身体及温泉洗浴安全。公安机关已排除他杀可能，不二门公司虽主张死者姚甲非窒息死亡，但其没有证据能够证实，因死者家属自身原因未能进行尸体解剖致姚甲的具体窒息原因无法查清。姚甲在不二门公司经营场所内泡温泉洗浴中死亡是事实，故一审综合本案证据，根据本案实际情况并结合双方过错程度，确定双方的责任比例并无不当。该院判决：

驳回上诉，维持原判。

【法官后语】

《中华人民共和国消费者权益保护法》第四十八条第二款规定："经营者对消费者未尽到安全保障义务，造成消费者损害的，应当承担侵权责任。"《中华人民共和国侵权责任法》第三十七条第一款规定："宾馆、商场、银行、车站、娱乐场所等公共场所的管理人或者群众性活动的组织者，未尽到安全保障义务，造成他人损害的，应当承担侵权责任。"所谓经营者安全保障义务，是从一般安全注意义务中剥离出来的概念，它是指宾馆、商场、车站、娱乐场所等公共场所的管理人或群众性活动的组织者，应尽的合理限度范围内使他人免受损害的义务。其归责原则是过错责任原则，即行为人仅在有过错的情况下，才承担民事责任。没有过错，就不承担民事责任。其性质就在于注意义务，没有尽到适当的注意义务，即应认定为过错的存在。

1. 应该认定不二门公司没有完全尽到安全保障义务，有过错

不二门公司辩称其在温泉区域内设立了安全警示标志、安全提示牌，已经尽到完全注意和保障义务，其行为不存在过错。这样的辩解应认为缺乏说服力。试想，如果作为经营者的不二门公司安排专职安全人员进行定点或巡查监控，及时关注消费者安全并对死者姚甲尽到及时救助义务，那么本次事故就极有可能不会发生。遗憾的是不二门公司并没有采取上述措施，所以应认为不二门公司没有完全尽到安全

保障义务，本身存在过错。且应该认为，不二门公司作为经营者没有完全尽到安全保障义务的过错行为，与姚甲在消费过程中死亡之间，存在相当因果关系。因此，不二门公司作为经营者没有完全尽到安全保障义务，应因其过错，对姚甲的死亡承担侵权赔偿责任。

2. 死者姚甲应该因自己过错而承担相应责任

姚甲作为成年人，独自一人前往泡温泉，有责任高度关注自身的身体状况及安全状况。在不二门公司已经在经营场所内设立了各种安全警示标志、安全提示牌情况下，对其在泡温泉过程中不幸而亡，应认为姚甲自身也有过错。根据过错相抵原则，姚甲自身应承担相应责任。

3. 姚某、吕某、彭某应该因拒绝解剖尸体而部分承担举证不能法律后果

根据民事诉讼法及相关司法解释规定，“谁主张，谁举证”是举证责任分配的最基本规则，在法律、行政法规或司法解释没有另作规定的情况下，当事人应该对自己起诉或抗辩所依据的案件事实承担结果意义上的举证责任，否则应承担举证不能的法律后果。本案中，县刑侦大队法医对姚甲进行尸检排除他杀后，为了查明死因建议死者家属进行尸体解剖，但家属没有充分正当理由就予以拒绝。在不二门公司以“证据显示死者右膝盖有明显外伤且后脑有明显血迹”而否认姚某系窒息死亡的情况下，死者亲属拒绝进行尸体解剖，直接导致姚甲究竟是死于自身疾病还是其他原因无法查明，也进一步导致不能证明不二门公司过错行为与姚甲死亡结果之间存在直接因果关系。那么，姚某、吕某、彭某应该依法部分承担举证不能法律后果，相应地减轻不二门公司的赔偿责任。

两审法院实际上是在认定不二门公司没有完全尽到安全保障义务、有过错的前提下，综合考虑死者姚甲自己也有过错，姚某、吕某、彭某依法应该部分承担举证不能法律后果两方面因素，才判令不二门公司只承担40%责任。

编写人：湖南省永顺县人民法院　陈吉平

15

结伴野外游泳尽到救助义务的不应担责

——牛某、郝某诉张某等生命权案

【案件基本信息】

1. 裁判书字号

河南省焦作市中级人民法院（2018）豫 08 民终 3573 号民事判决书

2. 案由：生命权纠纷

3. 当事人

原告（被上诉人）：牛某、郝某

被告（上诉人）：张某、李某、王某、马某

被告：孟州市豪瑜森石锅菜店

【基本案情】

牛某系小牛的父亲，郝某系小牛的母亲。小牛生于 1998 年 8 月 8 日，与张某、马某、王某、李某均系孟州市豪瑜森石锅菜店员工。2018 年 6 月 6 日中午下班后，张某、马某、李某、王某与小牛一起到孟州市黄河滩边玩耍，其间张某、李某、王某先下水，小牛后下水，马某未下水。小牛在下水后不久便溺水身亡。马某拨打了 110 报警求助。2018 年 6 月 22 日，小牛遗体被火化。

牛某、郝某向法院起诉，请求：判令张某、李某、王某、马某、孟州市豪瑜森石锅菜店赔偿丧葬费 18198 元、死亡赔偿金 254383.6 元、被扶养人生活费 184230.4 元、精神抚慰金 30000 元、施救费 33370 元等，以上共计 520182 元。

【案件焦点】

张某、马某、王某、李某应否对结伴野外游泳同泳者小牛溺亡承担赔偿责任。

【法院裁判要旨】

河南省孟州市人民法院经审理认为：公民享有生命权，侵害他人人身权利的，应当承担民事责任。张某、李某、王某、马某与小牛一起去黄河滩玩耍，该四人对小牛的溺亡存在一定过错，马某未下水且出事后拨打110报警，过错程度相对较轻。死者小牛作为成年人，明知进入自然河道玩耍存在危险，仍然下水，造成自己溺水死亡，也有一定过错。孟州市豪瑜森石锅菜店虽系小牛及张某、马某、王某、李某的务工单位，但该五人是在下班时间出去玩耍而发生的事故，孟州市豪瑜森石锅菜店对此无过错，不应承担责任。牛某、郝某要求孟州市豪瑜森石锅菜店承担赔偿责任的请求，不予支持。综合全案情况，张某、李某、王某各应承担18%的责任，马某应承担6%的责任。

河南省孟州市人民法院依法作出如下判决：

一、限张某于判决生效后三日内赔偿牛某、郝某各项合理损失55691.57元，李某于判决生效后三日内赔偿牛某、郝某各项合理损失55691.57元，王某于判决生效后三日内赔偿牛某、郝某各项合理损失55691.57元，马某于判决生效后三日内赔偿牛某、郝某各项合理损失18563.86元；

二、驳回牛某、郝某其他诉讼请求。

张某、李某、王某、马某不服一审判决，提起上诉。河南省焦作市中级人民法院经审理认为：本案为生命权纠纷。张某、李某、王某、马某和小牛相约去黄河游泳，不存在相互强迫的行为，而小牛作为成年人，具有对事物的判断能力和自身保护能力，对于在没有安全保障的黄河地段里游泳所潜在的危险应当有一定的认知，小牛的死亡属于意外事故，与张某、李某、王某、马某没有法律上的因果关系。但张某、李某、王某、马某与小牛相约一起去游泳，因意外致小牛溺亡，给小牛父母牛某、郝某带来较大的精神痛苦，应由张某、李某、王某、马某给予牛某、郝某一定的补偿为宜，结合本案实际情况，酌定张某、李某、王某补偿10000元，马某补偿5000元。张某、李某、王某、马某部分上诉请求成立，应予支持；一审认定事实清楚，适用法律不当，判决有误，予以纠正。

河南省焦作市中级人民法院依照《中华人民共和国民事诉讼法》第一百七十条第一款第二项规定，作出如下判决：

一、撤销河南省孟州市人民法院（2018）豫0883民初2087号民事判决；

二、张某、李某、王某在本判决生效之日起十日内各补偿牛某、郝某10000元，马某补偿牛某、郝某5000元；

三、驳回牛某、郝某的其他诉讼请求。

【法官后语】

在炎热的夏季，为避暑纳凉，人们尤其是青少年结伴到野外河流、水库、湖泊等水域游泳戏水的现象比较多见，而意外溺亡的悲剧几乎每年都会发生。除相关水域管理单位的责任外，同泳者对溺亡者是否承担赔偿责任，社会公众以及法律界均存在争议，各地人民法院判决也不一致。

如何界定结伴野外游泳参与者对其中溺亡者的法律责任？笔者认为，相约结伴野外游泳，参与者相互之间没有法定安全保障义务。鉴于从事野外游泳活动的高度危险性，彼此负有互相照顾、救助的义务。《中华人民共和国侵权责任法》第六条规定，行为人因过错侵害他人民事权益，应当承担侵权责任。野外游泳参与者若未尽到互相照顾、救助相关义务，应对其他参与者溺亡的损害后果承担相应的过错责任。因此，结伴野外游泳参与者对溺亡者的责任是一般过错责任，存在过错即承担民事赔偿责任，否则，不应承担责任。

本案中，受害人小牛作为成年人明知到黄河游泳具有极度危险性，但其仍进入黄河游泳，自甘冒险，置自己生命于危险境地，因黄河暗流湍急、河底地形复杂，小牛不幸溺水身亡，应自行承担直接责任。

同行的张某、李某、王某、马某，发现小牛溺水时面对危机四伏的黄河水情，虽未将其救出，最终小牛溺水身亡，但及时进行了报警求助，应视为已经尽到了救助义务，故对小牛溺亡后果不应承担赔偿责任。二审法院考虑牛某、郝某中年丧子和社会效果，根据张某、李某、王某、马某意愿，判决张某、李某、王某、马某承担适当的补偿责任。

受害人小牛的父母牛某、郝某虽未起诉黄河河务管理部门，人民法院也未追加其参加诉讼，但本案还涉及黄河河务管理部门应否承担赔偿责任的问题。黄河系自然河流，案发河段远离居民生活区，不属公共活动场所，黄河河务管理部门对进入黄河水域游泳的人不负有法定的安全保障义务。

为避免野外游泳戏水溺亡悲剧反复重演，社会、学校、有关管理机构应高度重视，相互协调，综合施策。加强安全教育防范，增强青少年尤其是学生安全意识，珍爱生命，坚决不到危险水域游泳戏水；在距离居民区较近的河流、湖泊和处于公共活动场所内的水域，管理部门应按规定设置警示标志、安全提示，完善防护设施；在目前我国尚无禁止野外游泳相关法律规定的情况下，地方人大、政府应制定地方法规和规章，对不听劝阻、执意进行野外游泳者进行处罚，最大限度地预防溺水事故发生，避免再生悲剧。

编写人：河南省焦作市中级人民法院　付明亮

16

伴郎饮酒过量死亡，如何确定侵权责任

——杨某甲、任某某诉王某等生命权案

【案件基本信息】

1. 裁判书字号

新疆生产建设兵团第八师中级人民法院（2017）兵 08 民终 927 号民事判决书

2. 案由：生命权纠纷

3. 当事人

原告（上诉人）：杨某甲、任某某

被告（被上诉人）：王某、周某甲、卓某、周某乙、张某、常某某、丁某某、刘某甲、刘某乙、吕某、文某、冯某某、胡某某、雷某某、卢某（以下简称王某、周某甲及卓某等 15 人）

【基本案情】

2017 年 3 月 9 日，王某和周某甲新婚，请杨某乙作为伴郎参加婚礼。次日下午，王某和周某甲补请部分单位同事，再次邀请杨某乙参加宴会，同桌的还有卓某等 13 人。在宴席上，王某、周某甲及卓某等 15 人和杨某乙均存在饮酒情形。卓某等 13 中 8 人中途离席。宴席结束后，王某联系好友将杨某乙送回家中休息。3 月 11 日凌晨，

家人发现杨某乙无自主呼吸，无意识，送医后于当日10时37分抢救无效死亡。2017年3月16日，第八师公安司法鉴定中心出具理化检验意见书，检验意见为：在死者杨某乙的心血中检出乙醇，每一百毫升血液中含乙醇467.37毫克；2017年3月20日该鉴定中心出具检验报告，检验结果为：尸表检验排除杨某乙机械性损伤死亡。

为期两天的婚宴中，亲朋好友给王某敬酒，部分敬酒王某交由杨某乙代喝；杨某甲、任某某系死者杨某乙父母亲，二人共育有五个子女（包括死者杨某乙）。

杨某甲、任某某要求赔偿的范围如下：死亡赔偿金、丧葬费、赡养费、精神抚慰金，合计860280.3元。

【案件焦点】

1. 如何确定杨某甲、任某某损失的具体数额；2. 王某、周某甲及卓某等15人是否应该承担赔偿责任、如何划分赔偿责任。

【法院裁判要旨】

新疆维吾尔自治区石河子市人民法院经审理认为：关于争议焦点一，依据《中华人民共和国民法通则》第一百一十九条、《最高人民法院关于适用〈中华人民共和国侵权责任法〉若干问题的通知》第四条规定，对于杨某甲和任某某主张死亡赔偿金628640元、丧葬费27299.5元，被赡养人生活费154340.8元，其计算符合法律规定，予以支持。对于精神抚慰金50000元的诉讼请求，因死者杨某乙对喝酒死亡的后果负有主要责任，故对精神抚慰金的诉讼请求酌定为5000元。综上，各项损失共计为815280.3元。关于争议焦点二，每个人都应控制自己的喝酒行为，应当预见到喝酒带来的危险，否则应对喝酒引发的损害后果承担相应的责任。受害人杨某乙作为完全民事行为能力人，具有识别危险和避免危险发生的能力，却不加以控制，最终导致死亡的后果。因此，死者杨某乙应承担主要责任，酌定其承担90%的责任。王某、周某甲作为宴席的组织者，对每一位参加者都有安全保障义务。杨某乙作为伴郎，在宴席中承担了部分招呼宾客的工作，在宴席结束时已经是醉酒状态，王某、周某甲在宴席中对杨某乙饮酒过量未进行及时有效的劝阻，在宴席后仅安排人将杨某乙送回家，未加以特殊的关注和保护，导致其死亡，宴会组织者应当给予受害人家属一定的补偿，故王某、周某甲应承担10%的补偿责任，即81528.03元（815280.3元×10%）。卓某等13人虽参加了宴席，但不存在劝酒行为，故卓某等 13 人不承担责任。

新疆维吾尔自治区石河子市人民法院依据《中华人民共和国民法通则》第一百一十九条、第一百三十一条，《中华人民共和国侵权责任法》第十八条，《最高人民法院关于适用〈中华人民共和国侵权责任法〉若干问题的通知》第四条，《最高人民法院关于确定民事侵权精神损害赔偿责任若干问题的解释》第十一条规定，作出如下判决：

一、王某、周某甲于本判决生效之日起十日内补偿杨某甲、任某某 81528.03 元；

二、卓某等 13 人在本案中不承担责任；

三、驳回杨某甲、任某某其他诉讼请求。

杨某甲、任某某不服一审判决，提起上诉。新疆生产建设兵团第八师中级人民法院经审理认为：王某、周某甲结婚，杨某乙受邀请作为伴郎参加，杨某乙在结婚当天作为伴郎本身就存在大量饮酒的情况。第二天，王某宴请未能参加婚礼的人员，又邀请杨某乙参加，应认定为婚礼的延续。席中，亲朋好友给王某敬酒，部分敬酒王某交由杨某乙代喝。杨某乙死亡后，经过检验每一百毫升血液中含有乙醇 467.37 毫克。王某、周某甲作为宴会的组织者，应当合理预见喝酒可能造成的损害，从而避免饮酒人受到损害。王某、周某甲明知杨某乙已大量饮酒的情况下，未尽到提示、警告的义务，对杨某乙死亡结果具有一定的过错，应对其行为承担相应的民事责任。其辩解已尽到合理注意义务只承担补偿责任的理由与事实和法律相悖，不予采纳。作为共同参加婚宴的卓某等 13 人，与杨某乙不相识，在王某的组织下与杨某乙同席而坐，没有强行劝酒的行为，故卓某等 13 人不承担赔偿责任。杨某乙作为完全民事行为能力人，对自己饮酒行为导致的后果也应有正确的认识，但其出于义气，失去自制而过量饮酒，过错明显，对造成死亡结果负有主要责任。根据双方的过错程度，确定王某、周某甲承担赔偿责任的 30%，杨某乙自担 70%。一审划分比例不当，予以纠正。一审判决王某、周某甲承担补充责任不当。综上，杨某甲、任某某的上诉请求部分成立，予以支持。

新疆生产建设兵团第八师中级人民法院依照《中华人民共和国民法通则》第一百零六条、第一百三十一条，《最高人民法院关于审理人身损害赔偿案件适用法律若干问题的解释》第二十八条第二款，《中华人民共和国民事诉讼法》第一百七十条第一款第二项、第一百四十四条规定，作出如下判决：

一、维持一审判决第二项；

二、撤销一审判决第一项、第三项；

三、王某、周某甲于本判决生效后十日内赔偿杨某甲、任某某死亡赔偿金、丧葬费、被扶养人生活费、精神抚慰金等共计244584元（815280.3元×30%）；

四、驳回杨某甲、任某某其他诉讼请求。

【法官后语】

本案是一起因伴郎过度饮酒死亡引发的侵权赔偿案件。首先，应厘清新郎、新娘与伴郎及其他13人之间是何种法律关系：新郎、新娘设摆婚宴，是婚宴活动的组织者、受益人，杨某乙以及卓某等13人均是新郎、新娘邀请来参加婚宴活动、祝贺他们婚礼的参加者，他们之间是组织者与参加者的关系。王某、周某甲对包括杨某乙及卓某等13人在内的所有参加婚宴的宾客均应尽到合理限度范围内的安全保障义务，否则应当承担侵权赔偿责任。而杨某乙与卓某等13人作为婚宴参加者，相互之间没有法定的权利义务关系。只要卓某等13人没有对杨某乙强行劝酒，就不应当对杨某乙死亡承担责任。杨某乙还是王某夫妇邀请的伴郎，兼具伴郎身份。伴郎是为王某、周某甲这对新人无偿提供服务的帮工人，杨某乙与王某、周某甲夫妇之间又是帮工人与被帮工人的关系。根据《最高人民法院关于审理人身损害赔偿案件适用法律若干问题的解释》第十四条规定，帮工人因帮工活动遭受人身损害的，被帮工人应当承担赔偿责任。可见，王某、周某甲对杨某乙作为伴郎在婚宴中的活动有保障其安全的义务，否则应当承担侵权赔偿责任。

其次，如何划分本案侵权损害的过错责任。王某、周某甲夫妇是婚宴的组织者，应尽到合理注意义务，保障每一位参加者的安全，但每个人的安全责任主体首先是自己。杨某乙作为一个完全民事行为能力人，应当明白饮酒过量的危险，并具有避免危险发生的能力，在婚宴活动中应根据自己的酒量饮酒，对于完全民事行为能力人来讲，饮酒多寡完全由自己控制，客人纵然可以劝酒、敬酒，但喝与不喝、喝多少、如何喝，均在自己掌控之下。而杨某乙控制不当，饮酒过量，导致死亡后果发生，对此，杨某乙应负主要责任。新郎、新娘也要对伴郎饮酒的安全尽到合理限度的保障责任，按照现实社会生活的惯例，伴郎要代替新郎喝酒，因此，新郎、新娘应当掌握伴郎的饮酒量，不使其过量饮酒，尽到危险预防的义务，特别是在伴郎大量饮酒后更要关注其安全，应采取及时有效的救助措施，以尽到危险消除义务。而不是仅仅将其送回家。因此，新郎、新娘应对伴郎死亡承担次要责任。综合杨某乙与王某、周某甲在本案中的过错程度，按照7∶3划分责任，是适当的。

编写人：新疆生产建设兵团第八师中级人民法院　商栋

17

滑雪事故中滑雪运动经营者和参与者的责任认定

——李某诉陈某、北京南山滑雪滑水度假村有限公司生命权、健康权、身体权案

【案件基本信息】

1. 裁判书字号

北京市第三中级人民法院（2018）京03民终11430号民事裁定书

2. 案由：生命权、健康权、身体权纠纷

3. 当事人

原告（上诉人）：李某

被告（上诉人）：陈某

被告（被上诉人）：北京南山滑雪滑水度假村有限公司（以下简称南山滑雪场）

【基本案情】

李某（韩国国籍）于2007年与中国公民卢某在北京结婚，2008年6月5日生育一女。三人主要居住地在北京市朝阳区。

2016年1月27日，李某购票到南山滑雪场滑雪。10点12分，李某在新中级道下滑右转时被陈某从后方左转时撞倒。李某受伤。事故发生时，李某双板滑雪，陈某单板滑雪。李某先后在北京积水潭医院、韩国仁济大学附属海云台白医院韩国海云台釜民医院进行治疗。李某之伤经法大法庭科学技术鉴定研究所鉴定，伤残等级为十级。

南山滑雪场依法办理了营业执照，并取得经营高山滑雪、自由滑雪、单板滑雪

等高危险性体育项目的经营许可，许可证记载“社会体育指导人员和救助人员数量50人”，高危险性体育项目经营许可证有效期至2018年12月5日。南山滑雪场设置有医务室，李某受伤后，南山滑雪场派人将李某从出事地点运送至医务室。

【案件焦点】

李某受伤，应当由谁承担赔偿责任。

【法院裁判要旨】

北京市密云区人民法院经审理认为：滑雪是一项借助运动器械在雪地上进行的高速运动，过程中结合了跳跃、回转、速降等技术动作，本身具有一定的危险性。鉴于滑雪运动的这种特殊危险性，滑雪运动的经营者和参与者都应当有更高的安全注意义务。首先，根据滑雪规则，在前面的滑雪者有雪道使用的优先权；滑雪者应遵循的行为与安全守则包括控制速度，即要确保在适当的速度中滑行，避免失控造成与他人或者物体相撞。陈某作为后方的滑雪者，而且是单板滑雪这种具有更高难度、更高危险性的运动的滑雪者，没有控制好自己的速度，且在转弯时没有控制好自己的滑行，没有对在前滑行的李某给予充分的注意并采取适当的避让措施，其行为是导致此次事故发生的主要原因，应当对李某的损害承担主要责任。其次，关于李某本人是否应当承担责任。《中华人民共和国侵权责任法》规定，行为人因过错侵害他人民事权益，应当承担侵权责任；被侵权人对损害的发生也有过错的，可以减轻侵权人的责任。根据相关滑雪者安全规范的要求，滑雪者要具备识别相应危险的能力，如与其他滑雪者靠近或冲撞发生的危险、自己滑行失误造成的危险等，对于各类危险，要时刻保持警惕，慎重行事；而且，滑雪者还要在滑行中主动躲避危险，要根据自己的体能情况、技术水平及地形、雪情、天气情况等选择适宜的滑雪道、滑雪路线和滑行方式。《滑雪者行为与安全守则》还要求初级滑雪者不能到中高级滑雪道上滑行。李某虽然声称自己具备一定的滑雪能力，有一定的滑雪技术水平，但未提供证据予以证明。且李某在下滑右转过程中，没有谨慎注意周围的情况，对陈某从后方冲撞过来的危险没能及时予以识别，亦未能采取措施予以躲避；其本人对滑雪技巧的认知以及对滑雪技术的掌握能力不足以应对发生的危险，综合上述情况，李某对此次事故的发生，本身亦存在过错，亦应承担相应的责任。最后，关于南山滑雪场应否承担责任的问题。高危险性运动项目的经营者，应当有高于一般经营场所的安全注意义务。根据中国相关滑雪场所管理者的安全规范要求，滑雪经营者要竭力保证滑雪场所的安全，要采取适当的措施预防事故的发生。这些措施不仅包括对滑雪者的提示、指引，还应当包括配备安全巡察员以及正常滑雪秩序的维持。南山滑雪场提供的证据不足以证明其尽到了充分的提醒提示的义务，且其未举证证明其采取了其他安全措施维持滑雪秩序，尤其是在允许单板、双板两种危险程度不一的滑雪者在同一雪道上滑行，且没有采取适当措施维持秩序的情况下，其本身对事故发生具有过错，应当依法承担相应的过错责任。南山滑雪场主张其即使承担责任亦是基于安全保障义务而承担补充责任，理由不充分，对该意见不予采纳。关于李某要求南山滑雪场对陈某的行为承担连带责任的请求，因陈某与南山滑雪场并非构成有意思联络的共同侵权，且单一主体的侵权行为不足以造成全部损害，李某要求南山滑雪场承担连带责任，无法律依据，不予支持。

结合本案的实际情况，酌定陈某对李某的损害承担70%的过错责任；李某自身承担20%的过错责任；南山滑雪场承担10%的过错责任。

北京市密云区人民法院依照《中华人民共和国侵权责任法》第六条、第十二条、第十六条、第二十二条、第二十六条规定，作出如下判决：

一、陈某赔偿李某医疗费、住院伙食补助费、营养费、误工费、护理费、交通费、残疾赔偿金、精神损害抚慰金、翻译费、公证费、鉴定费等各项损失共计310402元，于本判决生效之日起十日内给付；

二、南山滑雪场赔偿李某医疗费、住院伙食补助费、营养费、误工费、护理费、交通费、残疾赔偿金、精神损害抚慰金、翻译费、公证费、鉴定费等各项损失共计44343元，于本判决生效之日起十日内给付；

三、驳回李某的其他诉讼请求。

李某、陈某不服，提起上诉。后该二人于2018年9月19日申请撤回上诉。北京市第三中级人民法院依照《中华人民共和国民事诉讼法》第一百七十三条规定，作出如下裁定：

准许李某、陈某撤回上诉。

【法官后语】

本案是由滑雪事故引发的人身损害赔偿纠纷。近年来，滑雪运动在冬季给大家带来别样乐趣的同时，因滑雪所造成的惨剧也频频发生。滑雪是一项有高度危险性的体育运动。在滑雪运动中受到人身伤害，如何确定滑雪参与者和经营者的责任？结合本案，作如下解析：

《中华人民共和国民法总则》第十条规定，处理民事纠纷，应当依照法律；法律没有规定的，可以适用习惯，但是不得违背公序良俗。关于如何确定各方安全注意义务的标准，截至目前，我国在法律层面尚未有相关的规范。这些规则主要存在于国家体育总局冬季运动管理中心、中国滑雪协会发布的《中国滑雪场所管理规范(2017年修订版)》及其附件《滑雪者行为及安全守则》《中国滑雪运动安全规范》。这些规范因广泛适用于滑雪运动，被滑雪运动的参与者普遍接受，从而成为适用于解决该类纠纷的习惯。

根据上述规范，滑雪运动的经营者负有对滑雪者的提示、配齐配强雪上巡逻队员，有医务处置室和急救设备，设置警示、禁止等标识、维持正常的滑雪秩序等。本案中，南山滑雪场没有提供充分有效的证据证明其尽到了充分的提醒提示义务，亦未举证证明其采取了足够的安全措施维持滑雪秩序。虽然在雪场内设置了医务室，但没有提供有效的医疗救助。

根据上述规范，滑雪者要遵守10项行为规则，重点包括：1. 自控原则：每位滑雪者都应当让自己的滑行处于可控范围之内，其滑行速度和方式应当与其个人滑雪水平相符，并且应当根据地势、雪质、天气和雪场人口密度来选择以何种方式滑行；2. 选择安全线路原则：后方滑雪者务必要选择不危及前方滑雪者的线路滑行(前方滑雪者有雪道使用的优先权)；3. 超越原则：从后或侧方超越其他滑雪者时，请保持足够的安全距离……本案中，陈某在滑雪中违反了如下安全注意义务：1. 没有控制好自己的滑行速度；2. 作为在后方的滑雪者，其滑行线路侵犯了前方滑雪者的雪道使用的优先权；3. 超越时，没有保持足够的安全距离。根据《中华人民共和国侵权责任法》第六条规定，陈某应当对李某之伤害承担侵权责任。

李某在滑雪中违反了如下安全注意义务：1. 作为滑雪运动的参与者，对滑雪运动的危险性认识不够，在自身还不具备中级道滑雪技能的情况下，到中级道滑雪，将自身置于更加危险的环境之中；2. 在下滑右转过程中，没有谨慎注意周围的情况，对陈某从后方冲撞过来的危险没能及时予以识别，亦未能采取措施予以躲避。李某作为被侵权人，对事故的发生也有法律上的过错，根据《中华人民共和国侵权责任法》第二十六规定，可以减轻侵权人的责任。

关于南山滑雪场的责任形式，各方各执一词。首先，南山滑雪场应否承担连带责任。笔者认为，按照法理，连带责任必须有明确的法律规定才能成立，南山滑雪场虽然有违反安全管理规范的行为，但其行为本身不足以导致李某受伤的后果，因此依法不具备承担连带责任的基础。其次，南山滑雪场应当承担过错侵权责任还是单纯的补充责任。笔者认为，滑雪场作为滑雪这种高度危险运动的经营场所，与一般的宾馆、商场、银行、车站、娱乐场所等公共场所相比，其经营者具有高于一般公共场所经营管理者的安全注意义务，这种安全注意义务的违反使其具有了法律上的过错，因此南山滑雪场应当根据其过错情况承担过错责任，而非补充责任。

编写人：北京市密云区人民法院　佟春蕾

（三）过错的认定

18

被护理人员在护理期间生病经治疗无效死亡的，养老中心是否应承担赔偿责任

——龚某萍诉无锡市滨湖区某养老服务中心生命权案

【案件基本信息】

1. 裁判书字号

江苏省无锡市中级人民法院（2018）苏02民终2712号民事判决书

2. 案由：生命权纠纷

3. 当事人

原告（被上诉人）：龚某萍

被告（上诉人）：无锡市滨湖区某养老服务中心（以下简称养老中心）

【基本案情】

肖某敏（时年78岁）于2015年6月1日入住养老中心，照顾等级为半护理。2017年2月初，因身体变化，肖某敏变更介护等级为加强护理；2月28日，再次变更介护等级为全护理。肖某敏家属与养老中心签订的协议书关于全护理标准和内容的主要约定如下：老年人思维功能中度障碍，患有三种以上疾病，或年龄在90岁以上，或老人家属要求提高护理等级而给予特殊照顾的老人；主要内容包括：1. 为老人做好个人卫生（包括早晨漱口、洗脸、洗手、梳头，下午洗脸、洗手、洗脚、洗会阴，随时更换纸尿裤）……13. 提供24小时服务，细心观察，并掌握老人饮食、起居、思想情绪及精神状态等情况。14. 根据医嘱给老人按时喂药……17. 服务人员24小时值班，实行程序化个案护理，视情况调整护理方案。

2017年3月4日下午，肖某敏状态不好，养老中心医务人员给肖某敏测体温时发现体温高达39.3度，即进行退烧治疗但未见效。当晚养老中心通知家属，双方将肖某敏送至无锡市某医院进行急诊治疗。3月11日，肖某敏因重症肺炎去世。其女龚某萍提起本案诉讼。

【案件焦点】

养老中心对肖某敏是否存在护理过失，应否对其死亡承担赔偿责任。

【法院裁判要旨】

江苏省无锡市滨湖区人民法院经审理认为：公民的生命健康权、财产权受法律保护。对于肖某敏因病死亡的责任认定，应从养老中心有无尽到护理职责和肖某敏死亡的具体原因两方面加以分析。

首先，从养老中心的过错来看，肖某敏年事已高，身体状况自2017年2月以来持续恶化，连续两次变更介护等级直至全护理标准，养老中心对肖某敏的生活和健康护理应当尽量完善，切实关注其身体变化、预防疾病发生。肖某敏是何时开始肺部感染发烧，双方均无证据予以证明，而3月4日发高烧时，其生命健康处于养老中心的责任范围之内，对此养老中心存有一定的护理不到位的过错。

其次，从肖某敏自身状态及死亡原因来看，肖某敏在本案事发时已是80岁的老人，身体机能及恢复能力业已退化，根据常理属于较容易感染疾病且病愈能力较差的状态，而肺部感染导致重症肺炎确有可能让病人的状态在短时间内恶化，故不应当对养老机构作出过高或者等同于医疗机构的监护要求。综上，养老中心应对肖某敏因病死亡所导致的各项损失承担小部分赔偿责任，酌定为90000元。

据此，江苏省无锡市滨湖区人民法院判决如下：

一、养老中心于判决生效后立即赔偿龚某萍医疗费、护理费、死亡赔偿金、丧葬费、精神损害抚慰金等共计90000元；

二、驳回龚某萍的其他诉讼请求。

养老中心不服一审判决，提起上诉。江苏省无锡市中级人民法院经审理认为：养老机构是依法设立的为老年人提供集中居住和照料服务的机构，主要服务内容包括生活照料、健康管理、精神慰藉以及紧急呼叫与救援等。本案中，双方签订的《入住协议书》以及对全护理介护等级所作的内容约定，主要着眼于生活照料方面，养老中心并没有为肖某敏提供医疗护理的约定义务，现行法律法规也没有关于养老机构医疗护理的强制性规定，龚某萍要求养老中心为肖某敏提供医疗护理没有依据。

在生活护理方面，肖某敏的介护等级先后由2017年2月2日的加强护理到同月28日的全护理，根据肖某敏身体状况逐步恶化的趋势和双方关于全护理等级的约定标准，养老中心应该为肖某敏提供更为周全的生活照料，实行程序化个案护理。而养老中心提供的《护理部交接班记录》并没有反映出随着护理等级的强化而相应服务内容更为周全、完善。相反，养老中心在2017年3月1日、2日、3日没有作任何护理记载，无法反映出为肖某敏提供照料服务的客观真实情况，也无法探知肖某敏在3月1日至3日期间的身体状况。肖某敏于3月4日下午被发现发高烧，当晚入院检查时已患重症肺炎。根据上述情况可以认定，养老中心没有完全按照全护理标准为肖某敏提供周到的程序化个案护理，其护理行为存在一定瑕疵。

虽然养老中心的护理瑕疵与肖某敏的死亡之间没有直接和必然的因果关系，但根据常理和生活经验判断，该护理瑕疵不排除是引发肖某敏患病的诱因之一，对肖某敏的死亡具有一定原因力，应当承担与其过错相应的责任。原判酌定养老中心承担一定责任并无不妥，但判令养老中心承担90000元的责任明显加重了养老机构的负担，且与养老中心的过错大小明显不相适应，应予改判。综合本案案情，酌情判令养老中心承担30000元的责任。

据此，江苏省无锡市中级人民法院依照《中华人民共和国侵权责任法》第六条第--款、《中华人民共和国民事诉讼法》第一百七十条第一款第二项规定，判决如下：

一、撤销无锡市滨湖区人民法院（2017）苏0211民初4309号民事判决；

二、养老中心于本判决生效后十日内赔偿龚某萍医疗费、护理费、死亡赔偿金、丧葬费、精神损害抚慰金等共计30000元；

三、驳回龚某萍的其他诉讼请求。

【法官后语】

本案是发生在养老领域的生命健康权纠纷。随着老龄化加剧，社会化养老已是大势所趋，在养老产业发展过程中必然要面对老年人各类人身损害、精神损害等问题。在此过程中如何协调老年人权益保护和维护养老企业的正当权益成为司法面临的新课题。一方面，将老年人纳入社会化养老政策体系，就要充分保障老年人的生活质量和身体健康，使其免受各种不法侵害，让老年人在养老机构得到充分的照料和慰藉；另一方面，养老产业的发展是一个逐渐完善的过程，不可能一蹴而就，如果不能从社会发展的现实和现状出发，对养老机构的责任和义务提出不切实际的要求，就会打击社会力量投入养老产业的积极性，从根本上阻碍养老产业的发展。因此，在裁判此类案件时应该允执两端，兼顾双方利益的平衡。

本案中，养老中心不存在侵害肖某敏权益的法定过错，在履行养老协议方面亦无明显违约行为，但因《护理部交接班记录》记载不完整，无法体现“程序化个案护理”的具体状态，致使肖某敏因肺炎发高烧这一特定损害后果发生的时间和原因无从查明，养老中心应承担举证不能的后果，法院据此推定养老中心后期护理存在瑕疵，具有轻微过失。基于生活经验判断，该护理瑕疵与肖某敏的发病具有一定的诱因关系和原因力，应承担与轻微过失相应的赔偿责任。本案对养老中心护理瑕疵和过失的认定，充分运用了举证规则和经验法则，综合考量了死者的年龄、体质状况、所患疾病的病理属性、介护等级和养老机构的照料情况等因素，并基于过失程度认定责任范围。有关养老服务机构应该以此为鉴，努力提升服务的标准化、规范化水平，为老年人提供良好的安享晚年的条件。

编写人：江苏省无锡市中级人民法院　徐振华　张朴田

19

房屋承租人有侵权行为，出租方未尽监督责任的也应承担侵权责任

——李某某等诉张某某、北京丰台区某艺术幼儿园生命权、健康权、身体权案

【案件基本信息】

1. 裁判书字号

北京市丰台区人民法院（2018）京0106民初8954号民事判决书

2. 案由：生命权、健康权、身体权纠纷

3. 当事人

原告：李某某、关某甲、关某乙、关某丙、吴某某

被告：张某某、北京市丰台区某艺术幼儿园（以下简称丰台区某艺术幼儿园）

【基本案情】

2016年，丰台区某艺术幼儿园将位于其幼儿园最东侧门脸房出租给张某某，约定用于张某某开设超市、经营日常生活用品等。张某某将所承租房屋除用于经营小超市外，同时用于私自开设小诊所，张某某未取得医生执业资格。

2017年4月26日22时许，张某某为前来就诊的关某进行诊疗，诊断为感冒，并为其注射针剂、开具药品。时隔一小时后，关某因冠心病、心肌梗塞致肺水肿、心肺功能衰竭，经120抢救无效死亡。经尸检认定，张某某所开具药物不会诱发冠心病、心肌梗塞，并非忌用药物。经北京市公安局丰台分局委托北京中正司法鉴定所对关某死亡原因进行鉴定，鉴定意见分析说明指出：张某某未对关某进行详细的问询，也未进行详细检查，即诊断为“感冒”，张某某存在延误关某治疗的过错。后张某某被法院以非法行医罪，判处有期徒刑一年，缓刑二年。

关某的近亲属李某某等人认为，张某某非法行医致关某死亡，丰台区某艺术幼儿园未尽到管理责任，包庇张某某非法行医，应承担连带赔偿责任。

【案件焦点】

1. 出租方对出租房屋使用负有何种民事义务；2. 出租方未尽义务的性质认定。

【法院裁判要旨】

北京市丰台区人民法院经审理认为：自然人的生命权、健康权、身体权依法受法律保护。因侵权行为导致自然人死亡，应依法承担相应的侵权责任。被侵权人对损害的发生也有过错的，可以减轻侵权人的责任。房屋出租系经营性行为，出租人应确保出租房屋的适租，并对出租房屋的合法使用负有监督义务，出租人未尽监督义务的，应承担相应的责任。张某某在未取得医生执业资格证的情况下，利用承租房屋从事非法经营开设诊所，其诊疗行为经鉴定存在延误关某治疗的过错，故应对其延误关某治疗的行为承担相应责任，具体责任比例根据张某某的过错程度确定为10%。丰台区某艺术幼儿园将其门脸房长期出租给张某某用于经营使用，应当对张某某使用出租房屋进行合理的监督，尽管丰台区某艺术幼儿园对张某某应利用出租房屋进行合法经营作出了书面告知，但其未尽监督义务且其与张某某之间的内部约定不影响其对外承担相应的侵权责任，故应对其未尽监督义务的行为承担相应责任，具体责任比例根据丰台区某艺术幼儿园的过错程度确定为3%。综上所述，依照《中华人民共和国侵权责任法》第六条、第十六条、第二十六条规定，判决如下：

一、张某某于本判决生效后七日内赔偿李某某、关某甲、关某乙、关某丙、吴某某死亡赔偿金124812元、丧葬费4143.6元、住宿费200元、交通费200元、被扶养人生活费17869.5元，合计147225.1元，扣除已给付的50000元，应给付97225.1元；

二、丰台区某艺术幼儿园于本判决生效后七日内赔偿李某某、关某甲、关某乙、关某丙、吴某某死亡赔偿金37443.6元、丧葬费1243.08元、住宿费60元、交通费60元、被扶养人生活费5360.85元，合计44167.53元；

三、驳回李某某、关某甲、关某乙、关某丙、吴某某的其他诉讼请求。

【法官后语】

随着市场经济的发展，房屋租赁成为普遍现象，由此产生大量与出租房屋相关的侵权之诉。本案审理中，房屋的出租方提出了两项抗辩理由，其一是作为出租方将房屋出租属于正常的经营行为，不能因为其出租房屋而承担侵权责任；其二是事故是死者及第三方侵权所导致，幼儿园并非侵权方，根据侵权责任法的规定，损害是因第三人造成的，第三人应当承担侵权责任。该两项抗辩实际上涉及房屋出租方违法行为及主观过错的认定问题，具有一定的理论分析意义。

侵权责任理论通说认为，对于一般侵权，承担侵权损害赔偿责任应当具备四项要件：侵权人存在违法行为和主观过错、损害结果、侵权人的违法行为与损害结果之间存在因果关系。以上要件中，过错是现代侵权责任法领域普遍确立的归责原则，《中华人民共和国侵权责任法》第六条第一款规定："行为人因过错侵害他人民事权益，应当承担侵权责任。"违法行为的"法"是广义上的法律，《中华人民共和国民法通则》第五条规定：公民、法人的合法的民事权益受法律保护，任何组织和个人不得侵犯。《中华人民共和国民法总则》第三条规定，民事主体的人身权利、财产权利以及其他合法权益受法律保护，任何组织或者个人不得侵犯。因此，违法行为一般指侵害了他人受法律保护的权利、利益或未履行法定义务，包括作为和不作为两种形式。

本案房屋出租方的抗辩即指向其是否有违法行为及过错的问题。首先，出租方的违法行为往往涉及对因出租而产生的法定义务的违反。房屋的出租，不但在出租方与承租方之间缔结了以交付房屋和支付租金为主权利义务的合同关系，同时出租方和承租方也因之产生了法定义务。这种法定义务，在传统房屋租赁关系中，主要注重出租方对出租房屋的适格保障义务，以及相应的承租人也负有合理使用承租房屋的义务。在此基础上，延伸出出租方对内要求承租人合理使用承租物的监督权利，对外则是防止承租人利用承租物侵害他人权益的监督义务。同时，当前主流司法意见认为，房屋出租行为是一种经营行为，是由市场的供求规律决定的，需要出租方投入时间和精力去寻找承租人、完善对房屋的管理，从作为经营行为的角度出发，也要求出租方对经营行为不被利用于从事违法行为进行一定程度的监督。其次，本案出租方是否存在过错是对其是否存在过失的主观认定，显然，出租方对近在咫尺、长期存续的违法行为有能力进行监督却未尽到监督义务，属于过失的过错。可见，本案出租方所提出的两项抗辩中，其第一项抗辩理由实际上混淆了出租行为和对出租所产生的法定义务的违反；而其第二项抗辩内容，其一是未认识到自身存在未尽出租人监督义务的违法不作为和主观过错；其二是未认识到其未尽监督义务的违法不作为须与非法行医的违法作为共同承担对被侵权人的赔偿责任，《中华人民共和国侵权责任法》第十二条对此明确规定：二人以上分别实施侵权行为造成同一损害，能够确定责任大小的，各自承担相应的责任。综上，在承租人利用承租房屋从事违法行为侵害他人民事权益时，出租方未尽到合理监督义务的，其行为属于违法不作为，应当依照其过错及原因力的大小承担相应的侵权责任。

编写人：北京市丰台区人民法院　庄永生

20

宠物主题餐厅经营者造成他人损害的过错责任认定

——刘某诉北京猫××饮品店有限公司三里屯分公司生命权、健康权、身体权案

【案件基本信息】

1. 裁判书字号

北京市朝阳区人民法院（2018）京0105民初87074号民事判决书

2. 案由：生命权、健康权、身体权纠纷

3. 当事人

原告：刘某

被告：北京猫××饮品店有限公司三里屯分公司（以下简称北京猫××公司）

【基本案情】

2018年6月16日下午4时许，刘某在其母亲陪同下前往北京猫××公司处消费，被该公司饲养的猫咬伤。事发后，北京猫××公司工作人员给刘某做简单的清洗后未再过问。刘某母亲报警后，三里屯派出所出警处理，北京猫××公司仍置之

不理。刘某由其母亲带领前往医院就诊。现刘某以在北京猫××公司处消费而受到身体伤害及精神损失为由诉至法院，要求赔偿医药费2341.58元，交通费600元、误工费3000元、精神抚慰金20000元。

【案件焦点】

1. 北京猫××公司在店铺中的各种提示是否构成其免责的事由；2. 如何确认在刘某受伤事件中，北京猫××公司与刘某法定代理人的责任比例。

【法院裁判要旨】

北京市朝阳区人民法院经审理认为：饲养的动物造成他人损害的，动物饲养人或者管理人应当承担侵权责任，但能够证明损害是因被侵权人故意或者重大过失造成的，可以不承担或者减轻责任。刘某跟随其母亲在北京猫××公司餐厅内消费时，长时间与散养在餐厅内的猫玩耍，多次抱起猫，并在最后一次抱起猫行走时受伤，北京猫××公司作为猫的饲养人和管理人，应当对其饲养的动物造成他人损害承担侵权责任。但是，刘某在北京猫××公司餐厅消费时有法定监护人陪同，北京猫××公司对如何正确与猫互动设有提示，而刘某及其法定监护人未注意到该提示；而且，根据生活常理，刘某及其法定监护人应当知道与猫玩耍特别是抱起猫玩耍具有受伤风险，故刘某对损害的发生亦有重大过失，应适当减轻北京猫××公司的责任。至于减轻的责任比例，根据上述情况，另考虑到北京猫××公司关于不要强行抱猫的提示中何谓“强行”抱猫仍有不明确之处，刘某长时间多次抱猫北京猫××公司均未予以提示和制止，故酌情确定减轻北京猫××公司30%的赔偿责任。

关于刘某主张的赔偿数额，经审查，医药费有相关病例、处方和票据等支持，根据双方的责任比例确定应赔偿数额为1639元。关于交通费和护理人员误工费，是刘某及其必要的陪护人员因刘某就医治疗必然要实际发生的费用，根据刘某就医时间、次数、提供的证据及双方的责任比例等，酌情确定应赔偿交通费280元、护理费525元。现有证据不足以证明刘某遭受严重精神损害，对其精神抚慰金请求不予支持。

北京市朝阳区人民法院依照《中华人民共和国侵权责任法》第七十八条规定，作出如下判决：

一、北京猫××公司于本判决生效后七日内赔偿刘某医药费1639元、交通费

280元、护理费525元;

二、驳回刘某的其他诉讼请求。

【法官后语】

时下，以宠物为主题的餐厅应运而生，众多商家在其经营场所饲养或散养各种宠物以吸引顾客眼球。但顾客在与宠物玩耍的过程中经常会发生被其抓伤或咬伤的情况，对此，损害责任比例分担应考虑各方是否存在过错，从而确定商家的具体赔偿责任。

关于商家作为动物饲养人或管理人的责任。《中华人民共和国侵权责任法》第七十八条规定，饲养的动物造成他人损害的，动物饲养人或者管理人应当承担侵权责任，但能够证明损害是因被侵权人故意或者重大过失造成的，可以不承担或者减轻责任。即商家有义务举证证明顾客对损害后果的发生是否有故意或者重大过失的行为。如不能举证，则应承担赔偿责任，赔偿范围包括医疗费、交通费、护理费等为治疗和康复支出的合理费用等。但在实践中，许多商家认为因其饲养的宠物已接种过疫苗故被咬者不需要打疫苗，抑或是通过张贴被咬者接种疫苗费用自行承担的告示可以免责。但单方告知属于格式条款，既免除了被告作为提供格式条款一方的责任，亦排除了消费者的主要权利，且伤者应否使用狂犬病疫苗与动物是否经过免疫程序并无关联。

需要提示的是，相比一般餐厅而言，宠物餐厅因消费者可以与宠物近距离互动玩耍而具有较高的危险性。对此，经营者应尽到更高的注意义务，如在经营过程中，可以通过视频监控或加强员工巡视的方式对消费者进行实时关注和保护，尤其是未成年人在与宠物玩耍的过程中，应告知其监护人予以陪同、加强管护。

关于被侵权人（受害者）的责任。在日常生活中，诱发饲养动物致人损害的因素是多方面的，往往受害者自身因素即受害者过错也是其中的重要诱因，此时受害者应承担由其行为引发的损害后果，而不能将此不利结果完全归于宠物经营者承担。如强行与宠物发生接触造成宠物非主动性防卫抓伤的，或是受害者是未成年人，其法定监护人是否有过错及有无减轻动物饲养人过错的因素也需考虑在内。本案中，原告法定监护人应当知道与猫玩耍特别是抱起猫玩耍具有受伤风险，但原告有多次强行抱猫行为并没有阻止，属于重大过失，适当减轻商家的责任亦属合理。

综上，在从事餐饮服务的经营场所饲养宠物造成他人损害的，如被侵权人存在过错，商家可减轻责任。如今利用宠物吸引顾客是餐饮业的一种新型经营模式，随着宠物主题餐厅数量越来越多，宠物的品种也呈现多样化趋势，而商家作为宠物的饲养人和管理人在客流量较多的经营场所饲养宠物时，更应自觉规范宠物饲养场所的管理，不断增强安全意识以及责任意识，以保证消费者的人身安全得到最大化保护。

编写人：北京市朝阳区人民法院　张晨璐

21

体育运动侵权中“自甘风险规则”的司法适用

——杨某某诉张某某身体权案

【案件基本信息】

1. 裁判书字号

北京市丰台区人民法院（2017）京0106民初2518号民事判决书

2. 案由：身体权纠纷

3. 当事人

原告：杨某某

被告：张某某

【基本案情】

2016年9月2日上午，杨某某与张某某在北京市丰台某文化宫羽毛球场地打羽毛球，二人分处对场，张某某在一次击球时，击打出的羽毛球落到球网对面的杨某某的右眼上，杨某某感觉右眼疼痛，下场休息，但未到医院就医。次日，杨某某仍感眼部不适，到中国人民解放军空军总医院就诊，经诊断为右眼虹膜睫状体炎，其后四次到该医院复诊，至2016年9月27日共支付医疗费和挂号费251.1元、交通费40元。其间，张某某作为羽毛球球友活动组织者，对杨某某伤情未予过问，并利用自己群主身份，将张某某踢出微信群。

杨某某提起诉讼，请求法院判令张某某：1. 恢复杨某某的名誉，向杨某某承认错误，对他的种种错误行为作出书面赔礼道歉；2. 支付精神损失赔偿金5元；3. 支付医疗费、挂号费251.1元；4. 支付交通费40元。

【案件焦点】

本案能否适用“自甘风险规则”作为侵权人免责事由。

【法院裁判要旨】

北京市丰台区人民法院经审理认为：受害人和行为人对损害的发生都没有过错的，可以根据实际情况，由双方分担损失。羽毛球属于对抗性竞技体育运动，具有一定运动风险，杨某某、张某某应当能预见羽毛球比赛中可能存在的风险，而双方自愿参加该运动，表明双方愿意承担可能发生的合理风险。张某某在接球时，击出的羽毛球落到杨某某右眼上，导致杨某某右眼受伤，现未有证据证明杨某某或张某某违反羽毛球比赛规则，故对于该损失的发生杨某某和张某某均没有过错。考虑到张某某的行为和杨某某遭受的损害之间确实存在关联关系，故根据本案实际情况酌定张某某和杨某某共同分担因此发生的损失，杨某某主张的医疗费和交通费，由张某某分担145元。杨某某要求张某某赔礼道歉和赔偿精神损害抚慰金，无法律依据，不予支持。

北京市丰台区人民法院依照《中华人民共和国侵权责任法》第二十四条、《中华人民共和国民事诉讼法》第一百四十四条规定，判决如下：

一、张某某于本判决生效后七日内向杨某某支付145元；

二、驳回杨某某的其他诉讼请求。

【法官后语】

自甘风险源自罗马法格言“对自愿者不构成伤害”，又称风险自负、自冒风险，是指受害人在明知某种具体危险状态存在，但自愿承担危险并因此遭受损失的情况下，不得请求加害人承担民事赔偿责任。比较法上普遍承认自甘风险是免除行为人责任的一项事由。按照学界多数说观点，自甘风险规则主要适用于一些特定的领域，通常是具有危险性的竞技活动或者体育、娱乐（如冲浪、攀岩、乘坐过山车）、探险等活动，并应当具备以下构成要件：(1) 受害人知悉危险存在。(2) 受害人有自愿承担危险的明确表示或者可以推知的默示。明确表示承担危险的，须为文字或口头表示；默示表示承担危险的，须有证据证明。确定默示接受危险，须受害人完全了解存在受害的危险，却自愿选择参与，依其情形显示其有接受该危险的意愿。(3) 接受该危险不违反公共利益或者善良风俗。具备上述三个要件，即构成自甘风险，受害人不得请求损害赔偿。

尽管目前我国相关法律包括侵权责任法并没有直接规定“自甘风险规则”，但司法实践中却不乏援用该规则的案例。总结起来主要有三种“自甘风险规则”司法适用方式：(1) 完全适用“主要的默示自甘风险”规则，让受害者自己承担损失。这种情形主要是组织者已尽到安全保障义务，对损害发生没有过错，而且受害者往往对损害发生存在明显过错。(2) 不完全适用“主要的默示自甘风险”规则。在组织者已尽到安全保障义务，对损害发生没有过错的情形下，本应完全适用“主要的默示自甘风险”规则，但若原告没有明显过错、原告请求合理、原告地位比较弱势等情况下，多数法官往往会基于公平原则，以“救助弱势一方”的方式判决组织者承担一定补偿责任。(3) 适用“次要的默示自甘风险”规则，根据原、被告双方对于损害发生的过错大小或比例来分配损害赔偿责任。这种情形主要是组织者未尽到安全保障义务，受害者对损害发生也存在一定过失。

一般而言，高风险运动中或竞技性体育运动中因运动固有风险造成的人身损害应当由冒险者自负风险、自担后果，本案涉及的由同好者组织的羽毛球比赛，虽然相对专业比赛的竞技体育而言，对抗性相对缓和，风险没有那么高。但参与者多为非专业运动员，亦存在动作技术不规范等问题，这决定了此类体育活动也同样存在着人身危险，极易造成参与者受伤后果。从近年来法院受理的相关侵权类案件看，大多都是属于在学校、球馆等自发组织体育活动中受伤而引发的损害赔偿。所以，虽然此类体育活动没有竞技类体育那样专业，但从风险角度来说，这些活动也属于有内在的、固有的危险性的活动，从事此种活动容易引发危险，在一定程度上也应当认为符合“自甘风险规则”适用条件。

本案中，受害人杨某某作为完全民事行为能力人，在参加羽毛球对打时应当预见到可能发生的风险而自愿参加，且张某某的行为未违反运动规则，不存在主观伤害故意，本应完全适用“主要的默示自甘风险”规则，让杨某某自己承担损失。但结合全案分析，张某某具有活动参与者和羽毛球球友组织者的双重身份，在判断其是否需要承担侵权责任时，还要看其是否尽到了安全保障义务，包括活动前的风险告知，事发时的积极抢救、治疗，事后积极善后、处理受害者的后续治疗事宜等。而张某某在杨某某受伤事件发生后，无论是事发时还是事后，均采取了不闻不问的消极、非理性处理方式，并利用自己身为组织者的强势地位在一定程度上打压、排挤杨某某，意图使杨某某脱离球友组织。法官在考虑到杨某某无过错、地位相对弱势的情况，援引公平原则，判决张某某承担50%补偿责任，解决了个案免责事由与公平原则适用、逻辑与正义平衡的问题。

编写人：北京市丰台区人民法院　毕凯丽　朱黎

22

医疗事故致人多处伤残，医疗过错参与度不同情形下赔偿金的认定

——刘某诉北京市某区医院医疗损害责任案

【案件基本信息】

1. 裁判书字号

北京市平谷区人民法院（2017）京0117民初7783号民事判决书

2. 案由：医疗损害责任纠纷

3. 当事人

原告：刘某

被告：北京市某区医院（以下简称区医院）

【基本案情】

2016年10月10日，刘某因发现腹部肿物前往区医院治疗，区医院当天将刘某收入住院，诊断为“左下腹部肿物、高血压病、左肾积水、糖尿病？炎性肌纤维母

细胞瘤切除术后”。2016年10月12日，区医院为明确病因，对刘某行剖腹探查术、肠粘连松解、腹膜后肿物切除、结肠造瘘、腹壁重建术，刘某术后第三天出现左下肢体感减退，肌力II级。刘某治疗35天后于2016年11月14日出院，出院诊断为“左下腹部肿物、高血压病、左肾积水、反流性食管炎、腹部肉瘤切除术后、贫血”。2016年12月16日，刘某因左侧腹部疼痛、尿少2天余再次入住区医院，于2016年12月23日出院，出院诊断为“腹痛待查、左侧输尿管肾盂积水、腹部肿物术后”。后刘某经中国人民解放军总医院第一附属医院诊断为左侧股神经损伤（重度）、双下肢周围神经损伤。刘某于2017年8月30日诉至法院。

诉讼中，经刘某申请，法院摇号确定北京博大司法鉴定所对区医院的医疗行为是否存在过错、与患者损害后果之间的因果关系及责任程度，刘某的伤残等级、残疾辅助器具评定、营养期限、营养费用参考、后续医疗依赖程度、医疗项目及费用参考、护理依赖程度、护理人数、护理期限进行鉴定。2018年4月14日，该机构出具鉴定意见：1. 区医院对刘某的诊疗行为存在一定医疗过错，其过错与刘某损害后果之间存在因果关系。横结肠造瘘，医方的责任程度为轻微责任。左下肢功能障碍，医方的责任程度为主要责任。左肾肾盂积水加重，医方的责任程度为轻微责任。输尿管腹腔瘘，医方的责任程度为主要责任。2. 伤残等级评定：（1）关于横结肠造瘘，目前结肠造瘘管在位，根据病历资料等，参照两院三部《人体损伤致残程度分级》标准5.7.4.6之规定，符合七级伤残。（2）被鉴定人刘某肌电图检查提示左侧股神经损伤（重度），现遗留左下肢股四头肌肌力I肌；参照两院三部《人体损伤致残程度分级》标准5.9.1.7之规定，构成九级伤残。（3）关于被鉴定人刘某输尿管腹腔瘘的残疾，根据两院三部《人体损伤致残程度分级》及现有的病历资料，目前不能明确认定。故被鉴定人刘某残疾等级为一个七级和一个九级伤残。3. 被鉴定人刘某的护理期150天、营养期120天，护理人数建议其住院期间2016年10月12日术后一个月内护理人数为2人，余为1人。4. 残疾辅助器具评定：被鉴定人刘某股神经损伤（重度），现遗留单肢瘫（左下肢肌力III+级），参照《人身损害后续诊疗项目评定指南》（SF/Z JD0103008－2015）5.11a“单瘫”之相关规定，需康复训练，可配置器具（如轮椅、拐杖等）和必要康复器材；具体费用建议以实际发生的合理费用为准。5. 被鉴定人刘某尚不能构成护理依赖。6. 关于营养费用，建议办案单位根据营养期限裁定。关于后续医疗依赖程度、医疗项目及费用，因被鉴定人刘某目前左下肢功能障碍等需要一定的康复治疗及结肠造瘘的外引流袋等需要定期更换，其费用由于病人神经功能恢复情况及肠造瘘的预后情况存在不确定的因素，具体医疗项目目前无法明确，建议以实际发生的合理费用为准。

【案件焦点】

1. 刘某伤情构成多个伤残等级，而区医院的医疗过错不同，残疾赔偿金如何确定；2. 基于不同伤情产生的费用如何确定。

【法院裁判要旨】

北京市平谷区人民法院经审理认为：患者在诊疗活动中受到损害，医疗机构有过错的，由医疗机构承担赔偿责任。根据北京博大司法鉴定所出具的鉴定意见书，区医院的诊疗行为存在医疗不足的过错，与刘某的伤情具有一定因果关系，故区医院应承担赔偿责任。对于责任比例，应结合刘某病情、鉴定意见书、区医院的过失情况等因素，依照公平原则酌情确定。刘某主张的医疗费、营养费、住院伙食补助费、护理费、辅助器具费、交通费，结合鉴定意见书、住院病案及刘某身体状况、本地护工标准，就诊次数及距离等，参照本地实际情况酌情确定赔偿标准。刘某要求赔偿的残疾赔偿金，应根据鉴定意见、刘某的伤情及区医院的过失等综合酌情确定。刘某要求的精神损害抚慰金数额偏高，考虑到区医院的侵权行为及给刘某造成的后果等因素，依照公平原则酌情确定。刘某要求赔偿的鉴定费，因司法鉴定意见认为区医院的诊疗行为存在医疗不足的过错，与刘某伤情具有一定因果关系，故应由区医院承担。

北京市平谷区人民法院依据《中华人民共和国侵权责任法》第十六条、第二十二条、第五十四条、第五十五条规定，判决如下：

一、区医院于本判决生效后七日内赔偿刘某医疗费、住院伙食补助费、营养费、护理费、残疾赔偿金、精神损害抚慰金、辅助器具费、交通费共计172032.85元；

二、驳回刘某的其他诉讼请求。

【法官后语】

根据《中华人民共和国侵权责任法》第五十四条规定，患者在诊疗活动中受到伤害，医疗机构及其医务人员有过错的，由医疗机构承担赔偿责任。有观点提出，伤者自身身体和疾病的原因并非造成医疗损害的必然和直接原因，认为医疗损害案件不同于人身损害案件，不存在责任分担问题。既然医疗损害案件纳入《中华人民共和国侵权责任法》调整范畴，应适用侵权案件的一般归责原则，即过错责任原则。而且如果患者在诊疗过程中存在自身疾病导致损失的发生，由医方无限制赔偿违反过错与赔偿责任相一致的原则。

医疗损害赔偿案件的责任比例，往往涉及医疗过错参与度的问题，即指医疗过失行为在人身损害全部应赔偿额中所应承担的责任比例，这个责任比例是在已经鉴定医疗行为存在过错，且与损害后果存在因果关系的情形下，对医疗过失的赔偿范围作出的限定。不同的过错比例导致最终的赔偿额相差悬殊。鉴于过错比例的重要性，审判实践中，如果当事人认为医疗机构存在过错，一般申请对医疗过失行为的过错责任及程度进行司法鉴定。司法机构出具的司法鉴定意见书一般会对过错参与度给出比较精确的比例范围。此种情形下，双方当事人无相反证据足以推翻鉴定结论的，法院通常在鉴定机构确定的责任比例范围内确定最终的医疗过错比例。如果鉴定结论对责任程度或原因力大小划分不明或存在多个鉴定互相矛盾的情况，比如鉴定意见书针对同一个伤者的不同伤情作出了不同的医疗过失比例，且使用主要责任、轻微责任等抽象语言进行表述，又未对最终过失比例进行明确，法院如何确定最终的医疗过错比例？笔者认为应由法官考虑双方的地位、注意义务兼顾公平正义等因素对案件进行处理，对不同的人身损害赔偿项目使用不同的过错比例，以实现社会效果和司法效果的统一，也有利于双方当事人权利的保护。

根据《中华人民共和国侵权责任法》第十六条规定，侵害他人造成人身损害的，应当赔偿医疗费、护理费、交通费等为治疗和康复支出的合理费用，以及因误工减少的收入。造成残疾的，还应当赔偿残疾生活辅助器具费和残疾赔偿金。造成死亡的，还应当赔偿丧葬费和死亡赔偿金。上述损失中，死亡赔偿金、丧葬费一般不会出现过错责任及程度不同的鉴定结果，直接依照鉴定意见书确定的过错比例进行判决即可。其他赔偿项目的损失如何确定，可以本案为例。

本案中，患者刘某横结肠造瘘符合七级伤残，对应的医疗过错为轻微责任；左侧股神经损伤（重度），现遗留左下肢股四头肌肌力Ⅰ肌，构成九级伤残，对应的医疗过错为主要责任。本案残疾赔偿金数额的确定成为首要难点。根据一般的侵权处理原则，在过错责任一致的情形下，受伤人员符合两处以上伤残等级者，需依据

《北京市高级人民法院、北京市司法局关于伤残评定问题研讨会会议纪要》综合计算累计伤残赔偿指数，具体计算方法如下：累计伤残赔偿指数 = 伤残等级最高处的伤残赔偿指数 + 伤残赔偿附加指数。伤残赔偿附加指数的确定：六级至十级伤残，每增加一处增加5%；二级至十级伤残，直接增加10%。伤残赔偿附加指数不得超过10%；累计伤残赔偿指数不得超过100%。本案因医院的诊疗行为过错责任不一，无法将伤残赔偿指数累加计算。如果将两个伤残等级、两个过错比例分别计算后再累计相加确定残疾赔偿金，与累计计算伤残赔偿指数相违背，也不利于对侵权人的司法保护。如果按照伤残等级高确定残疾赔偿金，因对应的过错责任为轻微责任，确定的残疾赔偿金数额可能会低于伤残等级低但医疗过错为主要责任的残疾赔偿金数额，不利于对伤者的保护。综合整体情况，本案考虑根据鉴定意见书中的伤残等级过错程度，单独计算残疾赔偿金数额，两项数额取其高，再根据累计伤残赔偿指数的累计计算方法计算另一个伤残等级的残疾赔偿金，确定最后的残疾赔偿金数额。

其他损失数额中的医疗费、辅助器具费，能够区分不同伤情所产生的费用，故根据不同伤情的医疗过错比例确定具体损失；住院伙食补助费、营养费、护理费、精神损害抚慰金、交通费，因医院的医疗过错直接导致伤者损失的产生，应按照吸收原则，由医院承担主要过错责任。

编写人：北京市平谷区人民法院　信小静

23

争吵中一方猝死案件的裁判不能泛化适用过错归责原则

——杜某、刘甲诉宁甲、宁乙生命权、健康权、身体权案

【案件基本信息】

1. 裁判书字号

北京市第二中级人民法院（2018）京02民终10298号民事判决书

2. 案由：生命权、健康权、身体权纠纷

3. 当事人

原告（被上诉人）：杜某、刘甲

被告（上诉人）：宁甲

被告（被上诉人）：宁乙

【基本案情】

死者刘某与杜某系夫妻关系。刘甲系杜某与刘某之女。2017 年 12 月 1 日 15 时许，宁甲未经杜某、刘某允许，将杜某、刘某家放于宅院外的手推车推走用于推砖。杜某得知手推车被宁甲推走使用后，先追至宁甲家门前进行索要，刘某随后也追至此处，与宁甲进行理论，并发生争吵，其间双方未发生肢体接触。刘某突然倒地。宁甲及其雇用的工人驾车将刘某送往附近中心卫生院进行救治，刘某途中已经死亡。事发过程中，宁乙也在现场。刘某与宁乙没有发生肢体接触，也没有发生争吵。事发后，杜某向公安机关报了案。

北京市房山区公安司法鉴定中心对刘某的死亡原因出具的鉴定意见为：结合案情，刘某符合猝死。2017 年 12 月 21 日，北京市公安局房山分局作出关于刘某死亡的调查结论书，结论为：1. 刘某符合猝死。2. 结合案情，不属于刑事案件。杜某、刘甲认为宁甲、宁乙有错在先，未经杜某及家人准许偷用车辆，在刘某晕倒后又不及时施救，导致刘某猝死。故要求按 30% 责任计算，由宁甲、宁乙赔偿相应死亡赔偿金、精神损害抚慰金、丧葬费、误工费、交通费。

【案件焦点】

1. 宁甲擅自使用死者刘某家中车辆以及其与刘某发生争吵的行为，与刘某的死亡结果之间是否具有法律上的因果关系；2. 是否应适用过错归责原则进行责任分担。

【法院裁判要旨】

北京市房山区人民法院经审理认为：行为人因过错侵害他人民事权益，应当承担侵权责任。被侵权人对损害的发生也有过错的，可以减轻侵权人的责任。根据公安机关的询问笔录及双方当事人的陈述，可以认定宁甲未经杜某、刘某允许，私自推走、使用杜某、刘某家的手推车，这是引起双方发生纠纷的主要原因，其对于双方发生纠纷存在一定过错。虽然刘某系因自身疾病突发而猝死，但并不排除宁甲与刘某发生争吵是刘某疾病发作而猝死的诱因。故宁甲应当对因此而产生的损害后果承担赔偿责任。宁甲与刘某在争吵过程中没有发生肢体接触，刘某倒地后猝死，说明主要原因应在于其身体方面，故刘某自身应承担主要责任。根据本案的具体情况，酌情确定宁甲承担20%的赔偿责任。杜某认可在发生纠纷时，宁乙没有与刘某发生争吵和肢体接触。故杜某、刘甲要求宁乙承担赔偿责任，没有事实和法律依据，不予支持。

北京市房山区人民法院依照《中华人民共和国侵权责任法》第六条第一款、第十六条、第十八条、第二十二条、第二十六条，《中华人民共和国民事诉讼法》第六十四条，作出如下判决：

一、宁甲于本判决生效后十日内赔偿杜某、刘甲死亡赔偿金、精神损害抚慰金、丧葬费、误工费、交通费共计100987.2元；

二、驳回杜某、刘甲其他诉讼请求。

宁甲不服原审判决，提起上诉。北京市第二中级人民法院认为：本案的争议焦点为宁甲应否对刘某死亡产生的损失承担相应责任。

1. 宁甲与刘某均不具有侵权法上的过错，宁甲的行为与刘某的死亡之间不存在法律上的因果关系

《中华人民共和国侵权责任法》第六条规定：行为人因过错侵害他人民事权益，应当承担侵权责任。过错是行为人对自己的行为及其后果所具有的主观心理状态，包括故意、过失两种形态。故意是指行为人对特定或可以特定的损害结果的发生是明确知道的，并且意图追求此种损害结果的发生。过失是指行为人对于特定或可以特定的损害结果的发生应当预见并且具有预见的可能，但却未预见的心理欠缺。

首先，刘某系在与宁甲争吵时突然倒地并在送医途中死亡；经公安机关确定其符合猝死，不属于刑事案件。据此，双方的争吵虽然成为刘某死亡的起因，但争吵本身并不会直接造成个体死亡，刘某的身体状况系其死亡的直接原因。其次，从双方争吵的原因、时点及过程来看，刘某系因自家手推车被占用找宁甲理论时与宁甲发生争吵，就常理而言其不可能预见到自身猝死的结果，亦无证据表明刘某对于自身的死亡存在法律意义上的过错；同理，对宁甲而言，其与刘某素无仇怨，仅因手推车的使用发生争吵，双方又无肢体接触，故难以认定其主观上对刘某的死亡持期

待或追求的故意心态。最后，宁甲与刘某之前互不相识，其对刘某的性格特点及身体状况均无从知晓。就普通人的注意义务而言，人与人争吵时对于相对方猝死的情况是难以预见的。故宁甲对刘某的死亡亦不存在过失的主观心态。综上，宁甲对刘某的死亡不存在主观上的可归责性，其行为与刘某死亡之间的因果关系链条过于遥远，二者不存在法律上的因果关系。

2. 宁甲的行为与刘某的死亡存在事实上的关联性，宁甲应分担相关损失

宁甲的行为与刘某的死亡之间虽不构成法律上的因果关系，但宁甲未经允许擅自使用他人车辆在前，被发现后以争吵方式激化矛盾在后，其持续的不当行为具有道德意义上的可责难性，该行为使刘某因情绪激动猝死的危险系数增大，在某种程度上成为刘某死亡发生的诱因，此种诱因与刘某的死亡具有事实上的关联性。由此，本案纠纷与《中华人民共和国侵权责任法》第二十四条规定的情形高度契合，应当适用该条予以处理，由宁甲对刘某死亡产生的损失予以分担。

法律保护的天平是相对平衡的，依据前述案件细节呈现的纠纷产生原因、各方行为与损害事实的关联程度等因素，考量侵权法填补损失的宗旨及《中华人民共和国侵权责任法》第二十四条分担损失的立法目的，对于宁甲分担损失的额度应当在双方平均负担的基础上予以限缩；再考虑到杜某、刘甲一方明确表示认可一审判决确认的由宁甲承担20%的损失，二审法院将宁甲分担损失的额度确认为实际损失的20%。

北京市第二中级人民法院依照《中华人民共和国侵权责任法》第十六条、第二十二条、第二十四条，《中华人民共和国民事诉讼法》第一百七十条第一款第二项规定，作出如下判决：

一、撤销北京市房山区人民法院（2018）京0111民初8846号民事判决；

二、宁甲于本判决生效后十日内补偿杜某、刘甲各项经济损失共计100987.2元；

三、驳回杜某、刘甲的其他诉讼请求；

四、驳回宁甲的诉讼请求。

【法官后语】

《中华人民共和国侵权责任法》第六条第一款规定：行为人因过错侵害他人民事权益，应当承担侵权责任。由此确立了一般侵权行为的过错归责原则。该条款作

为一般条款，其全面性、开放性和包容性必然意味着立法技术上的高度概括性，从而导致在司法适用中的不确定性，在本案中，具体表现为一、二审判决理由的差异。

本案一审与二审的判案思路不同之处在于对行为人行为性质的评价不同。一审判决中依据《中华人民共和国侵权责任法》第六条第一款“过错条款”将该案行为人宁甲的行为认定为侵权法上的“过错”；二审判决中则依据《中华人民共和国侵权责任法》第二十四条“公平责任条款”认定行为人宁甲的行为对损害结果的发生无过错。由此得出两个结论：一是不应对侵权法中的“过错”作无限扩张解释；二是法律上的因果关系只能是在一定条件下的因果关系。

1. 对侵权责任法中“过错”的解释不应无限制扩张

过错是绝大多数侵权责任承担的基础，包括故意和过失。故意和过失的本质特征是主观论，系不良的心理因素在起作用，其判断标准则应当是客观论，是故意和过失外化出来的具体行为。在判断行为人是否存在过错时，下限是行为人违反了法定义务，则行为人必然存在过错；上限是以正常理性人的认识标准进行判断，这一部分较难把握，但不适宜无限制将行为人在事件发生过程中的任何行为都统归为过错。一个合理或正常谨慎的人所感知的危险范围，决定其所应承担的义务范围，如本案中，苛求宁甲在当时条件下对刘某的死亡有所预见并应采取避免措施，显然是对民众的注意义务提出了过高要求，违背生活常理，与社会通常的价值观念认同相矛盾，就社会交往而言亦将因对普通民众日常生活苛以过重注意义务而侵犯人的行为自由。

侵权法的立法目的是处理好民事主体之间的利益关系，在保护权益与行为自由之间寻找平衡，故不能为了保护受害人的权益而阻碍人们的行为自由。由此，不适宜对侵权法中的“过错”作无限扩张解释。

2. 法律上的因果关系只能是在一定条件下的因果关系，应当审慎判断因果关系的基点

在确定某种行为与某种结果之间是否具有因果关系时，不能脱离该行为实施时的具体条件进行判断。只有某一现象已经合乎规律地引起某一结果的发生时，才能确定该现象与结果之间具有因果关系。如果某一现象不能直接导致特定结果的发生，但在发展过程中，偶然地与另一因果性的锁链联系在一起，以致由另一现象合乎规律地产生这一结果时，那么，前一现象和最终结果之间就不应认定为必然具有

法律上的因果关系。

本案中，行为人宁甲擅自推走刘某家推车的行为并不必然导致刘某猝死，与刘某猝死具有直接因果关系的是刘某的身体情况，如果认为行为人宁甲的行为与刘某猝死具有法律上的因果关系则过于牵强。因此，在审理该类案件过程中，应当审慎判断因果关系的基点。

编写人：北京市房山区人民法院 原丹丹

24

数人以数个侵权行为造成受害人损害后果的责任认定

——郑某诉臧某等生命权、健康权、身体权案

【案件基本信息】

1. 裁判书字号

北京市第二中级人民法院（2018）京02民终12439号民事判决书

2. 案由：生命权、健康权、身体权纠纷

3. 当事人

原告（被上诉人）：郑某

被告（上诉人）：罗某、陈某

被告（被上诉人）：臧某、崔某

【基本案情】

郑某和崔某系陈某雇用的建房工人。罗某系某汽车起重机的所有人，臧某系罗某雇用的司机。2017年12月17日，陈某的丈夫魏某与路边揽活的臧某达成租车协议，由臧某负责为陈某家在建的第三层楼房吊装钢梁。在进行吊装钢梁时，臧某将汽车起重机停在楼房北侧，因为楼房三层的东、西、北三面有很高的围墙，臧某吊放钢梁看不到落点，所以建房工人崔某站在三层楼面上通过窗户指挥吊装工作，站在里面的郑某负责帮助稳扶钢梁入槽并进行焊接。在这一过程中，郑某的左手及左

手腕部被下降的钢梁挤压致伤。郑某受伤当日，先后被送至北京市房山区中医医院、北京积水潭医院进行救治，产生医疗费、120救护车费852.08元，后被北京朝阳急诊抢救中心诊断为“左尺骨开放性骨折、左手中指指骨骨折、左手中指指间关节脱位、左尺神经损伤、左手食指缺如”，并于2017年12月17日至2018年1月23日入院治疗，产生医疗费66481.76元，住院伙食费600元。陈某负担了郑某治疗期间的医疗费用。

北京市红十字会急诊抢救中心司法鉴定中心对郑某伤情出具的鉴定意见为：1. 被鉴定人郑某左腕关节功能部分丧失符合十级伤残，左手功能分值为10分符合十级伤残；2. 建议误工期为180～365日、护理期为30～150日、营养期为60～90日。为此，郑某负担了鉴定费3150元和因鉴定产生的检查费325.47元。

郑某向法院起诉，请求判令臧某、陈某、崔某、罗某赔偿郑某医疗费68133.76元、住院伙食补助费5550元、误工费20100元、护理费3350元、营养费3000元、伤残赔偿金50000元、精神损害抚慰金5000元、鉴定费及因鉴定产生的检查费3475.47元。

【案件焦点】

存在多人以多个侵权行为造成受害人损害后果时，如何确定赔偿责任主体以及如何划分相应的赔偿责任。

【法院裁判要旨】

北京市房山区人民法院经审理认为：雇员在从事雇用活动中遭受人身损害，雇主应当承担赔偿责任。雇用关系以外的第三人造成雇员人身损害的，赔偿权利人可以请求第三人承担赔偿责任，也可以请求雇主承担赔偿责任。雇主承担赔偿责任后，可以向第三人追偿。根据北京朝阳急诊抢救中心出院诊断证明书关于患者主因“重物挤压伤致左手及左腕部疼痛，活动出血7小时”入院的记录，结合当事人的庭审陈述以及陈某提供的与臧某的电话录音，可以认定陈某家建房施工过程中，建房工人崔某指挥吊车司机臧某吊放钢梁过程中将另一建房工人郑某砸伤。臧某提出不知郑某因何受伤的辩驳意见，不予采信。具有特种设备作业资质的臧某在看不到吊装物落点的情况下进行吊装作业，崔某指挥失当以及郑某违规站在吊装物下，三者结合是导致损害结果发生的根本原因。对此，臧某、崔某和郑某均存在过错，对于臧某的过错，应由罗某承担赔偿责任，崔某的过错，应由陈某承担赔偿责任，郑某因自身过错产生的责任自行承担。关于过错责任的划分，罗某承担30%，陈某承担40%，郑某自行承担30%。故法院结合责任比例确定赔偿义务人和受害人应予分担赔偿数额如下：陈某应赔偿包括医疗费、误工费、护理费、住院伙食补助费、营养费、残疾赔偿金及精神损害抚慰金在内的赔偿总额为60147.72元，鉴于陈某已负担了上述全部医疗费用和住院伙食费及护理费合计70933.84元，实际支付数额已超出了应予赔付数额，故不应再予赔付，其多赔付部分可与郑某另行解决；罗某承担责任部分费用合计45110.79元；郑某自行承担责任部分费用合计45110.80元。臧某和崔某因各自过错产生的赔偿责任应由各自的雇主承担，故不是本案赔偿义务主体。

北京市房山区人民法院依照《中华人民共和国侵权责任法》第十六条、《最高人民法院关于审理人身损害赔偿案件适用法律若干问题的解释》第十一条、《最高人民法院关于适用〈中华人民共和国民事诉讼法〉的解释》第九十条规定，作出如下判决：

一、罗某于本判决生效之日起十日内赔偿郑某医疗费、误工费、护理费、住院伙食补助费、营养费、残疾赔偿金、精神损害抚慰金，以上共计45110.79元；

二、驳回郑某的其他诉讼请求。

罗某、陈某不服一审判决，提起上诉。北京市第二中级人民法院经审理认为：根据我国民事诉讼法规定，当事人有答辩并对对方当事人提交的证据进行质证的权利。臧某、崔某经本院合法传唤，无正当理由拒不出庭应诉，视为其放弃了答辩和质证的权利。郑某受伤后，由陈某夫妇送往医院治疗，根据医院诊断证明及各方当事人陈述，可以认定郑某受伤与崔某指挥不当及臧某吊车操作不当有关，为此，一审法院认定，郑某站立地点不当、崔某指挥不当、臧某吊车操作不当的原因共同造成郑某受伤的结果，并根据各方的过错责任比例，判决崔某的雇主陈某、臧某的雇主罗某承担赔偿责任，认定事实及判决结果均无不当，应予维持。关于罗某上诉称臧某与郑某受伤无关，其所举证据不足以证明相关事实，对其上诉请求不予支持。关于陈某上诉称崔某无过错，臧某操作吊车时，的确由崔某指挥，其上诉称臧某在发生事故时，未听从崔某指挥，其所举证据亦不足，不予采信。

北京市第二中级人民法院依照《中华人民共和国民事诉讼法》第一百四十四条、第一百七十条第一款第一项、第一百七十四条规定，作出如下判决：

驳回上诉，维持原判。

【法官后语】

随着新农村建设的深入推进，农村经济呈现快速发展的态势，农村居民的收入与生活水平也逐年提升。近些年来，越来越多的农村居民开始将自己原有的住宅进行翻建，由此产生的纠纷也层出不穷，种类繁多。关于建房产生的人身损害赔偿纠纷是其中较为典型的案例，本案即发生在上述背景之下，其背后的争议焦点即数人以数个侵权行为造成受害人损害后果的法律责任认定。

对于数人以数个侵权行为造成受害人损害后果的法律责任认定，主要见于《中华人民共和国侵权责任法》第十一条及第十二条的规定，即在发生数人以数个侵权行为造成受害人损害后果的情形时，行为人应当依法承担连带责任还是按份责任。

根据前述两个条款，其所调整的数人分别侵权在人数、行为、主观过错、损害结果方面的条件是相同的，即：（1）行为人的人数为“二人以上”，民法所称的以上，包括本数，而这其中的“人”，既包括自然人，也包括法人和其他组织；（2）数人分别实施侵权行为，即数人中的每一个人的行为都属于侵权行为，他们之间没有意思联络，既不存在共同故意，也不存在共同过失；（3）数人的侵权行为造成同一损害，即数个行为人实施的侵权行为造成一个损害结果而非数个独立的损害结果，且损害结果的发生，与数人侵权行为之间都存在因果关系。

两个条款在适用对象上的本质差异在于因果关系的不同。根据第十一条规定，数行为人中每个人的侵权行为都足以造成全部损害，即每个人实施的侵权行为，都可以造成全部损害，都构成损害后果发生的充足原因的，各侵权人应当承担连带责任。究其原因，在于侵权人之间虽无意思联络，但由于每一侵权人的行为均足以造成损害结果，就独立的侵权行为而言，其应当就该全部损害结果承担赔偿责任。而受害人要证明侵权人具体加害部分在客观上也存在困难，在该种情形下法律规定由侵权人承担连带责任，有利于缓和受害人的举证困难，更好地保护受害人的利益。根据第十二条规定，数行为人中每个人的侵权行为都不足以单独造成损害后果的发生，而需要全体行为人的行为共同作用才能造成损害后果的发生，数行为人应承担按份责任。该条亦对行为人应如何承担按份责任进行了区分：第一，能够确定责任大小的，各自承担相应的责任。所谓“责任大小”，是指数人中的每一个行为人的侵权行为对损害后果的发生所起到的作用。具体来讲，可以从每个行为人的过错程度、侵权行为与损害后果之间因果关系的紧密程度、公平原则及政策考量等因素加以综合判断。第二，难以确定责任大小的，平均承担赔偿责任。在有的数人侵权中，由于情况复杂，对于数人中的每一个行为人的侵权行为在损害后果发生上所起到的作用，难以作出判断，即难以确定责任大小。在这种情形下，则实行“平均承担赔偿责任”的办法，即由分别实施侵权行为并造成同一损害的每一个行为人，平均分担责任。这样有利于更好地处理此类侵权纠纷，维护被侵权人的合法权益。

就本案而言，郑某遭受人身损害的结果系由崔某指挥不当、臧某吊车操作不当、郑某站立地点不当等原因共同造成，崔某、臧某以及郑某三人客观上分别存在不当行为，主观上没有意思联络，且造成郑某人身损害的同一后果，而三人各自的行为都不可能单独造成损害后果的发生，故应当根据《中华人民共和国侵权责任法》第十二条的规定确定行为人需要承担的责任。法院据此确定了赔偿义务主体并依各方的过错划分其责任比例。本案的另一特殊情况在于，实际侵权人臧某、崔某均受雇于他人，故法院根据相关的法律规定判决由二人的雇主承担相应的赔偿责任。

编写人：北京市房山区人民法院　甄伟超

（四）因果关系的认定

25

多因一果引发的无意思联络的数人侵权应如何承担责任

——冯某诉左某、中国工商银行股份有限公司北京府学路支行生命权、健康权、身体权案

【案件基本信息】

1. 裁判书字号

北京市昌平区人民法院（2018）京0114民初13558号民事判决书

2. 案由：生命权、健康权、身体权纠纷

3. 当事人

原告：冯某

被告：左某、中国工商银行股份有限公司北京府学路支行（以下简称工商银行）

【基本案情】

2018年3月2日上午9时31分，左某从工商银行推门出来，监控视频显示银行门口有两级台阶，其中一级台阶局部地砖破损，表面不平，未设警示标识，左某在迈至该破损台阶处时，站立不稳向前方马路倒去，恰逢冯某沿工商银行门前的人行便道行走途经工商银行门口，左某在摔倒过程中伸手向冯某抓去，并撞到了冯某腿部，二人先后倒地。

事发当天，冯某到北京市昌平区中医院急诊，随后转至中国人民解放军第三〇九医院住院治疗，住院期间行右侧人工全膝关节置换术，于2018年3月27日出院。后冯某先后于2018年4月9日至5月7日、2018年5月28日至7月5日在中国人民解放军第三〇九医院住院治疗，此外，冯某还进行了部分门诊治疗。为此，冯某支付医疗费共计63992.6元。工商银行主张冯某除了右膝关节以外还有其他治疗，第三次住院与本案无关，但是不申请因果关系鉴定。

本案审理过程中，冯某申请对其伤残等级、护理期（包括住院期间）、营养期、护理依赖程度、后续治疗费进行鉴定，经北京市高级人民法院摇号，依法委托北京博大司法鉴定所进行鉴定。冯某在鉴定过程中，撤回对护理依赖程度、后续治疗费的鉴定申请。2018年9月26日，北京博大司法鉴定所出具鉴定意见："1. 被鉴定人冯某的伤残等级为人体损伤致残程度九级伤残，人体致残率为20%。2. 被鉴定人冯某的护理期建议以临床实际住院天数为准（以上期限自受伤之日起计算），营养期30~60日。"冯某为此支付鉴定费4350元。

另，冯某系城镇户籍。左某在事发后支付过冯某100元打车费，不主张在本案中进行抵扣。

【案件焦点】

多因一果引发的无意思联络的数人侵权应如何承担责任。

【法院裁判要旨】

北京市昌平区人民法院经审理认为：行为人因过错侵害他人民事权益，应当承担侵权责任。二人以上分别实施侵权行为造成同一损害，能够确定责任大小的，各自承担相应的责任；难以确定责任大小的，平均承担赔偿责任。工商银行在其门口台阶上的地砖破损后未及时进行修缮，也未设立警示标识，导致左某从该处踩踏时摔倒，而左某在摔倒过程中，伸手向冯某抓去，并撞到了冯某腿部，导致冯某受伤。工商银行对于破损的台阶未尽到足够的警示、修缮等场所管理义务，导致其控制的场所存在明显的安全隐患，因此存在一定过错；而左某在下台阶时未结合自身身体情况，充分观察和注意台阶状况，进而摔倒并撞伤冯某，也存在一定过错。左某和工商银行虽没有共同故意或者共同过失，但其分别实施的行为间接结合导致冯某受伤的损害后果，因此左某和工商银行应当根据各自的过失大小和原因力比例承担相应的责任，综合本案实际，酌定为工商银行承担90%的责任，左某承担10%的责任。

关于冯某的各项损失，认定如下：第一，关于医疗费，工商银行虽称部分治疗与本案无关，但是未提交相应证据予以证明，对其主张不予采信，并根据冯某的医疗费票据确定金额为63992.6元。关于微压氧舱购置费，冯某未提交相应医嘱和正规发票，且自称事发前就在使用，故微压氧舱不是治疗本案引发伤情的必要性合理性支出，对该项损失不予认可。第二，关于护理费，冯某主张包括住院和出院期间的护工、保姆费以及未来五年50%的护理费。但是，鉴定机构已经对冯某的护理期出具明确意见，结合鉴定意见，并根据冯某护理费和保姆费的支出情况，确定冯某的护理费为13600元；冯某未提交充分证据证明其护理依赖程度，对其主张的未来五年的护理费不予认定。第三，关于住院伙食补助费，冯某主张的标准未超过北京市国家机关一般工作人员出差伙食补助标准，结合住院天数和冯某主张的标准确定住院伙食补助费为4550元。第四，关于营养费，结合鉴定意见和冯某身体受到损伤的实际情况，酌情按每天50元、营养期60天计算，共计3000元。第五，关于残疾赔偿金，冯某为城镇户籍，冯某所主张的标准未超过2017年北京市城镇居民人均可支配收入，具体金额结合冯某的年龄、伤残等级鉴定意见等认定为57230元。第六，关于精神损害抚慰金，综合考虑冯某的年龄、伤残情况、相关伤情对冯某生理和心理方面的影响等因素，酌情认定精神损害抚慰金10000元。第七，关于残疾辅助器具费，因冯某膝关节受伤，购置轮椅为合理支出，结合发票认定为674元。第八，关于交通费，结合冯某治疗往返医院的实际需求，酌情确定为800元。以上损失共计153846.6元。其中90%的部分即138461.94元由工商银行负担，10%的部分即15384.66元由左某负担。

北京市昌平区人民法院依据《中华人民共和国侵权责任法》第六条、第十二条、第十六条、第二十二条，《中华人民共和国民事诉讼法》第六十四条及《最高人民法院关于审理人身损害赔偿案件适用法律若干问题的解释》第三条、第十七条、第十九条、第二十一条、第二十二条、第二十三条、第二十四条、第二十五条、第二十六条、第三十五条规定，判决如下：

一、工商银行于本判决生效之日起七日内赔偿冯某医疗费、护理费、住院伙食补助费、营养费、残疾赔偿金、精神损害抚慰金、残疾辅助器具费、交通费共计138461.94元；

二、左某于本判决生效之日起七日内赔偿冯某医疗费、护理费、住院伙食补助费、营养费、残疾赔偿金、精神损害抚慰金、残疾辅助器具费、交通费共计15384.66元；

三、驳回冯某的其他诉讼请求。

【法官后语】

无意思联络的数人侵权，根据数人行为与损害结果之间的因果关系，可以区分为共同危险行为、并发侵权行为（即等价因果关系类型）、竞合侵权行为。其中，根据《中华人民共和国侵权责任法》第十条和第十一条规定，共同危险行为和并发侵权行为的数个行为人应承担连带责任；而《中华人民共和国侵权责任法》第十二条规定，二人以上分别实施侵权行为造成同一损害，能够确定责任大小的，各自承担相应的责任，难以确定责任大小的，平均承担赔偿责任；《最高人民法院关于审理人身损害赔偿案件适用法律若干问题的解释》第三条规定，二人以上共同故意或者共同过失致人损害，或者虽无共同故意、共同过失，但其侵害行为直接结合发生同一损害后果的，构成共同侵权，应当依照民法通则第一百三十条规定承担连带责任。二人以上没有共同故意或者共同过失，但其分别实施的数个行为间接结合发生同一损害后果的，应当根据过失大小或者原因力比例各自承担相应的赔偿责任。根据上述规定，竞合的侵权行为又包括两种类型，即累积因果关系的行为竞合和多因一果的原因竞合。笔者认为，累积因果关系的行为竞合，主要指虽无共同故意、共同过失，但数个侵害行为直接结合发生同一损害后果的情形，数个行为人应当承担连带责任；多因一果的原因竞合则是指，虽无共同故意、共同过失，但数个行为构成多个原因力，其间接结合发生同一损害后果，故应当根据过失大小或者原因力比例承担按份责任。

具体到本案中，工商银行和左某无共同的意思联络，但是是否属于竞合的侵权行为、是属于行为竞合还是原因竞合，存在不同观点。有观点认为，是左某的摔伤直接导致冯某的损害后果，而不应再追究左某的摔伤原因，均应由左某对冯某承担赔偿责任，左某承担责任后可按照过错比例向工商银行追偿。另有观点认为，是工商银行对破损台阶未及时修缮的不作为和左某疏忽的踩踏行为，两个原因相结合，共同导致左某的摔倒以及对冯某的撞击，二者没有意思联络，但其行为间接结合导致同一损害后果，因此应按照各自的过失大小或者原因力比例承担按份责任。

笔者赞同第二种观点。工商银行和左某的过失行为偶然结合发生同一损害，构成多因一果，且原因力大小可以区分。左某系正常行走过程中踩到破损的台阶才摔倒，本身主观上没有故意或者重大过失，仅负有一般的注意义务，故应该承担次要责任。工商银行作为公共场所的管理者，对场所内的设施没有及时修复导致存在安全隐患，应该承担主要责任。故综合本案的案情，酌情确定工商银行承担90%的责任，左某承担10%的责任。判令工商银行直接承担责任，既符合侵权责任法的基本法理，又能使公共场所管理人充分注意其场所管理义务，起到行为引导作用，并减少诉累，体现公平原则和诉讼效率原则。

编写人：北京市昌平区人民法院　张欣　尹海萍

26

累积因果关系分别侵权情形下原因力比例的认定

——王某某诉邱某某等健康权案

【案件基本信息】

1. 裁判书字号

内蒙古自治区满洲里市人民法院（2018）内0781民初784号民事判决书

2. 案由：健康权纠纷

3. 当事人

原告：王某某

被告：邱某某、某医院、某财产保险公司

【基本案情】

2017年5月31日17时30分，邱某某驾驶车辆与骑电动车的王某某相撞。道路交通事故认定书认定，邱某某承担此次事故主要责任；王某某承担此次事故次要责任。事后王某某到某医院住院治疗，行右侧股骨干骨折切开复位内固定术，出院医嘱要求禁止患肢负重。2017年10月9日，王某某检查影像报告显示钢板断裂，入院至扎兰屯市某医院治疗，被诊断为骨折内固定装置障碍、股骨干骨折。

经鉴定，从王某某在某医院行右股骨干骨折手术后4个月钢板折断角度看，该损害与医方过早、不恰当的功能锻炼，发现后没有采取相应治疗措施、没有告知等因素有直接因果关系，医方过早被动继续拧肢体锻炼等过错应为主要因素，医方存在的过错参与度应为90%；患者存在轻微因素，参与度为10%；钢板断裂与交通事故致伤无因果关系。本例外伤致右股骨干粉碎性骨折，遗留双下肢长度相差2.1厘米，评定为伤残十级。本例伤残十级为交通事故所致股骨干粉碎性骨折及医源性因素共同构成因果关系，其中交通事故致伤为主要因素，参与度为80%；医源性因素为辅助因素，参与度为20%。

王某某向法院起诉，请求判令邱某某、某医院、某财产保险公司：1. 赔偿二次住院产生的医疗费、误工费、护理费、住院伙食补助费、营养费；2. 取出体内固定物手术费、伤残赔偿金、误工费、护理费、营养费、鉴定费、精神抚慰金（等待司法鉴定后确定诉讼请求数额）。

【案件焦点】

1. 如何确认王某某因内固定物骨折所造成损失的赔偿责任；2. 王某某主张的赔偿数额是否符合法律规定。

【法院裁判要旨】

内蒙古自治区满洲里市人民法院经审理认为：本案是多因一果的人身损害案件。交通事故导致王某某右股骨折后，又因医疗损害对王某某右股骨折损伤起到辅助侵害作用，经鉴定王某某右股骨折损伤构成伤残十级，交通事故所致股骨干粉碎性骨折及医源性因素共同构成因果关系，其中交通事故致伤为主要因素，参与度为80%；医源性因素为辅助因素，参与度为20%。某医院出院医嘱中载明“2周后复查，根据复查情况决定下一步治疗方案及内固定物取出术时间”，也就是因交通事故造成王某某受伤治疗后，行内固定物取出术是必要的，此手术与某医院是否存在医疗过错无关。因肇事车辆在某财产保险公司投保交强险，并结合道路交通事故认定书认定，确定双方的责任比例为邱某某承担事故责任的70%，王某某承担事故责任的30%。故邱某某应给付王某某取出内固定物手术费及超出伤残赔偿限额部分的费用合计16055元，某财产保险公司在伤残赔偿责任限额范围内给付王某某伤残赔偿金、误工费、护理费合计103874.2元，某医院给付王某某赔偿款85835元。综上，根据《中华人民共和国侵权责任法》第十二条、第十六条，《最高人民法院关于审理道路交通事故损害赔偿案件适用法律若干问题的解释》第十六条，《中华人民共和国民事诉讼法》第六十四条第一款、第一百四十二条规定，判决如下：

一、某财产保险公司于本判决生效之日起十日内在伤残赔偿责任限额范围内给付王某某伤残赔偿金、误工费、护理费合计103874.2元；

二、邱某某于本判决生效之日起十日内给付王某某右股骨髓内针取出医疗费、营养费及超出伤残赔偿限额部分合计16055元；

三、某医院于本判决生效之日起十日内给付王某某85835元。

【法官后语】

本案是《中华人民共和国侵权责任法》关于构成累积（竞合）因果关系的分别侵权问题在审判实务中的典型案例。这个案例提供了此种情况下原因力比例在实务审判中的认定方法。

1. 累积（竞合）因果关系侵权行为的认定

侵权责任法划分无意思联络的数人侵权与有意思联络的共同侵权，其立法本意在于强调责任承担与理性预期的合理一致，限制连带责任的适用范围。共同侵权必须以必要的意思联络为要件，数人侵权须以意思联络为承担连带责任的正当性条件。无意思联络的数人侵权中聚合（等价）因果关系类型规定行为人应承担连带责任。而规定累积（竞合）的因果关系的行为人各自承担分别责任。累积（竞合）的因果关系竞合侵权行为，是数个行为人的违法行为偶然结合互相发生媒介作用导致同一损害后果，分别构成损害后果发生的直接原因或者间接原因，其原因力可分，即构成竞合的因果关系，又称“多因一果”致人损害。

2. 竞合侵权行为的责任承担方式

《中华人民共和国侵权责任法》第十二条规定：“二人以上分别实施侵权行为造成同一损害，能够确定责任大小的，各自承担相应的责任；难以确定责任大小的，平均承担赔偿责任。”何为“能够确定责任大小”，损害赔偿债务份额的确定，有两个基本考虑因素：首要的考虑因素是过错，因为过错是确定损害赔偿责任的法理依据；次要的考虑因素是原因力，因为通过原因力的比例结合侵权行为人的主观过错比例，可确定各行为人应承担的损害赔偿债务份额。原因力比例的斟酌就成为确定侵权行为人损害赔偿债务份额的必要因素。

3. 原因力比例的认定方法

本案中王某某因机动车交通事故受损，在治疗过程中，又因医疗损害受到侵权。王某某所出现的侵害后果，是由两个侵权行为造成，可以分为两个阶段，第一阶段为机动车交通事故责任，第二阶段为医疗损害责任。关于机动车交通事故责任，邱某某因违反《中华人民共和国道路交通安全法实施条例》第五十二条第三项规定，承担此次事故主要责任；王某某因违反《中华人民共和国道路交通安全法实施条例》第三十八条规定，承担此次事故次要责任，可以根据各自的过错程度确定赔偿责任。因交通事故已经造成王某某受伤，王某某受伤后经第一次手术植入钢板后，钢板断裂导致王某某第二次手术重新植入新的钢板，钢板断裂系因医疗损害责任产生的后果。对王某某造成伤残的损害后果，需要判断机动车交通事故责任与医疗损害责任的原因力，因涉及专门性问题，需要司法鉴定程序作出鉴别，而委托鉴定的事项是解决案件的关键，本案中将委托事项确认为：王某某伤情构成伤残，因手术治疗腿部骨折所使用固定钢板断裂和交通事故损害行为对伤残等级的参与比例。

综上，本案依据王某某受侵害的累积过程对其受损后果的原因力确定责任大小。在一案中解决王某某的侵害赔偿问题，通过对该权利的法律性质的分析，寻找了累积（竞合）因果关系情形下，如何区分原因力的实务审判方法，针对累积受侵时间区分侵权后果，针对累积因果关系明确委托鉴定事项，为无意思联络数人侵权在累积（竞合）因果关系的情形下，区分原因力承担相应责任侵权案件的有效审理提供有益的借鉴。

编写人：内蒙古自治区满洲里市人民法院　吴晓丹

27

民事侵权中因果关系高度概然性的适用标准

——陈某诉北京卡拉夫文化有限公司等生命权、健康权、身体权案

【案件基本信息】

1. 裁判书字号

北京市第三中级人民法院（2018）京03民终10039号民事判决书

2. 案由：生命权、健康权、身体权纠纷

3. 当事人

原告（被上诉人）：陈某

被告（上诉人）：北京卡拉夫文化有限公司、赵某、常某

【基本案情】

2016年3月10日晚7时许，陈某在北京卡拉夫有限公司举办的儿童舞蹈培训班学习舞蹈，在下腰之后没有站起来，之后出现肚子疼等症状。陈某法定代理人称陈某于3月12日出现小便失禁的情况，并于当日至北京儿童医院急诊。2016年3月13日至4月22日，陈某在中国人民解放军总医院第一附属医院住院治疗，经诊断为脊髓损伤（T11－L2），根据住院病历记载，现病史："缘于2.5天前患者在训练舞蹈时，不适扭伤腰部，出现双下肢站立不稳，不能行走，休息后无缓解，逐渐

出现小腹疼痛，位于脐下，呈持续性疼痛……后在儿童医院行腰椎MRI检查示：胸11－腰2水平髓内异常信号，考虑损伤，余未见明显异常……急诊以脊髓损伤为诊断收入我科。”治疗经过：“急诊入院后完善相关检查及血液化验，胸腰部MRI检查示胸11－腰1水平脊髓内异常信号，考虑损伤可能性大。”出院医嘱：“1. 出院后继续佩戴护具3个月，继续康复功能锻炼，避免剧烈活动及弯腰……”为治疗伤情，陈某共支出医疗费37002.77元。

诉讼中，经北京卡拉夫文化有限公司申请，北京法源司法科学证据鉴定中心出具司法鉴定意见书，鉴定意见为：被鉴定人陈某“脊髓损伤”诊断符合无骨折脱位型脊髓损伤特点；用力蹦跳、下腰、倒立、跌倒及腰臀部受击打或者臀部坠地可导致该类损伤。

常某是北京卡拉夫文化有限公司的员工，于2012年9月21日、28日分别获得中国舞蹈家协会签发的注册舞蹈教师证书、中国舞蹈考级7－8级教师资格证书。北京卡拉夫文化有限公司的经营范围包括舞蹈技术培训。北京卡拉夫文化有限公司为一人有限责任公司，赵某系股东。

【案件焦点】

如何确认该案中的因果关系。

【法院裁判要旨】

北京市朝阳区人民法院经审理认为：北京卡拉夫文化有限公司以舞蹈技术培训等为经营范围，对陈某负有教育、管理、保护的职责。根据鉴定意见书，陈某“脊髓损伤”符合无骨折脱位型脊髓损伤特点；用力蹦跳、下腰……可导致该类损伤。而陈某在舞蹈课下腰动作之后出现腹痛、小便失禁等症状，故陈某所受脊髓损伤与学习舞蹈之间具有因果关系。

陈某所进行的下腰动作，具有一定的危险性，事发时其系无民事行为能力人，对于教学中进行的有风险的舞蹈动作，公司应当尽到保护义务，陈某在舞蹈教育培训过程中遭受人身损害。在本案审理过程中，北京卡拉夫文化有限公司关于其已尽到对陈某的教育、管理职责的主张，依据不足，不予采信，故其应当对陈某的损害承担赔偿责任。

关于常某和赵某责任承担的问题，《最高人民法院关于审理人身损害赔偿案件适用法律若干问题的解释》第九条规定，雇员在从事雇佣活动中致人损害的，雇主应当承担赔偿责任。常某系北京卡拉夫文化有限公司雇用的教师，故陈某的损害应当由北京卡拉夫文化有限公司予以赔偿。根据《中华人民共和国公司法》第六十三条规定，一人有限责任公司的股东不能证明公司财产独立于股东自己的财产的，应当对公司债务承担连带责任。北京卡拉夫文化有限公司的性质为自然人独资的有限责任公司，赵某系该公司的股东及法定代表人，其未能举证证明公司财产独立于其自己的财产，故应当和该公司承担连带责任。

北京市朝阳区人民法院依照《中华人民共和国民法通则》第五条、《中华人民共和国侵权责任法》第三十八条、《最高人民法院关于审理人身损害赔偿案件适用法律若干问题的解释》第九条，作出如下判决：

一、北京卡拉夫文化有限公司、赵某于本判决生效后七日内赔偿陈某医疗费37002.77元、护理费20240元、住院伙食补助费4000元、精神损害抚慰金2000元、交通费2000元；

二、驳回陈某的其他诉讼请求。

北京卡拉夫文化有限公司、赵某不服一审判决，提起上诉。北京市第三中级人民法院同意一审法院裁判意见。同时认为，关于监护人是否应承担责任的问题，首先，陈某监护人将陈某交给有资质的培训公司和具有舞蹈培训资格的老师进行舞蹈培训已经尽到了监护义务。其次，要求监护人在陈某上舞蹈课时进行监护，过于苛刻，故监护人在本案中不应承担责任。依照《中华人民共和国民事诉讼法》第一百七十条第一款第一项规定，判决如下：

驳回上诉，维持原判。

【法官后语】

本案涉及无民事行为能力人在教育机构培训时受伤，培训机构的责任承担问题。根据《中华人民共和国侵权责任法》第六条规定，一般侵权责任由四个要件构成：侵权行为、过错、损害后果、因果关系。同时，《中华人民共和国侵权责任法》第三十八条规定了无民事行为能力人在幼儿园、学校或者其他教育机构学习、生活期间受到人身损害的责任承担，根据该条规定，教育机构侵权责任的认定采取过错推定原则，即被侵权人无需证明教育机构的过错，而是由教育机构证明自己尽到了教育、管理的职责。但教育机构承担侵权责任的前提是符合一般侵权要件，即被侵权人要证明自己所受的损害和教育机构之间具有因果关系。就本案而言，陈某要证明损害后果、教育机构的侵权行为、教育机构的侵权行为与其所受损害结果之间的因果关系。陈某的损害后果在本案中有住院病案和诊断证明书等予以佐证，就教育机构的侵权行为而言，陈某在练习舞蹈的过程中确实出现了下腰后无法站立，本案的争议焦点即陈某所受的损害和教育培训机构之间有无因果关系。

在民事侵权中，因果关系的认定是关系侵权人是否承担责任的关键因素。侵权法中的因果关系指的是损害结果与致害行为间一种引起与被引起的关系。在传统侵权法理论中，通常以相当因果关系理论判断因果关系的有无，认为只有依据人类社会一般经验，足以导致特定的侵害事实发生的违法行为，才应对损害结果负责。但自从进入现代工业社会，这种情况有所改变：在医疗侵权领域，理论和实践认为只要医方造成了患者治愈机会的丧失或减少，即应承担侵权责任；在环境侵权领域，理论和实践认为只要污染方造成了疾病发生危险的提高，即应承担损害赔偿责任。跟随现代社会发展的脚步，侵权因果关系的认定标准在逐渐变得宽松，被侵权人若能举证证明，根据社会一般经验有特定事实即发生特定典型结果者，即使在不排除有其他可能的情形下，也能够推论该特定事实对特定结果的原因力。

在本案中，根据鉴定意见"被鉴定人陈某脊髓损伤诊断符合无骨折脱位型脊髓损伤特点；用力蹦跳、下腰、倒立、跌倒及腰臀部受击打或者臀部坠地可导致该类损伤"，并结合陈某在接受培训中进行下腰进而出现腹痛、小便失禁等症状且在短期内被诊断为脊髓损伤，虽然可能存在因用力蹦跳、倒立、跌倒及腰臀部受击打或者臀部坠地等导致陈某的脊髓损伤，但这种可能性是极小的，并不能排除陈某是在舞蹈培训中因下腰而导致的脊髓受伤这一高度概然的可能性，故而法院认定陈某的脊髓损伤与公司的教学行为有因果关系。

编写人：北京市朝阳区人民法院　李丽花

28

侵权行为与损害后果之间仅具有事实上的联系时不足以成立法律上的因果关系

——张某、张乙诉吕某生命权、健康权、身体权案

【案件基本信息】

1. 裁判书字号

北京市第一中级人民法院（2018）京01民终8457号民事判决书

2. 案由：生命权、健康权、身体权纠纷

3. 当事人

原告（上诉人）：张某、张乙

被告（被上诉人）：吕某

【基本案情】

张甲系吕某之妻，系张某之女，系张乙之姐。2017年5月29日，张甲坠楼身亡。张某与张乙主张吕某性格过于自私，婚后对张甲不管不问，二人未生育子女。由于吕某婚后经常殴打、折磨张甲，致使张甲患上抑郁症，不得不用药物治疗。因吕某无正当职业，家庭经济压力由张甲一人承担，加上吕某与张甲长期分居、各自生活，从不关心张甲，致使张甲身心受到摧残。在事发前一天，张甲与吕某发生争吵，2017年5月29日凌晨，张甲向吕某表述过其不想活了，但是吕某没有尽到丈夫的责任，对张甲不管不问，致使张甲跳楼死亡。张某、张乙向法院起诉，请求依法判令吕某赔偿死亡赔偿金50万元、精神损害抚慰金10万元，共60万元。

【案件焦点】

吕某是否应当对张甲坠楼（自杀）承担侵权责任。

【法院裁判要旨】

北京市石景山区人民法院经审理认为：根据相关法律规定，本案应适用一般过错归责原则。构成侵权责任须具备以下三要件：一是行为人具有过错；二是存在损害事实；三是行为的过错与损害事实之间存在因果关系。故张某、张乙应当举证证明吕某对张甲自杀身亡这一损害事实存在法律意义上的过错，且其过错与张甲自杀具有因果关系。

双方的邻居陈述平时并未听到楼上有动静，张某、张乙亦未提交证据证明吕某长期谩骂、殴打、侮辱张甲，且北京市石景山区公安司法鉴定中心出具的鉴定书认定张甲不存在除高坠造成的身体伤害外的其他外力所致外伤。故对张某、张乙关于“吕某长期谩骂、殴打、侮辱张甲”的主张，不予支持。从邻居的陈述看，在张甲跳楼前一天，张甲与吕某应发生过争吵。张甲在当日下午，将热水浇到吕某头上，致使吕某烫伤。即使吕某明知张甲患有抑郁症，亦不能苛责其受伤后不与张甲发生争吵。张甲跳楼发生在其与吕某争吵的第二天，从时间上看，“跳楼”与“争吵”不存在紧凑的连续性；从因果关系上看，“争吵”并不必然引起“跳楼”。综上，对张某、张乙关于吕某长期谩骂、殴打、侮辱张甲，并在案发前再次实施上述行为，致使张甲精神崩溃，坠楼身亡的主张，不予支持。

张某、张乙主张吕某明知张甲患有抑郁症，张甲自杀前一晚已经告知吕某其“不想活了”，且张甲从外面回家后，去了没有防护栏的南侧卧室，吕某存在故意或过失才致使张甲坠楼身亡，故构成侵权。过错的认定标准包括故意和过失两种形态。故意，是指行为人对特定的或可以特定的损害后果的发生是明确知道的，并且意图追求此种损害后果的发生。过失，是指行为人对于特定的或可以特定的损害结果的发生应当预见并且具有预见的可能，但却未预见的心理欠缺。经北京市公安局石景山分局调查，吕某不构成过失致人死亡，可见吕某对张甲死亡不存在“故意”的过错。张甲在 2017 年 5 月 29 日凌晨，告知吕某其“不想活了”，吕某在北京市公安局石景山分局的笔录中多次表示其已经安慰过张甲，张某、张乙虽然对此不予认可，但不能否认的是，张甲在说完其“不想活了”之后，并未随即跳楼，而是返回其居住的房屋。张某、张乙主张张甲于 2017 年 5 月 29 日进入吕某所居南侧卧室，吕某应当预见到张甲要跳楼。吕某与张甲自 2006 年左右分房居住，至张甲跳楼已十年有余，张甲出入吕某所居房屋应属正常行为，虽然张甲曾向吕某表示其

“不想活了”，但张甲并未表明其要跳楼。同时，考虑到自杀行为本身具有难以预测性，即使在2017年5月29日凌晨，张甲说过其“不想活了”，以一般人的注意义务来讲，也不能要求吕某应当预见张甲进入南侧卧室是为了“跳楼”。综上，依据张某、张乙提交的现有证据无法证明吕某未尽到一个具有一般知识水平、理解和认知能力的人应当尽到的注意义务，故无法认定吕某存在法律意义上的过失。

综上，吕某的行为并不具备侵权责任的构成要件。北京市石景山区人民法院依据《中华人民共和国侵权责任法》第二条、第六条规定，判决如下：

驳回张某、张乙的全部诉讼请求。

张某、张乙不服一审判决，提起上诉，北京市第一中级人民法院同意一审法院裁判意见。

【法官后语】

一般侵权责任的构成要件包括：行为、过错、损害事实和因果关系，只有当四个要件均具备时，才能够成立一般侵权责任。本案的争议焦点在于吕某的行为是否具有过错以及其行为与张甲死亡的损害后果之间是否具有因果关系。

所谓过错是指行为人应受责难的主观状态。过错分为故意和过失两种形式。故意，是指行为人对特定的或可以特定的损害后果的发生是明确知道的，并且意图追求此种损害后果的发生；过失，是指行为人对于特定的或可以特定的损害结果的发生应当预见并且具有预见的可能，但却未预见的心理欠缺。本案中，依据刑事案件卷宗记载的内容，吕某没有怂恿张甲跳楼，也并不存在目睹其跳楼而放任不管的情况，故可以认定吕某不具有故意的过错。张甲虽然曾经进行抑郁症治疗，但最新的诊疗记录显示其为焦虑状态，并未达到不能正常生活的程度。因此，吕某没有随时看护张甲的义务。另外，作为一个具有一般知识水平、理解和认知能力的人，吕某难以预见到张甲与其发生争吵会在间隔一段时间后跳楼。由此可以认定，吕某并不具有过失的过错，故吕某对张甲死亡的损害后果不具有侵权法意义上的过错。若张甲在向吕某表示“不想活了”后立即跳楼，而吕某没有阻止的话，那么吕某对张甲死亡的损害后果就具有侵权法意义上的过错。

所谓因果关系是指各种现象之间引起与被引起的关系，侵权法上的因果关系的意义在于对侵权责任加以限定，一方面使受害人得到救济，另一方面不至于无限扩大责任范围而使人人自危，限制行为自由。故侵权法上的因果关系不同于客观事实普遍联系意义上的因果关系，其中的“原因”不等同于“条件”，并不是任何引起损害结果发生的条件都是损害结果的原因，否则将导致侵权法上的因果关系的链条过长，使不应负责任的人承担责任。在侵权法意义上判断行为与损害后果是否具有因果关系，应当以行为人之行为所造成的客观存在事实为观察的基础，并就此客观存在事实依知识经验判断，均有发生同样损害结果之可能性者，该行为与损害后果即具有因果关系。本案确实无法排除张甲因为与吕某争吵心情低落选择自杀的可能性，但此种事实上的联系，仅仅构成张甲自杀的“条件”，并不足以建立法律上的因果关系。一方面，在吕某与张甲发生争吵后，间隔了较长时间张甲才跳楼，该跳楼行为并非与争吵行为构成连续行为；另一方面，依照一般的社会观念及经验法则判断，“争吵”行为在通常情况下不会发生“对方自杀”的损害后果，因而二者不具有因果关系的相当性。故吕某的行为与张甲死亡的损害后果不存在侵权法意义上的因果关系。痛失亲人确属不幸，但不能仅以事实上的关联性进行归责。

为了实现婚姻法所倡导的平等、和睦、文明的婚姻家庭关系，本案判决亦指出，夫妻之间应该互相关怀、爱护，尤其是当夫妻一方罹患心理疾病，另一方更应付出更多的耐心、细心去呵护对方，避免此类悲剧再次发生。

编写人：北京市石景山区人民法院　姚媛

29

多因一果的事故责任如何判定和分担

——高甲、高丙诉天全县××宾馆等生命权案

【案件基本信息】

1. 裁判书字号

四川省雅安市中级人民法院（2018）川18民终59号民事判决书

2. 案由：生命权纠纷

3. 当事人

原告（被上诉人）：高甲、高丙

被告（上诉人）：天全县市政管理中心（以下简称市政管理中心）

被告（被上诉人）：天全县××宾馆（以下简称××宾馆）、四川天全县天然气有限公司（以下简称天然气公司）、天全县市政工程有限责任公司、天全县城厢镇人民政府

【基本案情】

高甲系高乙之母、高丙系高乙之子。2016年8月27日，高乙入住××宾馆505号房间（以下简称505房），其房间于9点左右发生可燃性气体燃爆，高乙全身大面积烧伤，当日被送至医院急救。因伤情严重，于2016年9月3日不治身亡。

高甲、高丙请求法院判决：扣除××宾馆已支付的230900元，由××宾馆、天然气公司、天全县市政工程有限责任公司、天全县城厢镇人民政府、市政管理中心连带赔偿医疗费128664.96元、丧葬费27212.5元、死亡赔偿金566700元、交通费5000元、食宿费1800元、护理费480元、精神损害抚慰金100000元、高丙抚养费165280元、家人误工费22675元，共计1017812.46元的余额786912.46元，并支付律师费46800元。

【案件焦点】

1. 造成高乙死亡损害后果发生的原因及责任承担方式；2. 市政管理中心是否应对爆炸事故的发生导致高乙死亡后果承担赔偿责任；3. 赔偿金额的确定。

【法院裁判要旨】

四川省天全县人民法院经审理认为：本案爆炸事故的发生基于以下因素。一是存在可燃性气体。可燃气体主要来源于天然气公司管道泄漏的天然气及市政排水系统化粪池内产生的沼气，且从《鉴定意见书》可看出爆炸气体以天然气为主。二是燃气主管与市政排水支管交叉处市政支管有破损，泄漏的天然气可沿破损口扩散，且市政排水系统化粪池无连接井、通气管，致使化粪池内产生的沼气无法自然排放，二者最终进入505房。三是××宾馆违反《建筑给水排水设计规范》，505房卫生间地漏装置不能有效阻隔气体进入室内，且在六层出屋面处未安装排气管，阻

碍了气体通路，客观上促使可燃气体在室内聚集无法有效排放。以上因素相互结合，共同作用，导致本案爆炸事故的发生，而天然气公司、××宾馆、市政管理中心在本次事故中均具有过错。其中，天然气公司管理的燃气管道发生泄漏，并成为爆炸气体的主要来源，其对事故的发生具有重大过错，应承担主要责任。××宾馆未尽到安全保障义务，对其房间设施的装修改造违反相关安全规范要求，导致泄漏的气体更容易进入室内聚集且无法有效排放，也具有过错。但因该因素只是未尽可能地阻止损害结果的发生，本身不会也不可能直接或必然引发爆炸事故，因而只能是次要原因，故××宾馆应承担次要责任。市政管理中心作为市政给水排水系统的管理者，对事发地点市政支管的破损口未及时修复，导致该破损口成为泄漏气体扩散通路，且对其所管理的化粪池未及时清理，未设置连接井、通气孔，导致产生的沼气无法自然排放，从而成为爆炸气体来源之一，其管理不善具有一定过错，也应承担相应责任。根据《最高人民法院关于审理人身损害赔偿案件适用法律若干问题的解释》第三条第二款“二人以上没有共同故意或者共同过失，但其分别实施的数个行为间接结合发生同一损害后果的，应当根据过失大小或者原因力比例各自承担相应的赔偿责任”的规定，综合本案实情，根据各责任主体过错大小及对于损害后果的原因力，确定由天然气公司承担50%的责任、××宾馆承担30%的责任，市政管理中心承担20%的责任。因本案事发地点系商业街，属公共区域，非传统意义上的封闭小区，故涉案的市政支管及化粪池应属市政公共设施，其管理人也应为市政管理中心，而非小区业主及市政公司和城厢镇政府。故市政公司和城厢镇政府对本次事故无过错，不应承担责任。

关于赔偿金额的确定。本案法庭辩论终结时间是2017年7月27日，赔偿金额的计算应以法庭辩论终结时的上一统计年度即2016年度四川省统计数据作为赔偿计算依据。本案赔偿范围为：（1）医疗费162433.06元；（2）丧葬费27212.5元（2016年四川城镇全部单位就业人员平均工资54425元/年÷2＝27212.5元）；（3）死亡赔偿金566700元（2016年度全省城镇居民人均可支配收入28335元×20年＝566700元）；（4）交通费酌情支持2000元；（5）住院伙食补助费540元（住院18天×30元/天＝540元）；（6）护理费3600元。根据死者的伤情确定为两人护理，住院18天×100元/天×2人＝3600元；（7）精神损害抚慰金根据当地消费水平确定为40000元；（8）高丙的抚养费82640元。因高丙的抚养人为两人，故其抚养费应确定为2016年度全省城镇居民人均消费性支出20660元/年×8年÷2=82640元；（9）家属处理丧葬事宜的误工费2237元。因高甲、高丙未提供误工依据，酌情确定为按三人五天计算，按2016年四川城镇全部单位就业人员平均工资54425元/年÷365天×5天×3人=2237元。高甲、高丙主张的律师费无法律依据，不予支持。综上，高甲、高丙的损失共计887362.56元。上述赔偿项目，按各方之间的过错责任，分别进行赔偿。

四川省天全县人民法院依照《中华人民共和国侵权责任法》第六条第一款、第十二条、第十六条、第二十二条，《最高人民法院关于审理人身损害赔偿案件适用法律若干问题的解释》第十七条、第十八条第一款、第十九条第一款、第二十条、第二十一条、第二十二条、第二十三条、第二十七条、第二十八条、第二十九条、第三十五条，《最高人民法院关于确定民事侵权精神损害赔偿责任若干问题的解释》第十条规定，判决：

一、由天然气公司于判决生效后十日内赔偿高甲、高丙各项损失共计887362.56元的50%为443681.28元；

二、由××宾馆于判决生效后十日内赔偿高甲、高丙各项损失共计887362.56元的30%为266208.77元，扣除其已垫付的费用264668.1元，其实际还应赔偿高甲、高丙1540.67元；

三、由市政管理中心于判决生效后十日内赔偿高甲、高丙各项损失共计887362.56元的20%为177472.51元；

四、驳回高甲、高丙的其他诉讼请求。

市政管理中心不服，提起上诉。四川省雅安市中级人民法院经审理认为：市政管理中心系根据天全县机构编制委员会2015年9月《关于组建天全县市政管理中心的通知》成立，组建市政管理中心后，不再保留天全县市政公司、天全县园林管理所，其业务范围为“市政工程设施管理维护保障，城市道路给水排水、市政污水处理，管理园林绿地、美化城市环境”。事发小区作为开放的商业步行街，并无充分证据证明作为公共区域的街道下面埋设的排水管道以及化粪池的权属和谁应承担管理维护职责，虽然该小区属“三无小区”，政府的整治方案系为实现居民自治或物业管理，但亦未明确其权属和管理维护的责任主体，市政管理中心作为承担城市道路给水排水、市政污水处理职责的管理者，应具有管理维护职责。故市政管理中心对市政支管的破损口未及时修复和化粪池未及时清理，与其他因素结合，导致泄漏燃气进入505房聚集引发爆炸，应承担相应的责任。原判根据司法鉴定意见就本次事故的原因分析，认定天然气公司承担50%、××宾馆承担30%、市政管理中心承担20%的责任并无不当。故市政管理中心称其无赔偿责任的上诉理由，不能成立。××宾馆未提起上诉，《中华人民共和国民事诉讼法》第一百六十八条规定，第二审人民法院应当对上诉请求的有关事实和适用法律进行审查；《最高人民法院关于适用〈中华人民共和国民事诉讼法〉的解释》第三百二十二条第一款规定，第二审人民法院应当围绕当事人的上诉请求进行审理。因此，××宾馆二审辩称一审判决认定其承担责任系适用法律错误，请求二审进行全面审查的意见，不予支持。

综上，原审判决认定事实清楚，适用法律正确。市政管理中心的上诉理由不能成立，其上诉请求依法应予驳回。四川省雅安市中级人民法院依照《中华人民共和国民事诉讼法》第一百七十条第一款第一项规定，判决如下：

驳回上诉，维持原判。

【法官后语】

本案是一起成因复杂、被告人数众多的共同侵权类案件。从事故成因上看，多个行为人之间并无共同意思联络。在这一类型案件中，重点与难点就是将诸被告责任性质及比例认定、划分清楚。在具体定性划分过程中，要具体分析损害成因，以判断应当承担按份责任还是连带责任。

1. 无意思联络的数人侵权类型区别

无意思联络的数人侵权按照数人行为与损害结果之间不同的因果关系，可划分为共同危险行为、“原因竞合型”的数人侵权行为和“原因并合型”的数人侵权行为。共同危险行为，是指二人以上共同实施有危及他人权利的行为，仅其中一人或数人的行为造成损害后果，但不能确定具体侵权人。共同危险行为的责任承担，能够确定具体侵权人的，由侵权人承担责任，不能确定具体侵权人的，由行为人承担连带责任。如典型的高空抛物致人损害即共同危险行为。因共同危险行为人在实施共同危险行为时，致人损害的概率相当、过失相当，而且共同危险行为责任具有不可分割性，所以对于共同危险行为人应以相等份额对损害后果负责，在等额的基础上实行连带责任。“原因竞合型”的数人侵权行为，是指二人以上分别实施侵权行为造成同一损害，任何一个加害人的单独行为都足以独立造成全部损害后果，其责任承担方式为各行为人承担连带责任。“原因并合型”的数人侵权行为，是指各行为人不存在发生损害后果的意思联络，任何一个加害人的单独行为都不足以单独导致该损害后果，而必须结合在一起共同发挥作用导致该损害后果，或各个加害行为相互结合加强了损害后果，也称为“多因一果”的侵权类型。

“多因一果”侵权责任承担主要依据是《中华人民共和国侵权责任法》第十二条“二人以上分别实施侵权行为造成同一损害，能够确定责任大小的，各自承担相应的责任；难以确定责任大小的，平均承担赔偿责任”的规定。如何区别上述三种无意思联络的数人侵权行为类型，主要从侵权行为与损害后果的因果关系来辨析。在直接结合的共同侵权行为中，数个行为与损害后果存在直接的因果关系，更进一步解释为各行为人的行为均为积极的加害行为，属于此类型的数人侵权行为，构成共同侵权，则承担连带责任。与之不同，间接结合的多个原因行为，这些行为对于损害后果而言并非全部都是直接或必然地导致损害后果的发生，其中某些行为或原因只是为另一行为或原因直接或必然导致损害结果发生创造了一定的条件，而其本身并不会也不可能直接导致损害结果的发生。因此，数行为之间分别构成损害结果的直接原因和间接原因。对于加害后果而言，数个行为又表现为相互继起、各自独立，又互为中介，通常是与损害结果有间接因果关系的行为与其他同损害结果有直接因果关系的行为间接结合共同促成同一损害结果的发生。由此可见，在“多因一果”的侵权类型中各行为对损害结果的原因力比例是可分的。因此该侵权类型中，各行为人应承担按份责任。

2. 本案应当属于“多因一果”侵权行为类型

综观本案案情，主要存在以下因果关系：一是天然气公司管道泄漏，且燃气管道铺设不规范，易形成“通气管沟”；二是埋设的天然气管道与市政支管交叉，市政支管有破损，泄漏的燃气沿“通气管沟”扩散，经市政支管破口进入其他市政主管、市政支管；三是××宾馆违反《建筑给水排水设计规范》，地漏装置未能有效阻止气体进入室内，且未安装排气管，阻碍了气体通路，客观上促使气体聚集在室内无法有效排放；四是事发地的化粪池均无连接井、通气管，部分沼气经市政主管、市政支管窜入受害人的房间。综上，本案的发生，系多种因素间接结合的结果，应认定为“多因一果”侵权行为。

3. “多因一果”的侵权类型中各行为应承担按份责任

《中华人民共和国侵权责任法》《最高人民法院关于审理人身损害赔偿案件适用法律若干问题的解释》等相关法律文件对于无意思联络的数人侵权行为进行了划分，将直接结合的共同侵权行为规定其承担连带责任，而对于间接结合的“多因一果”行为规定其承担按份责任。如何确定责任的大小，主要是考量过错程度或原因力比例。对于过错程度可判断为：重过错、一般过错、轻过错，过错程度的判断一般以注意义务的程度高低来确定。原因力比例的判断原则是：直接原因大于间接原因，主要原因大于次要原因，与损害结果距离近的原因大于距离远的原因。本案中，天然气公司、××宾馆、市政管理中心不存在共同过错，其各自的行为间接结合导致高乙死亡的损害后果，三者对高甲、高丙的合理损失应承担按份责任而非连带责任。依据三者各自的过错程度及对于损害后果的原因力，划分各自责任的份额，由行为人按照自己的份额承担相应赔偿责任。其中，天然气公司为主要过错方应承担主要责任，××宾馆为次要过错方应承担次要责任，市政管理中心的过错程度较轻，应承担较轻责任。

编写人：四川省天全县人民法院　牛燕军

（五）其他

30

共同侵权中受害人与部分侵权人和解后，能否再向其他共同侵权人主张权利

——朱某诉刘某等生命权、健康权、身体权案

【案件基本信息】

1. 裁判书字号

北京市西城区人民法院（2017）京0102民初32271号民事判决书

2. 案由：生命权、健康权、身体权纠纷

3. 当事人

原告：朱某（8岁，学生）

原告法定代理人：朱某某（朱某之父）、孙某（朱某之母）

被告：刘某（8岁，学生）、刘某某（刘某之父）、吴某某（刘某之母）、缪某（6岁，学龄前儿童）、缪某某（缪某之父）、徐某某（缪某之母）

【基本案情】

2016年11月26日18时许，刘某、缪某将朱某按倒在地，对朱某进行殴打，造成朱某受伤。事发后，朱某前往北京儿童医院就诊，诊断为头、腹外伤，处置：头CT未见出血、骨折，腹B超脏器未见明确损伤，神经外科门诊就诊。2016年12月5日，朱某前往北京儿童医院神经外科就诊，诊断为外伤后神经反应症，处置为休息一周，请神经心理会诊。

2017年10月30日，朱某前往北京大学第六医院就诊，记载："精神检查为：意识清晰，定向力完整，接触可，对答切题，语速慢，语量少，诉曾经被2个小朋友打过，自己经常想起这件事情，考试有不会做的题目，大人不让自己做想做的事情的时候会哭泣，行为安静；诊断意见为待诊；处理意见：1. 咨询，2. 嘱定期复查相关化验检查，3. 随诊，4. 完善检查。"

诉讼中，刘某及其父母申请对朱某轻度抑郁与2016年11月26日受伤有无因果关系进行鉴定，鉴定机构经审查后认为，目前医学发展水平较为低下，大部分精神疾病病因不清，予以退案。

2016年11月27日14时许，朱某某、孙某因朱某受伤问题与徐某某及其亲属谢某发生纠纷，后双方互殴，经派出所调解，双方达成协议：一、经双方自行协商，徐某某、谢某和朱某某、孙某双方就互殴事件达成和解；二、双方均不追究对方各项法律责任（刑事、治安、民事）；三、双方均不要求做询问笔录，均不要求看病、均不要求做法医鉴定；四、就朱某被缪某打伤一事，徐某某一次性赔偿朱某某、孙某各项损失费用共计20000元；五、朱某某、孙某不要求徐某某为朱某看病，不要求做法医鉴定；六、此协议为一次性调解，双方不得再因此事发生纠纷。孙某于2016年11月27日向徐某某出具收款凭证，内容为："今收到徐某某赔偿款各项损失费用共计人民币20000元整（贰万圆整）。”

庭审中，朱某父母表示，因双方已经协商解决，故本次诉讼不向缪某及其父母主张任何权利。

【案件焦点】

1. 朱某与缪某及其父母达成了和解协议之后，能否再向其他共同侵权人刘某及其父母主张权利；2. 刘某及其父母能否以朱某已经获得赔偿为由不同意赔偿。

【法院裁判要旨】

北京市西城区人民法院经审理认为：刘某、缪某共同造成朱某受伤，应对朱某的损失承担连带责任，因二人系共同致害人，无法确定责任大小，故各承担50%的赔偿责任，朱某主张刘某承担主要赔偿责任，依据不足。因朱某父母与缪某父母就赔偿问题达成了调解协议，缪某及其父母已经对朱某所受伤害进行了赔偿，朱某亦不再向缪某及其父母主张权利，对此不持异议；刘某以朱某已经得到赔偿为由，要求免除赔偿责任，缺乏法律依据，刘某应按照责任比例承担相应的赔偿责任。

北京市西城区人民法院依照《中华人民共和国侵权责任法》第六条、第八条、第十四条，《最高人民法院关于审理人身损害赔偿案件适用法律若干问题的解释》第十九条、第二十一条、第二十二条、第二十四条，《最高人民法院关于确定民事侵权精神损害赔偿责任若干问题的解释》第八条、第十条规定，判决如下：

一、自本判决生效之日起十日内，刘某、刘某某、吴某某赔偿朱某医药费173元、家长误工费600元、营养费150元、交通费72元、精神损害抚慰金1000元，以上各项损失合计1995元；

二、驳回朱某其他诉讼请求。

【法官后语】

1. 连带责任的诉讼程序问题

本案中，刘某与缪某系共同致害人，两人的共同行为造成朱某受伤，但是朱某在起诉时并未将缪某及其父母作为被告，而仅起诉了刘某及其父母，在这种情况下，是否仍应当追加缪某及其父母为本案的共同被告？

首先，应尊重受害人即权利人的实体及程序法上的处分权，允许受害人请求部分或者全部连带责任人承担连带责任，也可以请求部分或者全部连带责任人承担部分或全部赔偿责任；其次，应向受害人就行使选择权可能造成的法律后果进行释明，适当引导受害人将全部连带责任人追加为被告，在一案中解决，在查明事实的基础上，准确运用实体法律规定，在裁判说理及主文部分对连带责任的对外责任与内部按份责任、追偿权行使条件一并予以明确，尽可能避免增加当事人讼累，节约司法资源，提高司法效率；最后，如果不追加其他侵权人就无法查明案件事实的情况下，为查明案件事实，即使原告及被告双方均不申请，法院亦应当依职权追加其他侵权人为共同被告。

2. 受害人与部分侵权人达成和解协议后，能否再向其他侵权人主张权利

第一，和解，是纠纷当事人双方以平等协商、相互妥协的方式和平解决纠纷，因和解达成的解决纠纷的协议，其性质是契约，根据民法意思自治的原则以及合同相对性的特征，受害人与部分侵权人达成的和解协议虽然基于共同侵权行为而产生，但是应仅在受害人与部分侵权人之间产生法律效力，而不应及于其他侵权人。

第二，根据侵权责任法的规定，连带责任内部具有可分性，连带责任人的责任份额根据各自责任大小确定，难以确定责任大小的，平均承担责任；而在诉讼程序上，受害人也具有选择一部分或全部侵权人承担部分或者全部赔偿责任的权利。因此，在受害人要求部分侵权人承担部分赔偿责任的情况下，部分侵权人可以就自己应承担的部分与受害人达成和解，而非必须就全部的赔偿责任与受害人达成和解。

第三，部分侵权人与受害人仅就部分赔偿责任达成的和解协议，即使超过了部分侵权人所应承担的责任份额，部分侵权人亦不应就超过责任份额的部分向其他侵权人行使追偿权。因为和解协议的效力只能及于当事人双方，而不能及于其他侵权人。

第四，受害人与部分侵权人达成和解协议后，是否会造成受害人重复获得赔偿或者以此获利的后果？一方面，部分侵权人就部分赔偿责任与受害人达成的和解协议，系部分侵权人自愿对受害人进行的赔偿，即使受害人再向其他侵权人主张权利，亦不应认定为受害人获得重复赔偿。另一方面，我国对精神损害赔偿把握标准较严格，受害人较难通过赔偿获得对精神伤害的弥补。就本案而言，虽然受目前科学发展水平所限，无法通过鉴定确定朱某轻度抑郁与本案所受伤害之间的因果关系，但也不能全部排除本次伤害会对轻度抑郁产生影响的可能性。在这种情况下，将缪某母亲徐某某与朱某父母达成的和解协议认定为仅针对部分赔偿责任达成的和

解，并判决刘某及其父母承担其应承担的责任部分，在一定程度上可视为对朱某精神上的一种弥补，同时亦是符合未成年人合法权益最大化原则的处理方式。

编写人：北京市西城区人民法院　程乐

31

好意施惠过程中发生损害，施惠人有过错的应承担赔偿责任

——罗某、高某诉陈某等生命权、健康权、身体权案

【案件基本信息】

1. 裁判书字号

湖南省衡阳县人民法院（2018）湘0421民初926号民事判决书

2. 案由：生命权、健康权、身体权纠纷

3. 当事人

原告：罗某、高某

被告：陈某、贺某、青岛经济技术开发区海尔热水器有限公司（以下简称海尔公司）

【基本案情】

罗小某系罗某、高某之女。陈某与罗小某系同事关系。2016年4月10日，陈某与贺某签订一份租赁合同，约定：贺某将坐落于衡阳县西渡镇新正街某单元104号房租赁给陈某，每月租金900元，如发生安全事故由陈某负责。合同签订后，陈某用400元的价格在西渡镇一商家购买案涉热水器后安装在租住的房屋卫生间内。农历2017年9月，罗小某与其丈夫宁某在陈某的邀请下搬到陈某租赁的房屋内，陈某未收取罗小某夫妻的租金。2018年1月29日凌晨4时45分，陈某发现罗小某在租住房屋的卫生间内洗澡时死亡，陈某即向公安机关报警。衡阳县公安局刑

侦大队派员进行了现场勘验及尸检，结论为：1. 排除机械性损伤致死；2. 排除疾病死亡；3. 解剖检验及病理检验所见符合一氧化碳中毒死亡尸体即内部器官征象；4. 通常人体一氧化碳中毒血液中碳氧血红蛋白饱和度致死量≥50%，罗小某理化检验血液中碳氧血红蛋白饱和度为93.6%，罗小某符合一氧化碳中毒死亡表征。

案涉热水器上没有标明产地、生产厂家、许可证号、生产日期，机身正面印有海尔公司及苹果公司Logo，机身侧面贴有“特别忠告：热水器必须安装在浴室外空气流通的地方，并安装排烟管将烟气排至户外，防止一氧化碳中毒，避免导致人身伤亡”，机身上没有安装排气管。

另，罗小某之夫宁某与罗某、高某签订一份协议书，其明示放弃要求陈某、贺某、海尔公司进行赔偿的权利。

【案件焦点】

1. 本案的责任主体如何确定；2. 罗某、高某的损失如何计算。

【法院裁判要旨】

湖南省衡阳县人民法院经审理认为：本案系一起人身损害赔偿纠纷。虽然罗某、高某放弃了对涉案热水器质量问题的鉴定，但从外观可以看到机身上贴有海尔公司及苹果公司的Logo，没有标识产地、生产厂家、许可证号、生产日期，应认定为质量不合格产品。陈某在租房后自行购买及安装质量不合格的案涉热水器，造成罗小某在使用该热水器时吸入大量一氧化碳而死亡，罗某、高某因本次事故造成的损失应由案涉产品的销售者或者生产者赔偿，因陈某在法院多次询问后仍无法提供销售该热水器的商家，无法核实案涉产品的销售者及生产者，故应由陈某承担本案赔偿责任。罗某、高某未举证证明案涉热水器系海尔公司生产或者安装，应承担举证不能的法律后果，对罗某、高某请求海尔公司承担本案赔偿责任的诉讼请求不予支持。罗某、高某主张罗小某与陈某等人共同租赁贺某的房屋，根据举证责任的分配，主张事实存在的一方承担举证责任，但罗某、高某并未就其主张提供证据证明贺某同意陈某转租或者罗小某向贺某或者陈某支付了房租，故罗某、高某应承担举证不能的法律后果，贺某与罗小某不存在租赁合同关系，贺某不承担本案赔偿责任。陈某提供了不符合质量要求的热水器，造成罗小某在洗澡时一氧化碳中毒死亡，在本次事故中存在过错，陈某应承担本案部分赔偿责任。罗小某在洗澡时未注意自身安全，是造成本次事故的起因，应当减轻陈某的赔偿责任。对于赔偿比例的问题，根据当事人的过错程度核定陈某承担50%的赔偿责任，其余损失由罗某、高某自负。

根据《最高人民法院关于审理人身损害赔偿案件适用法律问题的解释》第十七条、第十八条、第二十二条、第二十七条、第二十八条、第二十九条规定，对因本次事故造成的损失核定如下：1. 罗小某已在城镇居住一年以上，其死亡赔偿金应按城镇居民人均可支配收入计算，罗某、高某请求赔偿625680元，是其真实意思表示，依法应予支持；2. 罗某、高某请求赔偿丧葬费30080元，其请求合理，应予支持；3. 尸体检验费用5000元；4. 被扶养人生活费：罗某计算为23163元/年×15年÷2人=173722元，高某计算为23163元/年×20年÷2人=231630元；5. 罗某、高某请求赔偿精神抚慰金50000元，其请求合理，应予支持；6. 罗某、高某请求赔偿交通费700元，其请求合理，应予支持。

湖南省衡阳县人民法院依照《中华人民共和国侵权责任法》第六条第一款、第十五条第一款第六项、第十九条，《最高人民法院关于审理人身损害赔偿案件适用法律问题的解释》第十七条第一款、第三款、第十八条、第二十二条、第二十七条、第二十八条、第二十九条规定，作出如下判决：

一、罗某、高某因本次事故造成的损失1116812元，由陈某赔偿50%即558406元，其余损失由罗某、高某自负。上述款项限陈某在本判决生效后三十日内付清；

二、驳回罗某、高某对贺某、海尔公司的诉讼请求。

【法官后语】

陈某邀请罗小某无偿入住自己承租的房屋并提供生活家电的行为，属于好意施惠行为。所谓好意施惠行为，是指当事人之间无意设定法律上的权利义务关系，而由当事人一方基于良好的道德风尚实施的使另一方受恩惠的行为。好意施惠行为本质上是一种情谊行为。与法律行为不同，好意施惠行为是基于一定的意思而表示在外的行为，但行为人不具有发生一定私法上效果的意思。好意施惠关系与合同关系的主要区别在于是否负有法定或者约定的义务。据此，陈某的行为应界定为好意施惠行为。

关于陈某的行为与罗小某的死亡之间是否存在因果关系，笔者认为，判断行为与损害后果之间是否具有因果关系，应采取相当因果关系标准。即无此行为，虽不必产生此种损害，但是有此行为，通常足以产生此种损害时，即有因果关系；无此行为，必不生此种损害，有此行为，通常也不生此种损害，即无因果关系。本案中，基于法律明令禁止生产、销售不符合安全标准的产品，陈某购买并安装质量不合格的案涉热水器行为给入住房屋并可能使用该产品的人造成了危险，罗小某接受陈某的好意施惠而入住并使用房屋内的案涉热水器，因使用该热水器时吸入大量一氧化碳而死亡，罗小某的死亡是陈某在实施好意施惠行为过程中发生的，故陈某的行为与罗小某的死亡之间存在相当因果关系，陈某应基于过错责任原则承担赔偿责任。

民法上的过失是指行为人对应负注意义务的疏忽和懈怠。判断过失（过错）程度主要是考量行为人的注意义务。民法理论上将注意义务分为三个层次：一是普通人的注意义务。该注意义务以一般人在通常情况下是否能够注意为标准，一般人难以注意而没有注意不能认定行为人存在过失；一般人能够注意而没有注意，行为人即存在过失，且为重大过失。二是与处理自己事务为同一的注意义务。该注意义务以行为人处理自己事务所用的注意程度为标准，要求行为人在行为过程中要尽到与处理自己的事务一样的注意义务，违反该注意义务称具体轻过失，也即一般过失。三是善良管理人的注意义务。该注意义务不以行为人的主观意志为标准，而是以客观上应否做到某一程度为标准，是特定人依其特定职业的要求所应负的注意义务，违反该注意义务为抽象轻过失，也即轻微过失。笔者认为，本案所涉事务系日常生活中的一般事务，应适用第一层次即普通人的注意义务标准。而根据该标准，一般人在通常情况下应注意到使用不合格家电可能发生人身伤亡的危险，陈某未尽到一般人的注意义务，存在重大过失，应对好意施惠过程中发生的损害承担赔偿责任。

编写人：湖南省衡阳县人民法院　王娟

32

数监护人均未尽监护义务的，对被监护人所致他人损害应共同承担赔偿责任

——王某诉吕某等生命权、健康权、身体权案

【案件基本信息】

1. 裁判书字号

浙江省台州市中级人民法院（2018）浙10民终1144号民事判决书

2. 案由：生命权、健康权、身体权纠纷

3. 当事人

原告（被上诉人）：王某

被告（上诉人）：吕某、吕某金、吕某木、吕某水、吕某火、吕某土

【基本案情】

吕某1984年起两次入狱，自1999年出狱后一直单身，无子女。2006年4月11日7时许，吕某在临海市东塍镇坦头村持用木棍将同村人吕甲、吕乙打死，当天被抓获。因家属、同村人反映其4月初以来精神异常，为确定其有无精神疾病及刑事责任能力，临海市公安局于2006年4月19日委托浙江省立同德医院进行精神病司法鉴定。4月26日，该医院鉴定结论为："被鉴定人吕某作案时患分裂样精神病，无刑事责任能力。建议强制治疗。"被害人家属对鉴定结论不认可，临海市公安局于4月27日委托浙江省精神病鉴定委员会复鉴，6月12日，该委员会鉴定结论为："被鉴定人吕某作案时患有精神分裂症，无刑事责任能力。"2007年7月10日，临海市公安局依法作出撤销案件决定书。吕某现于杭州市安康医院接受强制治疗。

吕某的父母在2006年4月案发前已亡故，吕某金、吕某木、吕某水、吕某火、吕某土与吕某系兄弟姐妹关系。受害人吕甲无配偶、无子女，其父于2008年亡故，

王某系其母亲。2017 年 9 月，王某诉至法院，要求六被告赔偿丧葬费、死亡赔偿金、交通费、精神损失费、处理丧葬费人员误工费、被扶养人生活费合计 555932.38 元。

【案件焦点】

1. 赔偿责任主体，即哪些人应当承担赔偿责任；2. 监护人应承担怎样的赔偿责任；3. 王某的请求是否超过诉讼时效。

【法院裁判要旨】

浙江省临海市人民法院经审理认为：吕某为无刑事责任能力的精神病人，显然其不属于完全民事行为能力人，应当受到监护人的监护。无民事行为能力人、限制民事行为能力人造成他人损害的，由监护人承担民事责任。有财产的无民事行为能力人、限制民事行为能力人造成他人损害的，从本人财产中支付赔偿费用。不足部分，由监护人赔偿。因此，吕某造成他人的人身损害应当由具有监护义务的吕某金、吕某木、吕某水、吕某火、吕某土承担民事责任，赔偿费用可先由吕某的财产支付。受害人遭受人身损害，包括丧葬费、死亡赔偿金、交通费、精神损失费、被扶养人生活费，赔偿义务人应当予以赔偿。

浙江省临海市人民法院依照《中华人民共和国民法通则》第十七条，《中华人民共和国民法总则》第二十八条，《中华人民共和国侵权责任法》第六条、第十六条、第二十二条、第三十二条，《最高人民法院关于审理人身损害赔偿案件适用法律若干问题的解释》第十七条、第十八条、第二十二条、第二十七条、第二十八条，《最高人民法院关于确定民事侵权精神损害赔偿责任若干问题的解释》第十条，《中华人民共和国民事诉讼法》第一百四十四条规定，作出如下判决：

一、吕某金、吕某木、吕某水、吕某火、吕某土于本判决生效之日起十日内赔偿王某丧葬费、死亡赔偿金、交通费、精神损害抚慰金、被扶养人生活费等损失合计 491260 元；

二、驳回王某的其他诉讼请求。

吕某金、吕某木、吕某水、吕某火、吕某土（以下简称五上诉人）不服一审判决，提起上诉。浙江省台州市中级人民法院经审理认为：《中华人民共和国民法总则》第二十八条规定，无民事行为能力或者限制民事行为能力的成年人，由下列有监护能力的人按顺序担任监护人：（一）配偶；（二）父母、子女；（三）其他近亲属；（四）其他愿意担任监护人的个人或者组织，但是须经被监护人住所地的居民委员会、村民委员会或者民政部门同意。第三十条规定，依法具有监护资格的人之间可以协议确定监护人。第三十一条第一款规定，对监护人的确定有争议的，由被监护人住所地的居民委员会、村民委员会或者民政部门指定监护人，有关当事人对指定不服的，可以向人民法院申请指定监护人；有关当事人也可以直接向人民法院申请指定监护人。事发时，吕某父母均已亡故，亦无配偶子女，其患精神疾病丧失行为能力时，基于上述条文规定，五上诉人作为其兄弟姐妹，均系第一顺序的有监护能力的人，具备监护人资格。但五上诉人并未及时协议确定监护人，亦未有证据证明尽到了监护义务，致使发生吕某损害他人民事权益的后果，因此原审判决认定五上诉人为赔偿责任人，符合法律规定。王某的损失应由吕某的财产先予赔偿，不足部分由五上诉人予以赔偿。讼争房屋不能证明系吕某个人财产，一审判项中未明确由吕某个人财产先予赔偿，并无不当。虽然王某起诉距离其儿子被吕某打死已有十多年，但是其一直在向有关部门反映要求对吕某进行刑事处罚，本案没有证据证明王某已经放弃主张民事赔偿的权利，故对超过诉讼时效的上诉主张不予采纳。

浙江省台州市中级人民法院依照《中华人民共和国民事诉讼法》第一百七十条第一款第一项规定，作出如下判决：

驳回上诉，维持原判。

【法官后语】

本案是一起典型的无民事行为能力人致人伤害的案件。这种致人伤害的赔偿责任，应依法由其监护人承担。本案涉及的主要问题是谁应当承担赔偿责任？监护人应承担怎样的赔偿责任？

《中华人民共和国民法通则》第十七条规定，无民事行为能力或者限制民事行为能力的精神病人，由下列人员担任监护人：（一）配偶；（二）父母；（三）成年子女；（四）其他近亲属；（五）关系密切的其他亲属、朋友愿意承担监护责任，经精神病人的所在单位或者住所地的居民委员会、村民委员会同意的。2017年10月1日起施行的《中华人民共和国民法总则》第二十八条规定，担任无民事行为能力或者限制民事行为能力的成年人的监护人顺序是：（一）配偶；（二）父母、子女；（三）其他近亲属；（四）其他愿意担任监护人的个人或者组织。监护人的监护职责包括三方面内容：一是照顾被监护人的生活和保护被监护人的身体健康；二是管理和保护被监护人的财产，代理其进行民事活动，对被监护人进行管理和教育；三是在被监护人合法权益受到侵害或者与人发生争议时，代理其进行诉讼。

监护人可以是一人，也可以是同一顺序中的数人。《最高人民法院关于贯彻执行〈中华人民共和国民法通则〉若干问题的意见（试行）》第十五条规定："有监护资格的人之间协议确定监护人的，应当由协议确定的监护人对被监护人承担监护责任。"《中华人民共和国民法总则》第三十条规定："依法具有监护资格的人之间可以协议确定监护人。协议确定监护人应当尊重被监护人的真实意愿。"立法的目的在于使有监护资格的人之间通过协商尽快确定监护人，避免争夺监护权或者相互推诿。本案中，行为人吕某系无民事行为能力的精神病患者，无配偶，父母已亡故，无子女，没有前一顺序的法定监护人，作为兄弟姐妹的吕某金、吕某木、吕某水、吕某火、吕某土就成为吕某的法定监护人，应当履行监护责任。吕某金、吕某木、吕某水、吕某火、吕某土作为吕某的兄弟姐妹，均系同一顺序的有监护能力的人，都具备监护人资格，五人明知吕某精神异常，未及时协议确定监护人，对其生活不管不问，亦没有证据证明尽到了监护义务，完全没有履行监护职责，致使发生吕某损害他人人身权益的后果，所造成的经济损失应当由各监护人共同承担赔偿责任。

在具体承担赔偿责任时，《中华人民共和国民法通则》和《中华人民共和国侵权责任法》都规定，有财产的无民事行为能力人、限制民事行为能力人造成他人损害的，从本人财产中支付赔偿费用。不足部分，由监护人适当赔偿。法律规定被监护人承担责任以其拥有的财产为限，监护人承担补充责任，既可以避免被监护人无力赔偿被侵权人，又尽量避免被监护人承担过重的债务。吕某长期隔离治疗，没有财产，确无实际赔偿能力，吕某金、吕某木、吕某水、吕某火、吕某土等也没有举证证明吕某本人有财产可以支付赔偿费用，应当直接承担赔偿责任。

无民事行为能力人和限制民事行为能力人造成他人损害的，由监护人承担民事责任，是由监护人的职责所决定的，这是法定责任，而不是道德义务。由于大多数监护人与被监护人有血缘等密切关系，监护人有责任通过教育、管理等方式来减少或者避免被监护人侵权行为的发生。如果监护人能够证明其尽到了监护责任，可以减轻其侵权责任，而不能免除责任。综上所述，吕某侵害他人生命权、健康权、身体权，虽因无刑事责任能力而依法不承担刑事责任，但监护人应当依法承担民事责任，判决认定监护人为赔偿责任人，共同承担赔偿责任，符合法律规定。

编写人：浙江省临海市人民法院　傅煊

33

无建筑资质承包工程后发生安全事故，发包人、承包人、分包人均应担责

——廖某花等诉陈某友等生命权、健康权、身份权案

【案件基本信息】

1. 裁判书字号

广东省广州市中级人民法院（2019）粤01民终938号民事判决书

2. 案由：生命权、健康权、身体权纠纷

3. 当事人

原告（上诉人）：廖某花、陈某平、陈某月

被告（被上诉人）：陈某友、柯某满、周某炎、周某潜、廖某潮、柯某汉

【基本案情】

2016年9月1日，周某炎、周某潜（甲方）与廖某潮（乙方）签订《合作建房协议书》，约定甲方以广州市白云区永兴和兴街一块宅基地使用证为合作条件，乙方负责建房全部资金，施工期间，如果本大楼出现任何安全事故由乙方负责，与甲方无关等。其后二人将涉案工程发包给柯某满，柯某满又将涉案工程分包给陈某友等人。陈某生受陈某友雇用提供劳务。陈某友、柯某满均无建筑资质。2017年10月19日16时许，陈某生在涉案工地一、二楼间的楼梯平台贴瓷砖时，不慎摔倒至一楼受伤，经治疗无效于12月10日死亡。廖某花（陈某生的妻子）、陈某平

(陈某生的儿子)、陈某月(陈某生的女儿)遂向法院提起诉讼,请求判令陈某友赔偿其死亡赔偿金、丧葬费、精神抚慰金、医疗费、误工费、住院伙食补助费、营养费等费用,共计1278263.99元,柯某满、周某炎、廖某潮、周某潜承担连带赔偿责任。

【案件焦点】

1. 陈某生、陈某友、柯某满之间是何关系,陈某生受谁雇用提供劳务;2. 各方当事人如何承担责任。

【法院裁判要旨】

广东省广州市白云区人民法院经审理认为:柯某满是涉案工程的承包人,负责发放工人工资,陈某友系二级包工头,实为分包人,是陈某生的雇主,陈某生在从事劳务活动中受伤。陈某友作为陈某生的雇主,没有建筑资质从事房屋建筑,未采取安全措施,对于陈某生受到的损害应根据其过错承担赔偿责任,周某炎、廖某潮、周某潜是发包人,将建筑工程发包给没有建筑资质的个人建设,柯某满是涉案工程的承包人,均应承担连带责任。陈某生作为提供劳务一方,对作业客观存在的危险认识不足,对周围环境潜在的危险认识不足,疏于自身安全保护,对自身损害发生存在一定过错,据此应减轻陈某友、柯某满、周某炎、廖某潮、周某潜的赔偿责任。陈某友、陈某生的责任比例以6:4为宜,即陈某友应赔偿廖某花、陈某平、陈某月经济损失的60%,柯某满、周某炎、廖某潮、周某潜承担连带责任。

廖某花、陈某平、陈某月的损失共计1212282.74元,60%即727369.64元,加上精神损害抚慰金60000元,共计应赔偿787369.64元,扣除周某炎、廖某潮已支付的173088.4元及陈某友已支付的5000元,陈某友、柯某满、周某炎、廖某潮、周某潜实际应赔偿609281.24元。现有证据不能证实柯某汉是涉案工程的承包人,对廖某花、陈某平、陈某月主张柯某汉承担赔偿责任的请求,不予支持。

广东省广州市白云区人民法院判决如下:

一、本判决生效之日起五日内,陈某友赔偿廖某花、陈某平、陈某月死亡赔偿金、丧葬费、医疗费、误工费、住院伙食补助费、营养费、护理费、交通费、精神损害抚慰金,共计609281.24元;

二、柯某满、周某炎、廖某潮、周某潜对上述第一项判决承担连带赔偿责任;

三、驳回廖某花、陈某平、陈某月的其他诉讼请求。

廖某花、陈某平、陈某月不服，提起上诉。广东省广州市中级人民法院经审理认为：《中华人民共和国侵权责任法》第三十五条规定，个人之间形成劳务关系，提供劳务一方因劳务造成他人损害的，由接受劳务一方承担侵权责任。提供劳务一方因劳务自己受到损害的，根据双方各自的过错承担相应的责任。现陈某生在为陈某友提供劳务过程中受伤最终导致死亡，陈某友作为雇主，没有相应的建筑资质却承包涉案工程，也未向陈某生提供安全保障措施，对此陈某友应承担主要责任。而陈某生作为劳务提供者，在提供劳务的过程中，未尽到谨慎工作和注意安全的义务，致使自身受伤，最终经治疗无效死亡，其对此亦应当承担相应的责任。综合本案事实和各方当事人的过错，一审法院认定陈某生应承担40%的责任过高，二审法院对此调整为20%，陈某友对此应承担80%的责任。

《最高人民法院关于审理人身损害赔偿案件适用法律若干问题的解释》第十一条第二款规定："雇员在从事雇佣活动中因安全生产事故遭受人身损害，发包人、分包人知道或者应当知道接受发包或者分包业务的雇主没有相应资质或者安全生产条件的，应当与雇主承担连带赔偿责任。"周某炎、周某潜、廖某潮在将涉案工程发包给没有建筑资质的柯某满后，柯某满又将工程分包给没有建筑资质的陈某友，周某炎、周某潜、廖某潮与柯某满均应当对此承担连带赔偿责任。

综上所述，廖某花、陈某平、陈某月的部分上诉理由成立，对其上诉理由成立的部分，予以支持。原审判决认定事实基本清楚，但对当事人之间过错责任的比例认定不当，依法予以调整。广东省广州市中级人民法院依照《最高人民法院关于审理人身损害赔偿案件适用法律若干问题的解释》第十一条第二款、《中华人民共和国民事诉讼法》第一百七十条第一款第二项规定，判决如下：

一、维持广州市白云区人民法院（2018）粤0111民初3007号民事判决的第二项、第三项；

二、变更广州市白云区人民法院（2018）粤0111民初3007号民事判决的第一项为：自本判决生效之日起五日内，陈某友赔偿廖某花、陈某平、陈某月死亡赔偿金、丧葬费、医疗费、误工费、住院伙食补助费、营养费、护理费、交通费、精神损害抚慰金，共计851737.79元。

【法官后语】

《最高人民法院关于审理建设工程施工合同纠纷案件适用法律问题的解释》第一条规定，承包人未取得建筑施工企业资质或者超越资质等级的，没有资质的实际施工人借用有资质的建筑施工企业名义的，建设工程必须进行招标而未招标或者中标无效的，应当根据合同法第五十二条第五项的规定，认定无效，但同时第二条规定，建设工程施工合同无效，但建设工程经竣工验收合格，承包人请求参照合同约定支付工程价款的，应予支持。该规定在建设行业兴起、获得资质证书者供不应求的社会背景下，很大程度上有利于经济发展，对解决就业、促进基础设施进步等方面起到了不可估量的作用。但是不得不说，它实际上也为无证无资质者涌入建设工程行业敞开了巨大的口子，间接催生了“民间手艺人”队伍。“民间手艺人”队伍素质越来越跟不上当前建设行业的设计、质量和安全要求，其引起的矛盾纠纷正愈发明显地成为社会治理的难点和重点，也成为法院审理建设工程类案件的棘手点。同时，“民间手艺人”不注重合同效力的习惯，是对合同法第五十二条的直接冲击。

“民间手艺人”一般承建规模较小的建筑，发包方、承包方和实际施工方之间往往没有书面文件约定权利义务，而是基于口头协定或者交易习惯调整各方的关系，极易造成权利义务关系与责任主体不明确，管理混乱，以至于“有理说不清”，法院在查明案件事实、认定合同关系及划分责任比例过程中难度也随之加大，增加同案不同判的情况。

就本案而言，承包人、分包人和实际施工人之间分工和管理关系纷繁复杂且较为混乱，承包人将部分工程交由他人建造时极易形成分包关系和雇佣关系认定的分水岭。证人证言及当事人的陈述不能成为认定法律关系的首要依据，因其主观性特征反而可能使得上述关系的认定显得扑朔迷离。合议庭通过梳理证据，将工资支付方式作为认定各方相互关系的突破口，发现转账流水、公安机关调查材料、证人证言、当事人陈述等证据能与之相互印证，形成证据链，最终以高度盖然性的证明标准认定发包人与承包人、承包人与分包人、雇主与雇员之间的关系。由此依照《最高人民法院关于审理人身损害赔偿案件适用法律若干问题的解释》第十一条第二款划分责任，认定发包人、承包人、分包人均承担赔偿责任，整个案件瞬间变得清晰明了，说理有据可寻。二审法院对一审认定的事实和法律适用均予以认可，将发包人、承包人、分包人的责任比例调高，成为此类案件审判中责任比例划分的风向标。

就本案的社会效果而言，一方面，它告诫发包人在发包时须审慎审查承包人的资质，以控制自己将来可能面临的风险；另一方面，也警醒承包人、实际施工人等要充分重视安全施工，时刻牢记安全第一，要“站着把钱挣了”。同时，本案也引起我们思考：就民生角度而言，探索建立适于“民间手艺人”生存发展的资质等级和从业限定等规则，将“民间手艺人”的从业活动纳入行业、税收、劳动人事等监管范围，监管和保护双管齐下，从源头上防止矛盾的产生和激化，不失为一条可行的方案。

编写人：广东省广州市白云区人民法院　张昕　文豪

34

侵权责任与行政责任证明标准的差异

——刘某某诉张某某生命权、健康权、身体权案

【案件基本信息】

1. 裁判书字号

北京市第二中级人民法院（2018）京02民终10062号民事判决书

2. 案由：生命权、健康权、身体权纠纷

3. 当事人

原告（被上诉人）：刘某某

被告（上诉人）：张某某

【基本案情】

2016年6月19日7时40分许，刘某某与张某某在某小区内相遇，因平素有矛盾，双方发生口角，后刘某某被张某某推倒受伤。刘某某报警后，被大红门派出所民警送至医院治疗，并住院12天，经诊断为：多处软组织挫伤伴皮擦伤，头外伤

后神经症反应，左眼球顿挫伤，左眼睑皮下瘀血，左眼视网膜震荡。出院医嘱为：建议全休两周，随诊，住院期间需护理人员一名。刘某某支出救护车费、医药费等共计12113.92元，支付住院期间的护理费1170元。北京市丰台区公安司法鉴定中心于2016年8月22日对刘某某伤情进行鉴定，结论是刘某某身体所受损伤为轻微伤。刘某某提交海洋国际旅行社有限责任公司国内旅游合同及收费收据，证明其因住院导致其已付费249元的团队境内旅游未能参加成行。

2016年9月13日，北京市公安局丰台分局大红门派出所作出不予行政处罚决定书，认定没有证据证明张某某的行为违反《中华人民共和国治安管理处罚法》第四十三条殴打他人，决定不予行政处罚。刘某某不服，申请行政复议，北京市丰台区政府作出对不予处罚决定书予以维持的复议决定。刘某某不服复议结果，向法院提起行政诉讼，要求法院撤销被诉不予处罚决定书及撤销被诉复议决定书、责令大红门派出所对张某某进行处罚，后经法院终审判决驳回刘某某的诉讼请求。

【案件焦点】

民事诉讼中能否以派出所出具的不予治安处罚决定中认定的事实为依据，直接认定侵权人不承担侵权责任。

【法院裁判要旨】

北京市丰台区人民法院经审理认为：自然人的生命权、身体权、健康权依法受保护。因侵权行为导致自然人身体健康受损的侵害结果，应依法承担相应侵权责任。侵权人因同一行为应当承担行政责任或者刑事责任的，不影响依法承担侵权责任。根据某小区监控显示，张某某有明显的推搡等连续动作，该行为明显存在导致刘某某倒地受伤的可能。且刘某某在被张某某推搡、猛推后立即报警，民警拨打120将其送往右安门医院进行救治，中间并未发生新的致损事件。从医院诊断结果看，包括多处软组织挫伤擦伤、头外伤后神经症反应、左眼球顿挫伤等均系外伤。以上事实形成了刘某某受伤的一个完整的证据链，据此推断刘某某受伤结果显系因张某某的推搡、猛推等行为所导致。张某某侵权行为成立，应承担相应民事赔偿责任。

张某某辩称本案已由公安机关处理，其无责任。丰台区大红门派出所作出的“没有证据证明张某某的行为有违反《中华人民共和国治安管理处罚法》第四十三条殴打他人……对张某某不予处罚”这一结果，已由生效行政判决书予以确认。大红门派出所作出的该处罚决定系针对张某某涉嫌违反治安管理行为的处理结果，并不影响刘某某向张某某主张身体权、健康权的民事权利。大红门派出所关于现有证据不能证明张某某有殴打刘某某的行为的认定，系对张某某有证据佐证的行为是否违反《中华人民共和国治安管理处罚法》第四十三条“殴打他人”这一法定事由的认定，不影响对有其他证据佐证的侵权行为是否导致侵害结果，并应承担相应侵权责任的认定。故张某某的辩称无事实依据，不予采纳。张某某主张刘某某眼睛上的伤在当天之前就有，但未就此予以举证，对此不予采信。综上，刘某某关于医药费、住院伙食补助费、营养费、护理费的主张，证据充分，对其中合理部分予以支持。医疗费依据实际发生的费用计算，住院伙食补助费、营养费均酌定给付500元；交通费考虑看病的次数酌定给付100元；护理费依据实际发生的费用计算；关于刘某某主张旅游费用损失及衣物损失，证据不足，难以支持；关于精神损害抚慰金，无相应法律依据，不予支持。

据此，一审法院判决：

一、张某某于判决生效后七日内赔偿刘某某医药费12113.92元、护理费1170元、交通费100元、住院伙食补助费500元、营养费500元，合计14383.92元；

二、驳回刘某某的其他诉讼请求。

张某某不服一审判决，向北京市第二中级人民法院提起上诉，二审法院经审理同意一审法院裁判意见。北京市第二中级人民法院依照《中华人民共和国民事诉讼法》第一百七十条第一款第一项规定，判决如下：

驳回上诉，维持原判。

【法官后语】

本案争议问题在于民事诉讼中能否以派出所出具的不予治安处罚决定中认定的事实为依据，直接认定侵权人不承担侵权责任。对此，应当从行政诉讼（含行政处罚，下同）与民事诉讼证据证明标准差异方面开展分析。

证明标准，是指经过依法举证、调取证据、质证和认证程序，作为定案根据的证据能够使法官或办案人员相信案件真实存在或成立的证明程度。遵循和确定何种证明标准，既关系到当事人举证、质证义务的确定，也关系到案件事实认定的可靠性和可信度。由于刑事诉讼、民事诉讼、行政诉讼的性质和被告所承担的法律责任及法律后果不同，不同诉讼所遵循的证明标准也不同。按照目前通说观点，我国刑事诉讼所采用的标准一般认为是“排除合理怀疑”的证明标准，这是证明程度最高的证明标准；民事诉讼证据采用具备“高度盖然性”的优势证明标准；就行政诉讼或行政处罚证明标准而言，由于具体行政行为具有多样性，行政案件证明标准因具体行政行为性质的不同而不一。具体而言，行政案件证明标准取决于被诉具体行政行为对当事人权利影响的大小，对涉及限制人身自由、罚款金额较大等对当事人人身、财产权益影响较大的行政案件，如拘留、责令停产停业或吊销执照等具体行政行为，可参照适用刑事诉讼严格证明标准；一般财产权或人身权争议的行政裁决案件，在性质上属于经过行政机关处理的平等主体之间的民事案件，应当适用通行的民事案件证明标准。

治安管理处罚作为传统的行政管理模式，本质在于解决治安问题、维护社会秩序，是社会治理手段之一。本案中若侵权人张某某故意伤害行为成立，按照《中华人民共和国治安管理处罚法》第四十三条规定，最轻亦要处以五日以下拘留或五百元以下罚款。本着对因民间纠纷引起的打架行为从宽把握的原则，同时考虑到治安处罚可能影响当事人人身自由的结果，大红门派出所在行政处罚中采纳了接近刑事诉讼的“排除合理怀疑”证明标准，本案视频证据能看到张某某紧跟在刘某某身后有急走推搡等动作，该系列动作有导致刘某某摔倒受伤的可能性，但证据尚未达到确实、充分，能够达到排除被侵权人是自己摔倒致伤的合理怀疑，使办案人员形成内心确信的证明标准程度，故派出所并未认定张某某承担治安管理处罚责任。与治安管理处罚责任的认定不同，侵权责任的认定采用的是相对行政处罚标准要求相对较低的“优势证明标准”，即双方当事人提供的证据的证明效力相比较，一方当事人提供的证据证明效力具有较大优势，且该优势足以使法官相信案件真实存在或更具存在的可能性即可。本案中，刘某某提供的视频证据虽未达到“排除合理怀疑”程度，但在张某某无合法有效的抗辩证据的前提下，法官运用逻辑推理和日常生活经验，能够确信待证事实存在具有高度可能性，故本案依法对侵权事实予以认定，并按照实际损失认定张某某的侵权责任，张某某以派出所认定事实作为侵权责任抗辩理由不成立。

编写人：北京市丰台区人民法院　毕凯丽

35

帮工关系的认定

——张甲、胡甲诉金某生命权案

【案件基本信息】

1. 裁判书字号

浙江省绍兴市中级人民法院（2018）浙06民终4353号民事判决书

2. 案由：生命权纠纷

3. 当事人

原告（被上诉人）：张甲、胡甲

被告（上诉人）：金某

【基本案情】

张甲和胡甲分别系张乙之父母，金某系张甲之外甥、张乙之表兄。2015年8月8日，金某入住新房。8月9日傍晚，在金某新房附带的车库内，张乙在帮金某接电线的过程中不慎触电，经诸暨市人民医院江东分院抢救无效死亡。金某支付了抢救费2900元。该纠纷经诸暨市陈宅镇绿化村人民调解委员会调解不成，金某在调解过程中支付了50000元。2017年5月，张甲、胡甲提起诉讼。

张甲、胡甲自认张乙的丧事由金某办理，丧葬费用也由金某支付，但具体费用不清楚。该过程中的人情往来由张甲、胡甲收取。而金某认为，其办理了张乙的丧事，共支出费用71314.20元。因金某对支出的费用未提供充分证据证实，故根据法律规定将丧葬费金额确定为30549元。

【案件焦点】

张乙和金某之间的法律关系如何定性。

【法院裁判要旨】

浙江省诸暨市人民法院经审理认为：首先，张乙系在金某的车库内触电死亡，按照金某及证人陈述，张乙当时在箱子里翻来翻去，未参与接线，但依照常理，仅仅在箱子里翻来翻去，是不可能触电的。张乙触电身亡，说明其接触了电源，应是在接线过程中触电。其次，证人陈述张乙也曾经跟着金某出去干活，证人曾听张甲说起张乙经常去接线，因为在发生事故之前张甲也不可能预料到张乙会触电身亡，故张甲该陈述有其真实性，说明张乙平时做过接线。再次，事故发生在金某居住新房的次日，两证人均陈述金某叫他们于该日来吃饭，而此时车库里还有线路没有接好，两人就帮助金某接线，并未收取报酬，由此可以推定张乙当时也只是在帮忙接线，这也符合本地生活常理和风俗。最后，事故发生在金某当时未整理装修完毕的车库，并非金某的营业场地，且发生时间也系金某居住新屋次日，并非营业时间。综合以上几点可见，张乙在车库里作为帮工为金某接线，在此过程中触电身亡的事实具有高度盖然性。故双方之间可认定为帮工关系。

帮工人因帮工活动遭受人身损害的，被帮工人应当承担赔偿责任。被帮工人明确拒绝帮工的，不承担赔偿责任；但可以在受益范围内予以适当补偿。张乙在从事帮工活动时受伤死亡，金某作为被帮工人依法应承担赔偿责任。但是张乙系成年人，在帮工时自身亦未尽安全注意义务，导致触电身亡，其自身对损害后果的发生有一定的过错，应自负部分责任。结合本案实际，酌定由张甲、胡甲对各项损失自负25%的责任，金某承担75%的责任。综上，张甲、胡甲可列入赔偿范围的损失有医疗费、死亡赔偿金、丧葬费、精神损害抚慰金、处理事故误工费、交通费，以上合计586569元。金某应赔偿75%计439926.75元，其已经赔偿83449元，尚应赔偿356477.75元。张甲、胡甲主张张乙系在受金某雇用从事雇佣活动时身亡，依据不足，不予采信。金某辩称张乙并不受其雇用，不能将其给张乙的生活费认定为工资，鉴于双方法律关系已有认定，对其辩称不予采纳。

浙江省诸暨市人民法院依照《中华人民共和国侵权责任法》第十六条、《最高人民法院关于审理人身损害赔偿案件适用法律若干问题的解释》第十四条第一款规定，判决如下：

一、金某尚应赔偿张甲、胡甲因张乙死亡所致的医疗费、死亡赔偿金、处理事故误工费、交通费、精神损害抚慰金、丧葬费等各项损失合计356477.75元，限本判决生效之日起十五日内付清；

二、驳回张甲、胡甲的其余诉讼请求。

金某不服一审判决，持原审辩称意见提起上诉。浙江省绍兴市中级人民法院认为：关于金某与张乙之间的法律关系问题，可结合涉案事故发生当时的各项因素综合考虑。第一，张乙是在金某的车库触电死亡的；第二，当时车库尚未整修完毕，且证人正在接线，表明张乙有机会接触电线或电源；第三，张乙在技校就学，其所学专业可能涉及接线等内容，证人蔡某亦陈述张乙曾经与其一起接线、打下手等；第四，证人卓某、蔡某均陈述他们当天系给金某帮忙接线，未收取报酬，张乙当时已近成年，其在金某车库帮忙接线具有高度盖然性。综上，一审认定张乙与金某之间系帮工关系，张乙在金某车库帮工接线时触电身亡，具有相应的事实依据，亦符合本案实际。

浙江省绍兴市中级人民法院依照《中华人民共和国民事诉讼法》第一百七十条第一款第一项规定，作出如下判决：

驳回上诉，维持原判。

【法官后语】

义务帮工，顾名思义，是指为他人无偿提供劳务的行为。义务帮工关系，是指帮工人无偿地为被帮工人提供劳务而形成的法律关系。在这一关系中，帮工人向被帮工人提供劳务，不以追求报酬为目的，被帮工人亦无需支付报酬。因此义务帮工是单方行为，具有无偿性。从道德层面讲，帮工活动是助人为乐的情谊行为。

在帮工关系的认定上，帮工人和被帮工人仅就劳务的内容、方式、数量协商达成一致即可，其目的就是帮工人帮助被帮工人完成工作。其具有无偿性，不涉及报酬问题，否则将改变双方关系的性质。故，尽管被帮工人通常以实物向帮工人表达感谢，但由于这是被帮工人自愿的、并未提前与帮工人协商一致的行为，即使帮工人接受，也不能认定为给付报酬，应视为一种答谢之礼，是以实物具象形式表达的一种感谢，是善良风俗的体现和传统美德的要求。由于帮工关系和雇佣关系在一方按照对方的指示提供劳务、接受劳务一方获得实际利益等方面相似，实践中很易混淆。本案中，受害方即基于雇佣关系提出诉求。但是，除雇佣关系是有偿合同外，从双方的地位角度看，帮工关系中，帮工人和被帮工人双方地位平等，不存在职务上的隶属关系，被帮工人对于帮工人的指挥系基于完成工作需要，而非上下级的职务监督的需要。而雇佣关系中，雇员在一定程度上受雇主监督、管理和支配，两者之间存在着一定的人身依附关系。故帮工关系有别于雇佣关系。本案双方关系及案发时间地点均比较特殊，且张乙已故，张甲、胡甲和金某均未能提供充分证据来证实张乙为金某接线系基于何种法律关系，故只能结合双方提供的证据、双方庭审陈述以及本地的风俗习惯、人情常理来分析，综合认定当日张乙应系和证人一起在涉案车库为金某接线过程中触电身亡，考虑到当时和张乙在一起接线的证人也未向金某收取报酬，且事发时车库尚未整修完毕，并非营业场地，事发时也非营业时间，双方又系亲戚关系，故认定张乙系为金某从事帮工活动。

关于义务帮工损害的责任，现行法律和司法解释基于义务帮工的无偿性、情谊性，充分考虑了我国的经济发展条件、民族文化传统，将其作为特殊侵权予以规范。《最高人民法院关于审理人身损害赔偿案件适用法律若干问题的解释》第十四条规定，帮工人在帮工活动中遭受人身损害时，被帮工人承担无过错责任，即只要帮工人系因从事帮工活动受到人身损害，被帮工人就应当承担赔偿责任，不考虑被帮工人有无过错。但是被帮工人明确拒绝帮工的，不承担赔偿责任，可以在受益范围内予以适当补偿；帮工人因第三人侵权遭受人身损害的，由第三人承担赔偿责任。第三人不能确定或者没有赔偿能力的，可以由被帮工人予以适当补偿。即在被帮工人拒绝帮工或者第三人造成损害且不能确定或者没有赔偿能力的，从公平的角度，作为受益的被帮工人可能承担适当的补偿责任。同时，与其他无过错责任侵权相同，义务帮工责任也应适用过失相抵原则。本案中，认定受害人在从事接电这一高危作业中，未能尽到注意义务，存在过失，导致自身受损，应承担部分责任。故判决金某承担75%的赔偿责任。

编写人：浙江省诸暨市人民法院　赵琴

36

小学生相互嬉戏致一方受到伤害，双方均无过错的可适用公平原则分担损失

——陆某诉林小某等健康权案

【案件基本信息】

1. 裁判书字号

福建省宁德市中级人民法院（2018）闽09民终1972号民事判决书

2. 案由：健康权纠纷

3. 当事人

原告（被上诉人）：陆某

被告（上诉人）：张大某

被告：张小某、林小某、林大某

【基本案情】

陆某、林小某、张小某系某小学学生。林大某是林小某的法定代理人，张大某是张小某的法定代理人。2018年3月6日上午9时35分左右的课间操期间，林小某、张小某在某小学教学楼二层东北连廊嬉戏玩耍时，陆某等人从连廊东头进入连廊，加入相互追逐嬉戏中。9时36分，陆某突然返身往东跑去，其左侧与另一同学轻微刮蹭后，为躲避林小某的“拍打”和从东边奔来的张小某，身体失衡，扑倒在地，造成上牙中间两颗切齿11、21牙冠折露髓，11冠根折。2018年3月7日、3月21日、7月4日，陆某在家人的陪护下前往福建省医科大学附属口腔医院门诊诊察、治疗，共花费医疗费4060.20元。2018年4月10日，福建某司法鉴定所作出（2018）临字（伤残）第096号司法鉴定意见书，认为按医学生理要求，陆某应到18周岁后方可对其损伤牙行种植固定治疗，评估牙齿后续治疗费用约30000元。陆

某花费鉴定费800元。此外，因陆某在损害行为发生时尚属幼年，前往异地诊察、治疗、鉴定，需家人陪护，护理费用600元。合计损失35460.2元。

【案件焦点】

1. 陆某是否参与嬉戏；2. 张小某是否触碰到了陆某。

【法院裁判要旨】

福建省屏南县人民法院经审理认为：陆某与林小某、张小某等多人在学校校舍连廊狭窄光滑的场地空间内追逐嬉戏玩耍，所有行为人都有可能造成自身和他人的不意伤害的危险，陆某积极参与嬉戏，并在嬉戏过程中未能准确判断通行障碍，及时调整肢体平衡，有效采取自护措施，是造成牙齿磕碰的重要原因，其他参与人的行为对损害的发生都具有一定的原因力。受害人陆某与其他嬉戏参与人应对半承担赔偿责任，承担全部损失35460.20元的50%为17730.10元，其他参与人应当根据嬉戏过程中的原因力大小，因果关系远近程度连带承担余下17730.10元的赔偿责任。现陆某选择在造成损害的因果关系链条中最近的行为人林小某、张小某承担连带赔偿责任，于法有据，可予以支持。林小某、张小某赔偿超出自己责任份额的部分，可向其他责任人追偿。林小某、张小某系限制民事行为能力人，其行为造成他人损害的，依法应由监护人承担民事责任，故林大某、张大某应对林小某、张小某的行为给陆某造成损失应承担的部分承担连带赔偿。陆某主张的未能认定的经济损失，依法予以驳回。

福建省屏南县人民法院依照《中华人民共和国侵权责任法》第六条第一款、第十条、第十三条、第十四条、第十六条、第二十二条、第二十六条、第三十二条，《中华人民共和国民法总则》第十九条，《中华人民共和国民法通则》第一百三十一条、第一百三十三条，《中华人民共和国民事诉讼法》第六十四条第一款、第一百四十四条，《最高人民法院关于审理人身损害赔偿案件适用法律若干问题的解释》第二条第一款、第十七条第一款、第十九条、第二十一条第一款、第二十二条、第二十三条第一款、第二十四条、第三十一条，《最高人民法院关于适用〈中华人民共和国民事诉讼法〉的解释》第九十条规定，作出如下判决：

一、林大某、张大某应于本判决生效之日起十五日内连带赔偿陆某经济损失17730.10元；

二、驳回陆某的其他诉讼请求。

张大某不服一审判决，提起上诉。福建省宁德市中级人民法院经审理认为：张大某上诉认为其子张小某未触碰到陆某的理由与现场视频内容不符，不予支持。但张小某触碰到陆某导致其受伤，并不当然构成侵权。一般侵权行为的成立，需以不法行为及过错为要件。本案是小朋友之间的嬉戏打闹，此项活动本身存在一定的危险性。陆某年龄将近十周岁，具有识别此项活动危险性的能力，但其仍积极参与，应默示其自愿承受此项嬉戏可能导致的一定程度的伤害后果；且陆某扑倒受伤的原因，系在嬉戏过程中为躲避林小某的追逐转身跑开时与前方跑来的张小某触碰而扑倒在地，林小某、张小某行为尚未超出嬉戏活动的合理限度。故林小某、张小某的行为尚不足以构成不法。同时，林小某、张小某并未恶意为之，亦难以认定其在主观上具有过错。因此，就本案而言，林小某、张小某行为并不构成侵权，不应承担侵权责任。基于上述分析，林小某、张小某不承担侵权责任，但二人行为确与陆某受伤之间存在法律上的因果关系，并造成陆某一方较大损失。故对于陆某的损失，林小某、张小某应依据《中华人民共和国侵权责任法》第二十四条规定，予以适当分担。

福建省宁德市中级人民法院依照《中华人民共和国侵权责任法》第二十四条，《中华人民共和国民事诉讼法》第一百七十条第一款第二项规定，作出如下判决：

一、撤销福建省屏南县人民法院（2018）闽0923民初823号民事判决；

二、林大某应于本判决生效之日起十日内向陆某支付补偿款8000元；

三、张大某应于本判决生效之日起十日内向陆某支付补偿款8000元；

四、驳回陆某一审其他诉讼请求。

【法官后语】

本案一审法院以行为人张小某、林小某参与嬉闹追逐的行为系造成受害人陆某伤害的主要原因，在无法确定具体侵权人的情况下，根据原因关系远近、原因力大小，以及双方当事人的过错程度判令张小某、林小某的监护人承担连带赔偿责任。二审法院认为年满十周岁的陆某具有识别嬉闹追逐活动的危险性但积极参与，已默示认可该项活动可能导致的一定程度的伤害后果，而张小某、林小某的行为并未超出嬉闹追逐的合理限度，尚未构成不法，同时也并非恶意为之，不构成侵权；但因二人的行为确与陆某受伤存在法律上的因果关系，并造成陆某较大损失，故根据《中华人民共和国侵权责任法》第二十四条规定的公平责任判令张小某、林小某的监护人分别补偿陆某8000元。一、二审判决结果之不同，主要是对侵权责任归责原则的适用理解把握不够精准导致的，也在一定程度上反映出当前我国司法实践中对侵权责任法归责原则的适用仍存有模糊认识。

1. 适用公平责任的前提条件是双方当事人都没有过错

损害如果是行为人或者第三人的过错造成的，应由行为人或者第三人承担责任；如果是受害人自己的过错，应由其自行承担责任；如果行为人与受害人对损害的发生都有过错，应根据过错程度和原因分配责任；如果都没有过错，应根据个案情形判定是否属于无过错责任，或者适用公平责任。这个问题看似简单，但司法实践中的这个排除过程有时候是比较困难的。就本案而言，课间休息时间，小学生，尤其是男学生，追逐嬉闹已是常态，在一般人看来属于正常活动。虽然校方可能有监管不到位的问题，但本案中受害人并未起诉学校，在此不评价学校的责任。只就与受害人联系最近的两名同学即行为人而言，其与受害人等一起嬉闹追逐，在他们看来，是他们平时课间常有的娱乐活动，他们可能意识到这一过程中会发生伤害，但从他们积极参与的态度可看出，他们已默示认可该过程可能存在的一定程度的伤害，客观事实也可看出他们并非恶意为之，不应认定行为人与受害人有过错。因而不能用过错责任来判定本案受害人的损失承担。一审法院就是误判参与嬉闹追逐的行为人与受害人都有过错，从而根据过错程度与原因分配责任。

2. 适用公平责任要求行为与损害之间具有因果关系

侵权责任法的核心问题之一就是因果关系，既然公平责任规定其中，在适用公平责任的时候当然需要考虑因果关系，但并不像过错责任和无过错责任规定的必须达到相当性的因果关系。因为《中华人民共和国侵权责任法》第二十四条是基于公平理念根据实际情况对损失进行分担，并非承担侵权责任，在因果关系的认定上应当作广义理解，除法律上的因果关系外，还有事实上的某种关联，这种事实上的关联一般具有“共同性、参与性”或是“为对方的利益而为”等属性。以本案为例，虽然行为人与受害人参与嬉闹追逐的行为开启了一定的风险，但即便没有行为人参与嬉闹追逐的行为，受害人自己嬉闹追逐的行为也可能受到伤害；同时，嬉闹追逐行为不一定会有伤害，因而证明标准上无法达到侵权责任要求的相当性因果关系

（相当因果关系从两方面去判断：一是无此行为即无此结果；二是此行为通常会产生此结果，两者同时成立，方可认定存在因果关系）。

3. 适用公平责任需要衡量的“其他实际情况”

当前，已被审判实践普遍认可的“其他实际情况”通常包括：损害的严重程度、受害人损失的其他救济途径和当事人的经济状况。公平责任原则的初衷是对损害严重影响其生活而无从分担的人给予救济，该救济已打破“侵权人要有过错”这一常规，因此，当损害结果比较轻微，且对受害人生活未造成重大影响，或者能通过其他救济途径获得补偿，或者行为人的经济能力远低于受害人时，都不宜适用公平责任改变财产分配现状，而应由受害人自行承担损失。只有当结果达到一定严重程度，让受害人自己承担损失会导致明显不公或者权利义务失衡时，法院才可以考虑适用公平责任以保证各方利益平衡。同时，该三方面因素也是审判人员适用公平责任进行补偿时衡量补偿数额的重要因素。

此外，审判人员还需审慎考量适用公平责任是否会破坏行为自由的基本底线，是否损及其他更大的社会利益，还要考虑司法判决的引领作用。比如电梯劝烟案之所以排除公平责任的适用，除了行为人的劝烟行为与受害人死亡不具有因果关系之外，对文明、公益行为进行倡导，也是裁判者的重要考量，故其判决结果是正面积极的，有利于促进社会和谐。

编写人：福建省屏南县人民法院　陈亮

37

显失公平的人民调解协议可以撤销

——陈某诉杨某健康权案

【案件基本信息】

1. 裁判书字号

江苏省苏州市中级人民法院（2018）苏05民终2369号民事判决书

2. 案由：健康权纠纷

3. 当事人

原告（上诉人）：陈某

被告（被上诉人）：杨某

【基本案情】

2015年8月15日21时30分左右，陈某与杨某因交通事故发生纠纷，杨某打伤陈某头部、耳部。2015年8月17日，陈某至盛南派出所报案。2015年8月18日，盛南派出所启动人体损伤程度鉴定程序，通知陈某去验伤。2015年8月19日、9月28日，陈某应公安机关要求，先后至江苏盛泽医院、苏州市吴江区第一人民医院检查，诊断意见均为左耳鼓膜穿孔，但公安机关未告知是否构成轻伤。2015年10月9日，经盛南派出所人民调解委员会进行调解，杨某的老乡李某代杨某与陈某协商并签订人民调解协议书一份，协议约定：杨某愿意一次性赔偿陈某医疗费、误工费等共计20000元；钱款当面付清，双方签字以后此纠纷终结，无任何纠葛；陈某原谅杨某行为并且出具谅解书。

2016年3月12日开始，陈某因耳部病情越来越严重，开始四处门诊及住院治疗。2016年10月，陈某至复旦大学附属眼耳鼻喉科医院入院治疗，被诊断为左侧鼓膜穿孔、左侧慢性化脓性中耳炎、左侧传导性耳聋。自2016年4月起，陈某就医共花去医疗费用16633.51元。陈某称其在达成调解协议前大概花了1000元左右的医药费，票据因未妥善保存，均已丢失。陈某主张，其在与杨某达成协议后，左耳一直未见好转，且伤势逐渐严重，并多次前往上海等地就医治疗，支出医疗费、住宿费、交通费等费用多笔，故起诉要求杨某继续赔偿医疗费、住院伙食补助费、营养费、护理费、误工费、交通费、住宿费等损失合计50133.51元。

诉讼中，经法院委托鉴定，陈某目前左耳情况尚不足评残；住院期间及伤后20日均可考虑给予营养支持及一人护理为宜；误工时限综合考虑掌握在伤后120日较为适宜。陈某为此支付鉴定费2520元，其全部损失为32513.51元。

【案件焦点】

1. 陈某与杨某达成的一次性赔偿调解协议效力如何；2. 陈某能否再要求杨某赔偿损失。

【法院裁判要旨】

江苏省苏州市吴江区人民法院经审理认为：陈某在与杨某达成一次性了结的调解协议后要求杨某继续赔偿损失，其言下之意即要求撤销与杨某于2015年10月9日签订的人民调解协议书。陈某在被打后虽前往江苏盛泽医院、吴江区第一人民医院检查，且被告知耳膜穿孔，但对耳膜穿孔严重程度如何、是否能够自行痊愈等情况其并不清楚，故陈某在签订协议书时对自身伤情不够了解，进而导致陈某对自己伤情治疗所需费用预估不足。人民调解协议书是在陈某仅花费了数千元门诊医药费的情况下签订的，而陈某因被杨某殴打所致的耳膜穿孔并没有自行痊愈，且在达成协议后又花费了远高于在达成协议时的医药费，杨某的赔偿金额与陈某所遭受的损失存在明显差距，故该份人民调解协议书存在显失公平的情形，存在可撤销的情形，陈某要求杨某赔偿全部损失，予以支持。公民的健康权受法律保护，陈某因杨某故意殴打致耳膜穿孔，杨某作为侵权人，应当负全部赔偿责任，即应赔偿陈某全部损失32513.51元，扣除杨某已支付陈某的20000元，尚应赔偿陈某12513.51元。

江苏省苏州市吴江区人民法院依照《中华人民共和国侵权责任法》第六条、第十六条，《最高人民法院关于审理人身损害赔偿案件适用法律若干问题的解释》第十七条第一款、第十九条、第二十条、第二十一条、第二十二条、第二十三条、第二十四条，《最高人民法院关于审理涉及人民调解协议的民事案件的若干规定》第六条规定，作出如下判决：

杨某应赔偿陈某各项损失12513.51元，于本判决生效之日起十日内履行。

陈某不服一审判决，提起上诉。江苏省苏州市中级人民法院经审理认为：人民调解协议书存在显失公平的情形，可予撤销。现陈某以一审判决的赔偿数额过低而要求杨某合计赔偿其82113.51元，缺乏相应的事实依据，且已超出其在一审诉讼中提出的诉讼请求范围，不符合法定程序。据此，陈某的上诉请求不能成立。

江苏省苏州市中级人民法院依照《中华人民共和国民事诉讼法》第一百七十条第一款第一项规定，作出如下判决：

驳回上诉，维持原判。

【法官后语】

外伤性耳膜穿孔（即鼓膜穿孔）存在自愈的可能。根据《人体损伤程度鉴定标准》5.3 的相关规定，外伤性鼓膜穿孔能在六周内自行愈合的，构成轻微伤；六周不能自行愈合的，则构成轻伤二级，也即达到了刑事案件的追责标准，受害人可以要求追究侵权人的刑事责任。而且，即使侵权人被追究刑事责任，也不影响其应承担的民事赔偿责任。

陈某被杨某殴打受伤后向公安机关报案要求处理，最后两人达成人民调解协议，当时，从陈某这方来看，第一，派出所虽已启动人体损伤程度鉴定程序，通知陈某去验伤，但公安机关在陈某受伤满六周后，并未明确告知其伤势情况，陈某自己并不清楚其构成了轻微伤还是轻伤，其耳膜穿孔有无自行愈合。第二，陈某在开始就诊时，相关医院也告知其耳膜穿孔存在自愈的可能，达成协议时其受伤不久(七周左右时间)，也确实仍存在自愈的可能性。第三，陈某被殴打受伤后，其同时存在刑民两条救济途径，即如果构成轻伤，可以要求追究杨某的刑事责任。在此情形下，双方协议以 20000 元一次性了断，不仅要衡量陈某民事方面受到的实际损失，也要衡量杨某欲取得陈某谅解，要求陈某放弃追究刑事责任所支付的相应“代价”。也就是说，达成协议时陈某只支出了数千元的医药费，剩余的钱并非全部作为后继治疗及交通费等损失的考量，其实很大一部分是杨某出于取得陈某谅解的补偿。在调解协议达成后，陈某耳膜穿孔并没有自愈，且病情越发严重，发展为传导性耳聋，其四处就医，并花费了一万多元的医药费，加上误工费、护理费等其他损失，其实际损失远超 20000 元。两相对比，陈某在签订协议书时明显对自身伤情不够了解，对自己伤情治疗所需费用预估不足。且至诉讼时，陈某的耳疾仍没有痊愈，虽然没有构成伤残，但耳聋给其带来的其他隐形损失也是十分明显的。因此，人民调解协议约定的 20000 元赔偿与陈某的实际损失对比悬殊，对其是显失公平的。

经人民调解委员会调解达成的、有民事权利义务内容，并由双方当事人签字或者盖章的调解协议，具有民事合同性质。根据《最高人民法院关于审理涉及人民调解协议的民事案件的若干规定》第六条规定，下列调解协议，当事人一方有权请求人民法院变更或者撤销：（一）因重大误解订立的；（二）在订立调解协议时显失公平的……本案调解协议存在显失公平的情形，陈某依法可以要求撤销该协议，并要求杨某赔偿其全部的实际损失。据此，一、二审均未采纳杨某提出的纠纷已一次性了结的答辩意见，进而支持了陈某的赔偿请求。

编写人：江苏省苏州市吴江区人民法院　沈黎红

二、名誉权纠纷

（一）新闻报道相关纠纷

38

司法机关工作人员在外宣工作中的言论边界及新闻媒体的审查义务

——褚某诉张某等名誉权案

【案件基本信息】

1. 裁判书字号

北京市第一中级人民法院（2018）京01民终6230号民事判决书

2. 案由：名誉权纠纷

3. 当事人

原告（被上诉人）：褚某

被告（上诉人）：武汉晚报社、长江日报报业集团

被告（被上诉人）：张某、北京新浪互联信息服务有限公司（以下简称新浪互联公司）

被告：武汉长江日报传媒集团有限公司（以下简称长江日报传媒集团）

【基本案情】

张某是一名司法机关新闻宣传工作人员。2009年9月始，张某以“特约通信

员”名义和“承办该案检察员”名义以同一新闻素材向多家媒体一稿多投。褚某认为，张某利用违规获知的正在侦查核实的案件信息，编撰其“强奸女实习生”等不实信息，文章中还将真实姓名、真实工作单位等公开发布，侵犯了其合法权益。长江日报传媒集团作为主办方，在武汉汉网网络传媒有限公司主办的汉网中，明知案件处于侦查阶段尚在核实，仍将褚某真实姓名、真实工作单位及明显违背常识的虚假信息作为新闻，并以肯定语气发布张某的文章。新浪互联公司在其主办的新浪网上大量发布诸如“北京名律师强奸女实习生未遂”“非礼女实习生被捕”等文章。2014 年 1 月，湖北省高级人民法院作出褚某无罪的判决。

褚某认为，上述行为侵犯了其名誉权，要求公开赔礼道歉、消除影响、恢复名誉；武汉晚报社、长江日报报业集团、长江日报传媒集团、张某共同赔偿精神损害抚慰金、经济损失及公证费共计 50 余万元。诉讼中，褚某撤回了对新浪互联公司的诉讼请求。

张某认为其没有实施侵权行为，褚某涉嫌强奸案件中的法律文书不属于国家机密，根据报道特许权规定是可以公开的，且报道客观准确，作为通信员提供真实的新闻线索不构成侵犯名誉权。长江日报传媒集团、武汉晚报社、长江日报报业认为涉案报道不构成侵犯名誉权。新浪互联公司认为发表的涉案新闻系转载行为，不构成侵犯名誉权。

【案件焦点】

1. 涉案新闻报道内容是否构成侵犯名誉权；2. 新闻媒体发表来源于官方渠道的新闻报道文章是否需要承担连带责任。

【法院裁判要旨】

北京市海淀区人民法院经审理认为：

一、涉案新闻报道内容构成对褚某名誉权的侵犯

我国对任何刑事被告人都采取“判决定罪”的刑事诉讼原则，即使褚某被采取批捕的刑事强制措施，在其被人民法院依法判决定罪之前，也不能被当作“有罪”。涉案文章报道时，褚某的刑事案件尚处在刑事侦查逮捕阶段，其被指控的犯罪事实尚未审判定谳，况且褚某最终被判定无罪，而且张某根据的公安机关的批捕申请及检察机关的批捕决定书也只是侦查批捕阶段的文书，并非对褚某被指控犯罪事实的

审判定谳事实，且并无证据证明这些文书属于已“对外公开”的内容，故涉案报道在当时并没有褚某犯罪事实的确切事实依据，却对褚某的所谓犯罪事实采用肯定性的公开报道，已违背了新闻真实原则，侵害了褚某的名誉权，涉案报道的责任机构应当承担相应的侵权责任。

二、原发主体内部承担连带责任，转发主体承担按份责任

张某作为涉案文章的通信员，主动向武汉晚报记者提供褚某所谓犯罪事实的新闻线索，致使褚某名誉受到侵害，张某应当承担侵犯名誉权的相应责任。鉴于张某作为通信员为涉案报道提供新闻线索，涉案报道采用本报采编报道的方式进行采发，两者行为的结合共同导致褚某名誉权的侵害，两者应当承担连带侵权责任。武汉晚报社负责《武汉晚报》主报出版、相关印刷和发行等业务，长江日报报业集团系《武汉晚报》的主办单位，该两家机构均系《武汉晚报》的责任单位，故武汉晚报社、长江日报报业集团应当连带承担法律责任。因长江日报传媒集团负责《武汉晚报》的出版发行业务，并不涉及涉案文章的采编业务，故褚某要求长江日报传媒集团一并承担连带责任的诉讼请求没有相应的事实和法律依据，对此不予支持。

新浪互联公司作为国内大型门户网站的运营者，应当承担与其网站性质及影响范围相适应的较高注意义务。但该公司在转载过程中对文章的题目及内容进行了修改，不但没有尽到对转发内容的相应注意义务，还进一步对报道内容进行了修改以吸引读者眼球，故新浪互联公司的转载行为具有明显过错，构成对褚某名誉权的侵犯。鉴于目前并无证据证明该公司与本案其他被告具有侵犯褚某名誉权的共同意思联络，其分别实施原发与转发的侵权行为，共同造成褚某名誉权的损害，故二者均应在各自责任范围内承担按份共同责任。虽然新浪互联公司具有较大的传播影响力及明显过错，但是与本案其他被告相比，其行为属于扩大侵害的转发行为，故认定新浪互联公司与就原发行为承担连带责任的其他被告承担责任的比例为3∶7。鉴于褚某未在本案中对该公司提出其他诉讼请求，视为其放弃对新浪互联公司应承担责任份额，对此不持异议。

三、侵权责任主体的责任承担方式

因与张某、武汉晚报社、长江日报报业集团相关的涉案报道现已被删除，褚某亦申请撤回要求停止侵权的诉讼请求，不再判令停止侵权。综合考虑张某及武汉晚报社、长江日报报业集团的主观过错、侵权情节、损害后果等因素，判定张某、武

汉晚报社、长江日报报业集团进行赔礼道歉、消除影响、恢复名誉的方式和范围。鉴于张某、武汉晚报社、长江日报报业集团公开传播有关损害褚某名誉的侵权言论，势必给褚某造成严重的精神损害，应当综合考虑侵权报道的内容描述、侵权人过错程度等因素酌情判定张某、武汉晚报社、长江日报报业集团在前述责任比例范围内赔偿精神损害赔偿金。办理公证是合理的取证及维权手段，对其为此支出的合理公证费亦应一并承担。但褚某提交的证据不足以证明是因涉案报道而造成其经济损失，故对其要求经济损失的诉讼请求不予支持。

北京市海淀区人民法院依据《中华人民共和国民法通则》第一百零一条、第一百二十条，《中华人民共和国侵权责任法》第二条、第十二条、第十五条、第三十六条第一款，《最高人民法院关于审理名誉权案件若干问题的解答》第七条、第十条、第十一条，《最高人民法院关于审理利用信息网络侵害人身权益民事纠纷案件适用法律若干问题的规定》第十条、第十八条第一款，《中华人民共和国民事诉讼法》第六十四条第一款规定，判决：

一、判决生效之日起十日内，张某、武汉晚报社、长江日报报业集团在《武汉晚报》头版显著位置公开发表一次致歉声明，向褚某赔礼道歉，消除影响、恢复名誉，同时在“汉网”网站首页显著位置公开发表致歉声明，向褚某赔礼道歉，消除影响、恢复名誉，持续时间为连续七十二小时，以上致歉声明内容需经法院核准，如张某、武汉晚报社、长江日报报业集团拒不履行该义务，法院将选择一家全国公开发行的报刊公布判决的主要内容，费用由张某、武汉晚报社、长江日报报业集团负担；

二、判决生效之日起十日内，张某、武汉晚报社、长江日报报业集团向褚某赔偿精神损害赔偿金 10000 元及公证费 5714 元；

三、驳回褚某的其他诉讼请求。

褚某、武汉晚报社、长江日报报业集团不服一审判决，提起上诉。北京市第一中级人民法院经审理认为：

第一，涉案文章是否构成对褚某名誉权的侵犯。民事主体发表的言论或者为事实陈述，或者为意见表达，或者为二者的结合。为了兼顾言论表达权利和行为自由的平衡，民事主体发表言论时应当保证事实陈述基本属实，意见表达大致公允，否则就很可能侵犯他人名誉权。仅仅从涉案文章的题目看，其表述足以让人产生褚某已经被审判定谳的误认。而从具体内容看，涉案文章主要内容来自《提请批准逮捕》的文书，并且加入了《提请批准逮捕》中不曾有的细节。长江日报报业集团和武汉晚报社在无任何证据证明涉案文章内容基本属实或涉案文章内容来源于权威信息渠道的情况下，以肯定的口吻报道褚某仅仅是涉嫌强奸的案件情况，足以让他人形成褚某强奸的错误认识，从而导致褚某社会评价的降低。因此，涉案文章已经构成对褚某名誉权的侵犯，一审判决认定涉案文章构成侵权并无不当。

第二，褚某所主张的经济损失是否因涉案文章所导致。褚某上诉认为，因涉案报道使得相关服务单位终止了服务合同，导致其经济损失。一方面，法律服务合同的当事人是委托单位和律师事务所，而非律师个人。律师个人的情况变化，不致一概地影响其所在律师事务所对服务合同的履行情况。即使褚某所主张的法律服务合同中明确以其为经办律师，注重其个人的相关经验，但在其因故不能提供服务时，所在律师事务所亦可采取相关的替代方案。另一方面，更为重要的是，在褚某因涉嫌强奸被采取羁押措施后，即使没有涉案报道，褚某客观上也不可能再提供任何法律服务，并且其所在律师事务所基于诚实信用原则也有义务向委托单位披露该信息。如果相关的委托单位完全是基于对褚某业务能力的信赖而与其所在律师事务所签订服务合同的，则这一情况必定导致相关服务合同的解除，从而导致褚某产生经济损失。但是，这一损失却并非因涉案报道所致，而是因褚某涉嫌强奸被羁押这一事实本身所致的。因此，涉案报道与褚某所主张的经济损失之间不具有侵权法上的相当因果关系，一审判决没有支持褚某的相关经济损失赔偿并无不当。

第三，一审判决确定的精神损害赔偿是否适当。褚某上诉还认为，一审法院认定精神损害赔偿金为10000元畸低，与给褚某造成的严重精神损害不符。根据《中华人民共和国侵权责任法》第二十二条规定，造成严重精神损害的，被侵权人才可以请求精神损害赔偿。一审之所以支持褚某部分精神损害赔偿请求，就是认定涉案文章的确给褚某造成了严重的精神损害。但是，具体如何确定精神损害赔偿的数额，则应根据《最高人民法院关于确定民事侵权精神损害赔偿责任若干问题的解释》第十条规定进行，即根据侵权人的过错程度，侵害的手段、场合、行为方式等具体情节，侵权行为所造成的后果，侵权人的获利情况，侵权人承担责任的经济能力，受诉法院所在地平均生活水平等因素确定。据此，一审法院综合考虑上述因素所判定的精神损害抚慰金并无不当。

第四，公证费是否应当支持。长江日报报业集团和武汉晚报社均上诉主张，褚某为本案花费的公证费5714元系针对新浪互联公司发布的涉案文章，后褚某撤回对新浪互联公司的索赔请求，故公证费应当由褚某自行承担。一方面，褚某在本案中所做公证并非都涉及新浪互联公司，有部分也涉及其他民事主体。另一方面，褚某提交的公证书结合其他证据可以印证《武汉晚报》发布涉案报道的时间和传播范围。因此，公证书本身更是证明涉案侵权行为发生情况的证据，而不仅仅是新浪互联公司实施侵权行为的证据。即使其后褚某撤回了对新浪互联公司的起诉，但公证书所发挥的证据作用仍然是明显的。根据《最高人民法院关于审理利用信息网络侵害人身权益民事纠纷案件适用法律若干问题的规定》第十八条规定，被侵权人为制止侵权行为所支付的合理开支，可以认定为《中华人民共和国侵权责任法》第二十条规定的财产损失。合理开支包括被侵权人或者委托代理人对侵权行为进行调查、取证的合理费用。因此，本案的公证费5714元属于调查、取证的合理费用，一审判决支持褚某该费用的赔偿请求亦无不当。

第五，一审判决长江日报报业集团承担连带责任是否适当。武汉晚报社虽然是独立的事业单位法人，但从长江日报报业集团与武汉晚报社的具体关系看，长江日报报业集团不仅是《武汉晚报》的出版主管单位，而且对《武汉晚报》的刊载内容享有著作权。这意味着，长江日报报业集团与武汉晚报社都需要对《武汉晚报》的内容负责。而涉案侵权文章正是出自《武汉晚报》。因此，一审判决长江日报报业集团与武汉晚报社承担连带责任正确。

综上所述，褚某、武汉晚报社、长江日报报业集团的上诉请求均不能成立，依法应予驳回；一审判决适用法律正确，判决结果正确，依法应予维持。北京市第一中级人民法院依照《中华人民共和国民事诉讼法》第一百七十条第一款第一项规定，判决如下：

驳回上诉，维持原判。

【法官后语】

本案是一起司法机关工作人员发表与职务有关的言论侵犯他人名誉权的典型案例。作为一个重要的分析样本，本案最值得研究的是，司法机关工作人员在外宣工作中的言论边界及新闻媒体对来源于权威渠道新闻稿件的审查义务如何确定的法律问题。

1. 司法机关工作人员在外宣工作中的言论边界问题

司法机关的新闻外宣工作是建立人民群众与司法机关联系、提高司法公信力的重要途径，也是接受舆论监督和批评的重要形式。司法机关工作人员因职务关系有更便捷的渠道获取案件真实素材和有效信息，通过宣传媒介对部分社会关注的案件进行跟踪报道，以便及时回应社会关切。但是，作为新闻报道的案件素材，按照有关保密规定禁止使用不对外公开的内部文书。特别是对于部分未经生效裁判确定的案件事实，司法机关工作人员应当遵守职业道德、守住法律底线，不得擅自公开传播未经审判定谳的“犯罪事实”，甚至发表带有明显倾向性的预测裁判结果的言论。司法机关工作人员在外宣工作中发表的言论，应当兼顾言论表达权利和行为自由的平衡，秉承新闻报道“真实、准确、全面、客观、公正”的原则，对案件事实的陈述应当基本属实，意见表达大致公允，遵守法律的底线和言论的边界，否则可能会侵犯他人的名誉权。

2. 新闻媒体对来源于权威渠道的新闻稿件的审查义务问题

新闻媒体在当代社会发挥着协调社会关系、传承文化等作用。《最高人民法院关于审理名誉权案件若干问题的解答》第七条规定，新闻报道严重失实，致他人名誉受到损害的，应按照侵害他人名誉权处理。从其表述来看，新闻报道的“严重失实”是构成名誉权侵害的必要条件。具体而言，新闻报道的基本内容和细节事项都应当符合新闻真实的原则，否则有可能侵犯他人名誉权。所以，肩负着社会责任的新闻媒体对新闻素材的来源附有较高的审查义务。一般而言，新闻媒体能够以素材属于权威消息来源要求免责，但是权威渠道并不等于权威消息来源。即使素材来源于司法机关，也应当尽到审慎注意义务，特别是涉及定罪量刑的问题，一旦不实传播便具有明显的诽谤意义，应谨慎传播和报道，更不能为博取读者的眼球对报道内容进行不当的修改及添加。对于没有犯罪事实确切依据且未经审判定谳的案件，不能对案件结果采取肯定性的公开报道。即使新闻媒体报道来源于官方权威渠道的新闻素材，内容严重失实，也需要承担损害他人名誉权的法律后果。

就本案而言，涉案文章报道的是涉及褚某涉嫌强奸犯罪这样对个人名誉具有重大影响的事实，并公开指名道姓和披露职业身份，一旦严重失实，势必造成褚某的社会评价严重降低。涉案报道在当时并没有褚某犯罪事实的确切依据，却对褚某的所谓犯罪事实采用肯定性的公开报道，侵害了褚某的名誉权。涉案报道采用本报采编报道的方式进行采发，二者行为的结合共同导致褚某名誉权的侵害，因此各行为人应当承担连带侵权责任。

编写人：北京市海淀区人民法院　陈昶屹　韩乔亚

39

网络转载文章侵犯名誉权的认定

——黄某诉新华网股份有限公司、张某名誉权案

【案件基本信息】

1. 裁判书字号

北京市第二中级人民法院（2018）京02民终1643号民事判决书

2. 案由：名誉权纠纷

3. 当事人

原告（上诉人）：黄某

被告（被上诉人）：新华网股份有限公司（以下简称新华网）、张某

【基本案情】

张某与黄某原系夫妻关系，2014年10月离婚。2014年11月4日，新华网在其网站上于发布题为《黄某前夫再爆料……》的文章，文章标注来源为“舜网——深港在线”。2014年11月5日，新华网再次在上述网站发布题为《前夫再爆黄某猛料……》的文章，文章标注来源为“中国新闻网—深圳晚报综合”。上述两篇文章均系新华网转载，新华网在转载时对文章标题进行了修改。新华网收到法院送达的起诉状后，将上述两篇文章删除。

黄某认为，新华网在其网站发布的上述两篇文章全文转摘张某微博所发布的公然污蔑、诋毁黄某形象的博文，侵犯其名誉权，故起诉要求新华网、张某公开赔礼道歉并赔偿损失。

【案件焦点】

新华网转载文章的行为是否侵犯黄某的名誉权。

【法院裁判要旨】

北京市西城区人民法院经审理认为：新华网的转载行为不宜认定为侵权。首先，新华网虽然对标题进行了修改，但标题中的内容来源于文章之中，不能认定新华网对该转载文章进行了实质性修改，并因此必然导致误导公众。其次，新华网所转载文章均来自各正规门户网站，且新华网在收到黄某诉状后及时将涉案两篇文章删除，已履行法定义务。最后，黄某作为公众人物，其应当对公众、媒体的评论承担一定的容忍义务。综上，黄某要求新华网承担侵权责任之请求，无事实及法律依据，不予支持。另，黄某已就张某的微博内容是否侵犯其名誉权和隐私权另案起诉，本案不再处理。

北京市西城区人民法院依据《中华人民共和国民法通则》第一百零一条、《中华人民共和国侵权责任法》第三十六条、《最高人民法院关于审理名誉权案件若干问题的解答》第七条、《最高人民法院关于审理利用信息网络侵害人身权益民事纠纷案件适用法律若干问题的规定》第十条规定，判决如下：

驳回黄某的诉讼请求。

黄某不服一审判决，提起上诉。北京市第二中级人民法院经审理认为：新华网具有对转载信息的真实性进行审核的义务和能力，对于容易引发炒作且内容真实性尚未核实的娱乐信息，新华网在转载时更应当加大审核力度，承担更高的审核注意义务。新华网未尽到合理的、必要的审核注意义务，转载了具有明显侵权内容的文章，其主观上具有过错，客观上亦在一定程度上降低了黄某的个人声誉及社会评价，侵害了黄某的名誉权，新华网应当承担相应的侵权责任。因涉案文章本身的侵权特征以及新华网在转载过程中存在的过错，其承担的侵权责任不因涉案文章转载自正规门户网站或名人具有容忍义务等理由而豁免。黄某所诉张某发布微博的行为与新华网转发涉案两篇文章的行为，在行为的内容、方式、影响范围以及产生的后果方面均不相同，黄某对张某的各项诉讼请求不宜放在本案中一并处理。

北京市第二中级人民法院依据《中华人民共和国民事诉讼法》第一百七十条第一款第二项规定，作出如下判决：

一、撤销北京市西城区人民法院（2016）京0102民初12198号民事判决；

二、本判决生效之日起七日内，新华网在其网站云南频道首页显著位置就其发布的题为《黄某前夫再爆料……》的文章刊登致歉声明，向黄某公开赔礼道歉，致歉声明刊登时间不得少于十日，具体内容须经本院审核；在其网站安徽频道首页显著位置就其发布的题为《前夫再爆黄某猛料……》的文章刊登致歉声明，向黄某公开赔礼道歉，致歉声明刊登时间不得少于十日，具体内容须经本院审核；如新华网拒不履行上述义务，本院将选择一家全国公开发行的报刊公布本判决的主要内容，费用由新华网负担；

三、本判决生效之日起七日内，新华网赔偿黄某精神损害抚慰金20000元及诉讼合理支出10000元；

四、驳回黄某其他诉讼请求。

【法官后语】

网络转载具有简便、快捷、高效等特点，可以有效加快信息传播速度和知识共享覆盖面，成为网络媒体普遍采用的一种新闻传播手段和信息共享方式。但是，转载是把“双刃剑”，如果网络媒体把关不严，转载了侵权信息，则会进一步扩散侵权内容、加重损害后果。网络不是法外之地，网络媒体转载信息时，亦需遵守法律法规，否则就要承担相应的法律责任。本案即是因新华网转载娱乐新闻引发的名誉权纠纷。

转载行为是否构成侵权的前提是被转载文章本身是否构成侵权。如果被转载文章本身合法，不构成对他人权利的侵害，转载主体转载文章亦不构成侵权（限于转载主体未对文章进行实质性修改）；如果被转载文章本身具有非法性，侵害他人合法权利，则需考虑转载主体在转载过程中有无过错，进而判断转载主体是否应当承担侵权责任。

涉案两篇文章将张某的微博信息进行编辑，以“爆料”的噱头吸引眼球，文章内容均系针对黄某的负面信息，对黄某具有明显的不利益。因无证据证明文章爆料内容真实，作者将相关微博内容进行归纳并作为文章主要内容进行爆料，属于文章基本内容失实，其将该文章公开发表的行为，属于传播虚假事实。作者撰写涉案两篇文章的行为主观上具有过错，客观上亦足以降低黄某的个人声誉及社会评价，故涉案两篇文章均构成对黄某的诽谤。

在确认被转载文章本身侵权的前提下，判断转载行为是否构成侵权，应考虑转载主体是否尽到了必要的注意义务，也即转载主体是否具有过错。有过错，则承担责任；无过错，则不承担责任。一般来说，转载主体的注意义务与其性质、影响范围、业务能力、被转载文章的侵权内容是否明显、转载主体是否对被转载文章进行修改等密切相关。新华网作为新华社主办的中央重点新闻网站，具有广泛的社会影响力，其应当对其原发或转发的信息，承担更高的审核注意义务。具体到本案中，在被转载文章具有明显侵权可能的情况下，新华网不但未对其真实性进行核实，反而为了吸引眼球、博取关注在对文章标题进行改动后转发，其主观上具有过错，客观上侵害了黄某的名誉权，应当承担相应的侵权责任。

判断转载主体是否承担侵权责任，还需考虑是否有阻却违法的事由，也即虽然侵权主体的行为存在过错，构成侵权，但是如果有法定的免责事由，则侵权主体不承担法律责任。名誉权纠纷案件中，侵权主体主张的免责事由主要有言论豁免特权、公共利益及公众人物等。本案中，新华网便以合法出处、公众人物容忍、及时删除作为抗辩事由。但上述三点均不能成立，理由如下：一是正规门户网站亦可能存在侵权行为，不能因为文章转自正规网站就排除其侵权可能性；二是公众人物的容忍义务有一定限度，并非对于明显侵权行为仍然需要容忍，公众人物与普通民众一样，享有名誉权，其名誉权不因其是公众人物而受到肆意侵害；三是即使新华网在收到法院传票后将侵权文章删除，但侵权文章的广泛传播已经侵犯了黄某的名誉权，侵权载体易删除，但其造成的损害后果不易被“删除”。综上，新华网不构成侵权的三点理由均不能成立。

关于责任承担，则需要综合考虑首发主体与转载主体的过错及原因力，在各侵权主体之间适当分配。黄某要求新华网赔偿精神损害抚慰金，但黄某名誉权受到损害的后果并非新华网的转载行为单独所致，除新华网外，尚有张某的原发微博、原发媒体及其他转载媒体的侵权行为，故法院综合考虑上述因素，对精神损害抚慰金以及黄某为维权支出的合理费用予以酌情确定。

编写人：北京市第二中级人民法院　王磊

40

新闻报道的基本内容有可以合理相信为事实的消息来源且客观中立的不构成名誉侵权

——北京某某公司诉某某报社等名誉权案

【案件基本信息】

1. 裁判书字号

北京市朝阳区人民法院（2018）京0105民初18851号民事判决书

2. 案由：名誉权纠纷

3. 当事人

原告：北京某某公司

被告：某某报社、陈某、吕某某

【基本案情】

陈某系某某报社记者，吕某某系该报社实习记者。

2017年6月2日，某某报社网站上发布了吕某某撰写的题为《开发商卖房黑镜头：房价大涨后意图毁约》的文章。该文叙述了化名为李阳的买房人购买北京某某公司开发的某楼盘的经历："有报道称，部分和李阳遭遇相同的业主，已经收到了某楼盘清退他们认购房源的通知，他们怀疑开发商准备以当前高价另寻买家……某楼盘还存在预售面积与备案面积差异较大、违约责任不对等、房屋产权年限缩水和未封顶便开始还贷等诸多问题，引发业主不满。"正文部分使用了"李阳告诉记者……""李阳则认为……""据李阳了解……""《中国房地产报》报道称……报道还称……"等表达方式，另记载"记者以买房者身份拨打了某楼盘售楼处电话，工作人员称上述业主迟迟未能签约的原因是业主单方面毁约，拒绝交付首付。他还表示，目前李阳等业主购买的某楼盘一期3栋楼，仍有多套两居室、三居室可买。对于清退业主、是否存在一房两卖等问题，他并未作出回应”“另外，李阳手中仅有的认购协议中对开发商违约的条款并不明确”“原定于本月封顶的某楼盘一期，业主称至今只盖了10层左右，销售处工作人员告诉记者的是20层”等内容。

2017年6月3日，某某报社网站上发布了吕某某撰写的题为《某某集团意图毁约后续：开发商希望“私了”》的文章。该文中有如下记载“近日本报对某楼盘事件进行报道后，自称某楼盘客服部的一位潘姓经理主动联系记者，希望能联系到之前爆料的维权业主，寻求‘私下解决’的办法，并向记者表示，这件事‘不希望有太多人知道’”“他希望获得爆料的维权业主的购房信息，了解他没能签约的原因后，与他单独进行沟通，尽量解决签约问题。而其他业主的签约问题如何解决，潘经理表示，因为没能签约的原因各不相同，所以没办法一起办理”“潘经理则反复称‘大家都是在社会上摸爬滚打的人，有些事情大家心里都明白。我把他（指爆料的业主）的问题解决一下，你看能不能删稿’”等内容。

【案件焦点】

涉案的新闻报道是否构成名誉侵权。

【法院裁判要旨】

北京市朝阳区人民法院经审理认为：涉案报道的内容是否失实，是判断侵权能否成立的前提条件。“实”应当属于新闻真实，即当新闻报道有可以合理相信为事实的消息来源作为依据时即为新闻真实。某某报社提交了某某公司开发楼盘的业主群聊天记录原始载体，吕某某与被访业主的微信记录、采访记录，业主提供的相关资料，吕某某与被访“潘经理”的通话录音等予以佐证，可以认定涉案文章所报道内容有可信赖的消息来源。吕某某在报道中使用了“有报道称”“他们怀疑”“李阳则认为”“据李阳了解”等表述，文章对业主及双方的观点都进行了体现和陈述，未出现批判性语言，没有添加作者对该项事件的个人评论，没有侮辱北京某某公司的内容，也未使用侮辱、诽谤性质的言辞，遵循了中立、客观的标准。北京某某公司虽主张涉案文章内容不真实但未举证证明。故涉案报道不构成对北京某某公司名誉权的侵害，北京某某公司的全部诉讼请求没有事实和法律依据。

北京市朝阳区人民法院依照《中华人民共和国民法总则》第一百一十条、《最高人民法院关于审理名誉权案件若干问题的解释》第九条、《中华人民共和国民事诉讼法》第六十四条第一款规定，作出如下判决：

驳回北京某某公司的诉讼请求。

【法官后语】

法人、非法人组织享有名称权、名誉权、荣誉权等权利。《最高人民法院关于审理名誉权案件若干问题的解答》规定，因新闻报道严重失实，致他人名誉受到损害的，应按照侵害他人名誉权处理。文章反映的问题基本真实，没有侮辱他人人格的内容的，不应认定为侵害他人名誉权。从上述规定判断，新闻报道是否构成名誉侵权应从两个方面衡量：一是内容是否真实；二是内容是否存在侮辱性。

1. 新闻报道有可以合理相信为事实的消息来源作为依据时即不构成内容失实

新闻真实不应当被理解为新闻报道的内容必须与客观事实完全相同，分毫不差。虽然尽可能地还原客观真实，应是新闻报道所努力追求的目标，亦应是值得鼓励和褒奖的新闻报道价值观，但是必须承认，由于技术和人类认知能力的限制，客观事实一旦发生就难以全部还原。即使新闻报道者亲历所有报道现场，亦有可能因观察角度、理解能力等因素而使报道事实与客观事实有所差异。新闻报道的主要事实有来源和依据，细节上尽管可能存在一些偏差，但也能够为社会公众所接受，这也是确保新闻舆论监督不受阻碍、充满活力、体现时效性的客观需要。因此，上述法律规定中所述之“实”应当属于新闻真实，即当新闻报道有可以合理相信为事实的消息来源作为依据时即为真实。

对于新闻报道内容是否失实的举证，因侵犯名誉权属于一般侵权，应适用过错责任原则，按照“谁主张，谁举证”原则，主张权利一方应对其名誉受损害的事实、行为人的行为违法、违法行为与损害后果存在因果关系，行为人主观有过错加以举证。本案中，原告一方并未提交充分证据证明被告报道内容失实，而被告提交了证据证明报道消息的来源，证明其报道不存在虚构、诽谤的内容。原告虽对被告的证据不予认可但未举证反驳。被告提交的采访消息内容与其报道的内容一致性较高，主要内容符合客观采访实际情况。因此，法院有理由认定被告提供的消息来源可以合理相信为事实，被告基于相关事实作出的报道遵循了新闻报道的真实性原则，不构成内容失实。

2. 新闻报道的内容遵循中立、客观的标准，不得存在侮辱性

公民、法人的名誉权与新闻媒体正当进行舆论监督均受到法律保护。舆论监督属于言论自由的范围，它是维护社会秩序、维护国家利益、维护公共利益的重要手段。任何公开的社会行为都可以被纳入舆论监督的范围之内。但新闻报道正当的舆论监督不能偏离客观、中立、平衡的原则。其报道内容不能加入个人评论、主观情感、文学色彩等，不能掺杂报道者的个人目的或好恶，出现贬损、侮辱性内容，否则即便报道内容基本真实，也会因存在侮辱性内容而侵犯相关主体的名誉权利。本案中，涉案文章对被采访业主及原告双方的观点都进行了体现和陈述，未出现批判性语言，没有添加作者对该项事件的个人评论，没有侮辱原告的内容，也未对原告使用侮辱、诽谤性质的言辞，遵循了中立、客观的标准，是被告在舆论监督过程中对社会现象的客观报道。

新闻报道的内容有明确的消息来源作为基础，内容不存在侮辱性言论，是新闻媒体正当行使言论自由和舆论监督权利的行为，不构成名誉侵权。因此，涉案的报道并不构成对原告名誉权的侵犯。

编写人：北京市朝阳区人民法院　范米多

（二）网络通信工具侵权相关纠纷

41

利用网络暴力侵害名誉权的相关法律问题

——聂某诉张某名誉权案

【案件基本信息】

1. 裁判书字号

辽宁省沈阳市中级人民法院（2018）辽01民终12562号民事判决书

2. 案由：名誉权纠纷

3. 当事人

原告（被上诉人）：聂某

被告（上诉人）：张某

【基本案情】

聂某与张某系大学同学。在校期间，双方发生矛盾，2014 年，聂某同其他同学将张某打伤，双方均被处以治安处罚。后双方达成协议，聂某等人赔偿张某医疗费、精神损失费等共计 6 万元，张某对此事不再追究。

2017 年，因聂某在专业比赛中获奖，其重新取得申请学位证资格。张某得知后，在新浪微博使用网名为"××大学给拘留 15 天学生学位证"的账号，自 2018 年 6 月 25 日起，连续在微博平台发送和聂某有关的信息，如"××大学给拘留 15 天学生聂某发学位证，校园暴力后一样可以当幼儿园老师""聂某这样的毕业生，不适合教孩子！@××教育公司聘用拘留 15 天老师""聂某 你爸是校长你也不过是个幼儿园老师，你大学毕业拼了 20 多年也不过拼到我出生的地方。××教育公司聘用你，××大学给你学位证，我就等着你把孩子虐待致死那天，你就该枪毙了"。同时多次@辽宁省教育厅官方微博、××大学、聂某工作单位××教育公司，并将聂某父亲与其沟通的短信内容，聂某父亲照片、手机号码，聂某的手机号码、个人生活照、工作照、沟通的短信、新浪微博 ID 发在自己的微博上，致使聂某微博关注人数达到上万人次，工作和生活都受到严重影响。聂某在本案一审诉讼中，迫于压力从××教育公司离职。

【案件焦点】

张某的行为是否对聂某构成名誉侵权及侵权赔偿方式和范围。

【法院裁判要旨】

辽宁省沈阳市沈北新区人民法院经审理认为：张某虚构事实，利用网络恶意诽谤聂某，构成对聂某名誉权的侵害，应承担相应的赔偿责任。依照《中华人民共和国民法通则》第一百二十条，《中华人民共和国侵权责任法》第二条、第十五条，《最高人民法院关于确定民事侵权精神损害赔偿责任若干问题的解释》第八条、

《最高人民法院关于审理利用信息网络侵害人身权益民事纠纷案件适用法律若干问题的规定》第十二条规定，作出如下判决：

一、张某在其发布本案侵权信息的微博账号，针对侵犯聂某名誉权及隐私权的行为公开发布致歉声明，置顶七十二小时，三十日内不得删除；声明内容需经本院审核；如不能履行本项判决，本院将在相关媒体公开判决书的主要内容，费用由张某负担；

二、张某赔偿聂某精神损害抚慰金10000元及维权合理支出5000元。

张某不服一审判决，提起上诉。辽宁省沈阳市中级人民法院经审理认为：关于张某是否构成侵犯对方名誉权的问题。网络用户利用微博等自媒体网络平台发布信息、发表观点，应当遵守国家的法律法规，妥善把握表达自由与侵权的界限，不得侵犯他人的合法权益，在网络上捏造事实丑化他人人格，侵害他人名誉权的，应当承担相应的法律责任。

本案双方既往的冲突矛盾已在学校期间得到解决。后由于聂某代表校方参加比赛获得金奖，进而重新取得了申请学位证的资格，张某若认为该处理不公，可通过合法途径予以解决。即便是利用微博平台公开举报，也应遵守相关法律法规，把握用语方式的妥当性及言语内容的界限，就事论事。但其使用网名为“××大学给拘留15天学生学位证”的微博账号，在新浪微博连发数条信息，将对方的照片、手机号、新浪微博ID等个人信息及家庭信息公布在网上，同时投诉至聂某的工作单位，以聂某具有暴力倾向为由试图让其单位解聘聂某（而据该单位反映聂某在工作中表现良好，没有解聘其的意思）。可见，张某出于个人恩怨，通过援引多年前已经公安机关和校方处理，且双方已调解完毕的纠纷，罔顾历经多年后个人的改变、过去事件与现在事实是否存在关联、学位证的颁发是否合规等因素，通过微博平台发布带有侮辱、贬损性言语的信息，故意误导公众相信聂某具有虐待儿童的倾向，并在无相关依据的情况下连带抨击聂某家属的道德品质，其所表述的内容与客观事实不符，发表的言论不具有正当性。即便是在接受度较高的网络环境，也依然超越了就事论事的理性基调，逾越了网络用语的合理边界，故张某的行为符合以贬损、丑化的方式损害他人名誉权的特征。

关于本案的赔偿数额及范围。张某通过微博将聂某塑造成具有暴力倾向的幼儿教师，致使聂某微博关注人数猛增至1.2万，众多网民在聂某微博下方留言对其攻击、辱骂，张某的行为已导致网络暴力。张某的侵权行为对聂某的负面影响已从网络蔓延到现实生活中，致使公众在较大范围内对聂某的社会评价降低，聂某工作的幼儿园因此对其减少排课量，后聂某因不堪压力离职，由此可见张某的行为给聂某的精神造成较为严重的损害。故一审法院判决张某在微博发布道歉声明并赔偿精神抚慰金 10000 元，与张某行为的主观过错及侵权结果相符。

关于聂某主张的维权费用问题，由于网络信息具有可删除、可篡改性，聂某对微博内容予以保全，属于对日后可能灭失或难以提取的案件证据加以提取、收存和固定的活动，相应的公证费是为本案诉讼之必要性、合理性支出。聂某的其他合理维权成本，包括律师费、交通费，亦属于维护己方合法权益的合理开支，应予支持。

辽宁省沈阳市中级人民法院依照《中华人民共和国民事诉讼法》第一百七十条第一款第一项规定，判决如下：

驳回上诉，维持原判。

【法官后语】

本案涉及网络用户发表言论的责任边界问题，网络语言相对比较随意，但是言论自由并不代表可以任意发挥无所限制。与传统媒体相比，网络传播的波及面更广，影响程度更深。网络用户在使用自媒体等网络平台发声时，更应注意发表言论方式的妥当性及内容的合法性，把握表达自由与侵害他人权利的界限。本案中的侵权人即使认为学校不应当给受过处分的受害人颁发学位证，也应当采取合理、合法的方式进行举报、维权，其发表侵权言论贬损他人名誉不具有合法性。侵权人的行为超越了就事论事的理性基调，逾越了网络用语的合理边界，向受害人施加社会压力，对受害人精神造成损害，工作、生活受到影响，侵权人应当承担相应的侵权责任。

网络侵权的损害赔偿，具有无形性的特征，除根据侵权情节、主观过错酌情确定精神损害赔偿外，部分案件中当事人还主张维权费用。在传统侵权案件中，对维权费用一般不予支持。但考虑网络信息具有可删除、可篡改性及信息发布者具有隐蔽性的特点，受害人在确定具体侵权人、固定侵权证据方面较为困难，支出的调查取证费用和律师费用相对较高，而侵权人的违法成本极低。合理分配维权成本更有利于促进网络秩序的良性循环。因此，《最高人民法院关于审理利用信息网络侵害人身权益民事纠纷案件适用法律若干问题的规定》作出特别规定，一是将维权成本，包括调查取证的合理费用及合理的律师费作为侵害人身权益的财产损失，由侵权人予以赔偿；二是在被侵权人的财产损失或侵权人获益无法确定的情况下，由人民法院在50万元以下范围内酌情确定赔偿数额。本案中，法院考虑侵权人的主观过错程度、侵权的方式和次数、侵权行为的后果等因素，酌情确定合理的精神损害赔偿数额，支持合理的律师费等维权成本，对侵权人进行惩戒，对倡导正确的网络观念、建立规范的网络秩序有示范意义。

编写人：辽宁省沈阳市中级人民法院　高悦　任玲

42

在微信朋友圈侮辱他人可构成名誉侵权

——张某、赵某诉刘某名誉权案

【案件基本信息】

1. 裁判书字号

北京市密云区人民法院（2018）京0118民初3591号民事判决书

2. 案由：名誉权纠纷

3. 当事人

原告：张某、赵某

被告：刘某

【基本案情】

2018年3月30日，刘某在其微信朋友圈中发了如下文字："万能的朋友圈，帮忙找人，有谁认识这对狗男女的，在2018年1月23日，找本人借了三万元，到现在找不到人了，打电话也不接，所以在这请求大家帮忙转发，只想要个说法，谢谢大家了。"配图为两张张某和赵某在歌厅里的合影照片。上述状态发出后，刘某曾经重新编辑过文字，删除了文字中的“狗”字。2018 年 3 月 31 日，刘某将该条状态从朋友圈中删除。张某从其与刘某的共同朋友圈好友处得知刘某发朋友圈的情况，起诉到法院。经与双方核对，刘某共有微信好友 70 多人，其中，还有朱某、李某、王某三人与张某、赵某相识。刘某所发的照片系 2017 年 11 月刘某、张某、赵某等一起在歌厅唱歌时所照。

刘某曾于 2018 年 4 月 20 日向法院提起诉讼，要求赵某返还三万元借款，于 2018 年 5 月 9 日撤诉。

【案件焦点】

1. 如何界定正当维权和名誉侵权的界限；2. 如何把握社会评价降低的评判标准。

【法院裁判要旨】

北京市密云区人民法院经审理认为：自然人享有名誉权。用侮辱、诽谤等方式损害他人名誉，造成一定影响的，应当认定为侵害公民名誉权的行为。刘某在微信朋友圈中发布消息称张某和赵某为“狗男女”，并附张某和赵某的照片，其言论丑化了张某、赵某的人格，损害了二人的名誉，刘某依法应当承担侵权责任。张某、赵某要求刘某停止向其朋友圈散发诋毁其形象的侵权行为，因刘某已于 2018 年 3 月 31 日停止，故对该请求不予支持。张某、赵某要求刘某赔礼道歉的请求，符合法律规定，予以支持，但要求刘某以登报方式道歉的主张，明显超出了刘某侵权行为所造成的影响，对该意见不予采纳，赔礼道歉的方式由法院予以确定。刘某在消息中所附的照片，双方均认可是之前一起唱歌时拍摄，并非张某、赵某所主张的偷拍；刘某在发布不当言论后自行修改了信息的用语，去掉了“狗”字，并于一天后最终在朋友圈中删除了该消息；同时，根据刘某提供的证据材料看，张某、赵某与刘某、杨某之间存在借贷争议，刘某在消息中所描述的借贷关系并非故意捏造事实，综合以上因素，刘某的侵权行为虽然给张某、赵某造成一定的精神损害，但张某、赵某主张的精神损害抚慰金过高，精神损害抚慰金的具体金额由法院予以酌定。

北京市密云区人民法院依照《中华人民共和国民法总则》第一百一十条，《中华人民共和国侵权责任法》第二条、第六条第一款、第十五条、第二十二条规定，判决如下：

一、本判决生效后七日内，刘某向张某、赵某书面赔礼道歉，致歉内容须经本院审核认可；如刘某逾期未履行上述判决义务，本院将在相关媒体上登载本判决书主要内容，所需费用由刘某负担；

二、本判决生效后七日内，刘某向张某赔偿精神损害抚慰金1000元；

三、本判决生效后七日内，刘某向赵某赔偿精神损害抚慰金1000元；

四、驳回张某、赵某的其他诉讼请求。

【法官后语】

随着新媒体技术的发展，微信已经成为当下最主流的社交软件，但是在微信朋友圈发布言论不能突破法律的底线，否则就要承担相应的法律责任。本案中刘某不当的维权方式即侵犯了他人的名誉权。

侵犯名誉权是个比较抽象的概念，美国学者普洛塞曾对此下过定义，即因故意或过失，不法将不当之观念传布于第三人，致被贬损的人之社会地位降低，或使其遭受怨恨、轻视、嘲笑或减少其所应受之尊敬、爱戴与信任的侵权行为。

依我国相关法律规定，侵犯名誉权应当具备以下几个要件：(1) 被侵害的对象指向特定，即某个具体的自然人或法人。(2) 侵权人主观上存在过错，包括故意和过失。(3) 侵权人实施了侮辱、诽谤等侵害他人名誉权的行为。侵犯名誉权常见的表现形式有侮辱、诽谤、不当评论、失实报道。(4) 侵权人的行为对受害人的名誉造成了较严重的损害。包括公民因侵权行为导致社会和他人对自身品德评价降低；法人因侵权行为导致商誉下降。(5) 侵权行为和损害后果之间存在因果关系。

本案需要指出的问题有两个。一是如何界定正当维权和名誉权侵权的界限。笔者认为，在债权人无法联络到债务人的情况下，为了维护自己合法的债权，通过朋友圈发布寻人信息的方式是合法的，并不构成名誉权侵权。但如果添油加醋，发布不实言论就可能对债务人构成诽谤。如果使用侮辱性的词汇描述债务人就可能构成侮辱。以上两种违法行为都可能构成名誉权侵权。因此，在朋友圈发布寻人启事并非不可以，但是必须做到目的正当、如实描述。

二是如何把握社会评价降低的评判标准。本案中刘某在发布朋友圈之后即自行删除了“狗”字，而且在一天后将整条信息全部删除，其侵权行为持续时间比较短，如何确定其行为是否造成张某和赵某社会评价降低成为刘某行为是否构成侵权应着重考量的一个因素。对此，英美法中有公示原则，即只要行为人制作的侵害他人名誉权的事实使第三人知悉，则足以影响受害人的地位，至于知悉人数多少、知悉的第三人是否对受害人产生了和以往不同的看法和印象，知悉的第三人是否会向其他人传播，则不影响认定的问题。

我国相关理论和司法实践都认为，社会评价存在于社会公众的观念之中，但这不代表着这种评价是一种主观的范畴，相反，名誉权所指向的是一种客观的社会评价，其客观性也为司法实践中统一裁判尺度提供了依据。在司法实践中，受害人只要证明侵权人实施的侮辱或者诽谤行为可能被第三人知悉，即可认定其行为造成受害人社会评价降低。知悉人数多少、知悉人对受害人的看法是否发生改变不影响认定的问题。微信朋友圈具有一定的公开性，刘某实施的侮辱行为可能为第三人知悉，并且事实上张某和赵某也是通过第三人才知晓该事件，说明事实上已有第三人知悉了刘某所发的不实信息。故，最终法院判决刘某承担相应侵权责任。

编写人：北京市密云区人民法院　胡增姗

43

微信中仅对一人可见的不当信息不构成名誉侵权

——李某诉罗某等名誉权案

【案件基本信息】

1. 裁判书字号

四川省成都市锦江区人民法院（2018）川0104民初第9928号民事判决书

2. 案由：名誉权纠纷

3. 当事人

原告（反诉被告）：李某

被告（反诉原告）：罗某、陈某

被告：成都蕾蕊竖琴艺术有限公司（以下简称蕾蕊公司）

【基本案情】

李某的儿子邓某曾在蕾蕊公司参加竖琴培训，陈某系蕾蕊公司的法定代表人，罗某系蕾蕊公司的教学总监。李某为邓某报名参加蕾蕊公司组织的青城山夏令营活动，2018年7月4日，李某在竖琴学生微信群中发出最近雨水频繁、青城山是否安全的信息，陈某随即在群中向李某发出“邓某就不去了吧”的回复。此后，双方在沟通上产生分歧矛盾，李某提出不再继续竖琴课程。7月13日，陈某微信转账退还李某剩余费用，李某则向陈某发送微信信息，其中有“像您如此‘高尚’的行为，在古时候，叫‘又当婊子又立牌坊’，在现代网络文中叫‘圣母婊’，在四川话里叫‘胎神’，在北方话里叫‘欠揍’，在济南话里叫‘棒槌’，在普通话里叫‘二百五’，在内蒙话里叫‘咯泡’”的内容。

2018年7月14日，陈某向110报警中心报警，反映李某通过微信等其他方式对其辱骂，要求备案。登记备案后，陈某通过微信四次向李某发出消息（庭审中，陈某称该消息内容为告知李某其到派出所报警备案一事），但被拒收。此后，罗某在其微信朋友圈发布一条消息，内容为“竖琴学生邓某母亲李某女士因破坏正常教学秩序无法配合老师的正常教学，被老师拒绝继续教学后出现情绪异常，在蕾蕊竖琴主动退还其缴纳的乐器定金后仍对老师个人进行激烈辱骂和语言文字的人身攻击。在向国家公安机关咨询了解相关法律法规后，接受公安机关建议，已对其辱骂攻击的事实进行了备案记录和取证。如其进一步做出激烈言行，公安机关将根据治安管理条例对其进行处罚，并追究其言行造成的损失”。庭审中，陈某、罗某称发布该条信息是派出所的建议，让李某知晓后不要再辱骂，因陈某向其发送信息被拒收，故罗某将该条信息在设置仅李某一人可见的情况下发于朋友圈告知李某。2018年7月23日，李某向四川消费网投诉蕾蕊公司，陈某向记者发送的投诉回复中，提到因李某拒绝与陈某微信联系，只能通过发朋友圈方式告知备案的事，设定的只有她一个人能够看到，待她知晓备案一事后也已删除。2018年7月23日，李某与罗某通过微信要求罗某删除朋友圈中上述信息，罗某表示该条信息本来就只有李某看得到，目的就是让其以后注意言行。后罗某删除该信息。

李某起诉要求判决罗某立即删除其微信朋友圈发布的关于李某的不实言论，并在微信朋友圈不过滤任何朋友的情况下发布不少于七天的赔礼道歉声明以及支付精神赔偿金等。陈某、罗某提起反诉，要求判决李某向陈某、罗某书面赔礼道歉，保证不得在任何公开场合表达对陈某、罗某及蕾蕊公司不利的言辞，并保证今后不再继续以任何形式纠缠陈某、罗某以及支付精神赔偿金等。

【案件焦点】

微信发送给对方的贬损人格的不当信息，以及朋友圈发布的仅对方一人可见的带主观倾向的信息，是否构成对名誉权的侵害。

【法院裁判要旨】

四川省成都市锦江区人民法院经审理认为：关于本诉，罗某在其微信朋友圈发布的关于李某的消息，虽然在提及事发原因时有片面的、带有个人主观倾向的内容，但并不存在捏造虚假事实的情况，没有诽谤、侮辱李某人格的内容。况且，该消息是在陈某向公安机关登记备案后向李某多次发送告知信息被拒收的情况下，罗某通过发朋友圈的方式告知李某，在罗某与李某的微信聊天以及陈某向四川消费网记者发送投诉回复中，均陈述该消息设置的是李某一人可见，在得知李某知晓备案一事后已删除，现该消息在罗某的微信朋友圈已实际删除，该消息并未造成现实生活中公众对李某社会评价降低。故罗某在其微信朋友圈发布的关于李某的消息，不构成对李某名誉权的侵害。

关于反诉，李某发送给陈某的讽刺信息，已经突破正常沟通的界限，使用过激言语贬损他人人格，其不冷静、不妥当的行为存在过错。因名誉是社会对特定的民事主体的才干、品德、情操、信誉、形象等的客观综合评价，而该微信信息系李某单独向陈某发送，尚未对外发布，没有造成社会公众对陈某评价降低、陈某名誉被损害的后果，故虽然发送该信息的行为存在过错，但尚不构成对陈某名誉权的侵害。故判决：

驳回李某的本诉诉讼请求以及陈某、罗某的反诉诉讼请求。

【法官后语】

当微信朋友圈成为人们日常生活中越来越普遍的沟通方式和平台时，与此相关的名誉侵权纠纷也随之产生。本案中，学生家长李某与培训机构负责人陈某、罗某之间因学生参加夏令营的问题在微信沟通上产生分歧和矛盾，李某向陈某发送贬损人格的讽刺信息，罗某在朋友圈发布仅李某一人可见的带主观倾向的消息，双方均主张对方实施了侵害其名誉权的行为。本案判决驳回双方的本、反诉请求，主要是基于对“名誉”这一概念的理解以及对仅一人可见的信息没有造成社会公众评价降低、名誉被损害后果的认定。

所谓名誉，是指社会对特定的民事主体的才干、品德、情操、信誉、形象等的客观综合评价，名誉被损害，是指造成社会公众对被侵害人的社会评价降低，《最高人民法院关于贯彻执行〈中华人民共和国民法通则〉若干问题的意见（试行）》规定，“以书面、口头等形式宣扬他人的隐私，或者捏造事实公然丑化他人人格，以及用侮辱、诽谤等方式损害他人名誉，造成一定影响的，应当认定为侵害公民名誉权的行为”，条文中的“宣扬”“公然”“造成一定影响”等用语，体现的就是名誉的社会公众性。本案中，虽然罗某在朋友圈发布的关于李某的消息带有主观倾向，尤其是李某向陈某发送的信息包含贬损他人人格的过激言语，存在过错或不当之处，但因消息设置的是仅李某一人可见，信息系李某单独向陈某发送，都未造成现实生活中社会公众对对方评价降低、名誉被损害的后果，故认定尚不构成对对方名誉权的侵害。

虽然生活中属于道德层面的过错或不当行为不一定都能通过法律得以规制，但司法并非对此就无所作为，也可以发挥其应有的引导作用。本案在认定双方不构成侵犯名誉权的同时，在判决书中也对双方当事人提出了明确的批评和建议。曾经存在尖锐矛盾甚至在庭审中仍情绪激动地指责对方、誓将官司打到底的双方当事人，最终都心平气和地接受判决结果，服判息诉。本案取得了良好的法律效果和社会效果，对于审理同类案件也具有示范意义和导向作用。

编写人：四川省成都市锦江区人民法院　徐捷

44

在微信特定范围内发布的真实信息不构成名誉侵权

——董某某诉新疆某装饰工程有限公司石河子分公司名誉权案

【案件基本信息】

1. 裁判书字号

新疆生产建设兵团第八师中级人民法院（2018）兵08民终632号民事判决书

2. 案由：名誉权纠纷

3. 当事人

原告（上诉人）：董某某

被告（被上诉人）：新疆某装饰工程有限公司石河子分公司（以下简称新疆某石河子分公司）

【基本案情】

2016年11月，董某某、新疆某石河子分公司签订《工程发包合同》一份，约定新疆某石河子分公司将其承包的室内装饰工程转包给董某某，工期自2016年11月28日至2017年4月1日，新疆某石河子分公司指定品牌、购买地点的材料，董某某须严格照办，否则新疆某石河子分公司除有权责令董某某更换材料外，还可以按施工管理规定给予董某某罚款处理。后新疆某石河子分公司工作人员将董某某加入该公司组建的13人的微信工作群。

2017年3月14日，新疆某石河子分公司制作《关于石河子店工地出现假材料处罚通知》一份，内容为：石河子某装饰项目经理董某某，在中影文化广场工地施工过程中未按公司标准使用公司指定乳胶漆，私自偷换材料给公司及客户造成了恶劣影响，现对相关责任人作如下处罚：1. 项目经理董某某处以10000元罚款；2. 店长陈某某处理问题不及时处罚500元；3. 工程部经理黄某处理问题不及时处罚500元。新疆某石河子分公司处原工程部经理黄某在微信工作群中将该处罚通知予以发布。董某某主张因新疆某石河子分公司多次污蔑其在中影文化广场工地施工期间私自偷换材料，并在石河子市温州商城进行散布，造成其名誉权受到严重损害，要求新疆某石河子分公司停止侵权、赔礼道歉、赔偿经济损失。

【案件焦点】

新疆某石河子分公司是否侵害了董某某的名誉权，应否承担相应的民事责任。

【法院裁判要旨】

新疆维吾尔自治区石河子市人民法院经审理认为：行为人因过错侵害他人民事权益，应当承担侵权责任。民事权益即包括本案中的名誉权。公民的名誉，是社会对公民的品德、情操、才干、声望、信誉和形象等各方面形成的社会评价。根据法律规定，董某某要求新疆某某石河子分公司承担侵害名誉权的责任，应当举证证实新疆某石河子分公司的行为违法，其名誉确实存在被损害的事实及二者间具有因果关系，但是董某某提交的证据不足以证实其主张，故对董某某的诉讼请求不予支持。

新疆维吾尔自治区石河子市人民法院依照《中华人民共和国侵权责任法》第二条、第六条，《中华人民共和国民事诉讼法》第六十四条规定，作出如下判决：

驳回董某某的诉讼请求。

董某某不服一审判决，提起上诉。新疆生产建设兵团第八师中级人民法院经审理认为：本案的争议焦点是新疆某石河子分公司是否侵害了董某某的名誉权，应否承担相应的民事责任。公民、法人或其他权利主体有保持、维护自身名誉不受他人侵害的权利，行为人因故意或过失实施了侮辱、诽谤等导致他人社会评价降低的行为，应依法承担相应的法律责任。是否承担侵害名誉权的民事责任，应依据是否存在损害事实、行为具有违法性、违法行为与损害后果之间有因果关系、行为人有主观过错来认定。当事人对自己提出的诉讼请求所依据的事实或者反驳对方诉讼请求所依据的事实有责任提供证据加以证明。没有证据或者证据不足以证明当事人的事实主张的，由负有举证责任的当事人承担不利后果。董某某负有举证责任，但并未提出充分的证据证实新疆某石河子分公司侵害其名誉权的事实、造成其社会评价降低等严重后果及因果关系，应承担不利的法律后果。董某某的各项上诉请求，无事实依据，不予支持。

新疆生产建设兵团第八师中级人民法院依照《中华人民共和国民事诉讼法》第一百七十条第一款第一项规定，作出如下判决：

驳回上诉，维持原判。

【法官后语】

审理名誉权纠纷案件的难点，在于是否贬损自然人人格和名誉的界定。其关键在于名誉权侵权构成要件的把握。一般认为，名誉是民事主体所享有的社会评价。对于自然人而言，名誉权是自然人对其道德品质等方面的社会评价享有的权利。通过贬损他人人格使其社会评价降低才会导致对自然人名誉权的侵犯。目前，我国对于自然人名誉权的民事立法主要集中在《中华人民共和国民法通则》第一百零一条、第一百二十条，《中华人民共和国民法总则》第一百零九条、第一百一十条、第一百二十条，《中华人民共和国侵权责任法》的相关条款，以及《最高人民法院关于审理名誉权案件若干问题的解答》《最高人民法院关于审理名誉权案件若干问题的解释》《最高人民法院关于审理利用信息网络侵害人身权益民事纠纷案件适用法律若干问题的规定》等司法解释之中。

根据涉及名誉权的上述相关法律规定，侵犯名誉权一般应具备四个要件：第一，确有名誉被侵害的事实；第二，行为人实施了侮辱、诽谤的侵犯名誉权行为；第三，侵权行为与损害后果之间有因果关系；第四，行为人主观上有过错。本案涉及微信侵权。微信是当下众多社交媒体、网络通信工具的一种，其用户可通过该平台进行不同范围的交流，也可在该平台的不同范围发布信息。用户不仅有各自的“朋友圈”，还可自主选择建立或加入其中不同的“群”，并可根据需求对自己的言论和信息设定特定的发布范围。微信在为广大用户提供便捷和效率的同时，也因其交流范围具有程度不同的公众性、公开性，用户必须对自己所发布言论、信息的合法性、真实性负责，如有诽谤或侮辱，则可构成名誉侵权或其他侵权。与一般的名誉侵权相比，微信侵权只是侵权行为由“线下”变为“线上”，即通过微信平台发布或传播了侵权言论或信息，在责任构成上，仍要以上述名誉侵权构成要件为认定标准。首先，要看所发言论、信息是否合法、真实；其次，由于行为是通过网络实施，对损害结果的认定，就要看其言论或信息在网络空间“到达了”什么范围，即所发布或传播的言论或信息是否为微信平台不特定的用户知悉、是否能使其社会评价降低。新疆某石河子分公司只是将通知下发至公司内部的微信工作群，并未向不特定的社会群众或微信平台公开发布，且在该通知中，既没有捏造事实对董某某进行诽谤，也没有侮辱董某某的人格，故公司原工程部经理在微信工作群中发布处罚通知的行为不构成对董某某名誉的侵害。

由于自然人名誉侵权案件涉及言论自由和他人权益的关系平衡，司法实践中对于行为人的行为“是否贬损他人人格和名誉”“是否为不特定的人所知悉”要慎重把握，使人格权益保护与言论自由得以平衡保护。

编写人：新疆生产建设兵团第八师中级人民法院　范晓　胡少丽

45

在特定微信群公开他人被追究刑事及行政责任的信息是否侵犯名誉权

——承某诉吴某名誉权案

【案件基本信息】

1. 裁判书字号

江苏省无锡市中级人民法院（2017）苏02民终4375号民事判决书

2. 案由：名誉权纠纷

3. 当事人

原告（上诉人）：承某

被告（被上诉人）：吴某

【基本案情】

承某于1998年12月因犯合同诈骗罪被判处无期徒刑，剥夺政治权利终身，后于2013年6月减刑释放。2016年9月18日，承某因与吴某产生经济纠纷，在江阴市祝塘镇××路边将一张写有“人民警察吴某癞皮狗欠我货款不还”字样的条幅张贴在自己轿车车身上。2016年9月26日，江阴市公安局作出行政处罚决定书，对承某行政拘留七日。之后，吴某在群名“祝塘环境综合整治群”的微信群中发布“大耳朵承某因诈骗判处无期徒刑，出狱后不思悔改捏造事实公然侮辱公安机关人民警察，今日已被江阴警方拘留审查”的信息。2017年1月16日，承某以吴某传播其先前犯罪信息，恶意中伤其“不思悔改”为由诉至法院，要求判令吴某停止侵害、赔礼道歉、消除影响、恢复名誉。

【案件焦点】

在特定微信群发布他人被追究刑事、行政责任的真实信息是否侵犯名誉权。

【法院裁判要旨】

江苏省江阴市人民法院经审理认为：公民享有名誉权，公民的人格尊严受法律保护，禁止用侮辱、诽谤等方式损害公民名誉；是否构成侵害名誉权责任，应当根据受害人名誉被损害的事实、行为人行为违法、违法行为与损害后果之间有因果关系、行为人主观上有过错来认定。承某因犯合同诈骗罪受到刑事处罚，出狱后，以不当方式主张权益，被公安机关予以行政处罚，该事实清楚、明确。吴某通过微信形式在特定的“祝塘环境综合整治群”发布上述信息，该行为有损于人的社会评价，并造成扩散、传播，对承某的名誉在一定范围内造成影响，但吴某的行为可以理解为系基于承某用不当方式主张权益造成影响的自助行为，主观上应当认定没有恶意，且承某对于造成其损害也未提供证据予以证明，故不能认定构成对承某名誉权的侵犯。

江苏省江阴市人民法院依照《中华人民共和国民法通则》第一百零一条，《最高人民法院关于审理利用信息网络侵害人身权益民事纠纷案件适用法律若干问题的规定》第十条、第十二条，《中华人民共和国民事诉讼法》第六十四条第一款规定，作出如下判决：

驳回承某的诉讼请求。

承某不服一审判决，提起上诉。江苏省无锡市中级人民法院经审理认为：名誉权是指民事主体依法享有的维护自己名誉并排除他人侵害的权利。侵犯名誉权的方式一般包括两种：侮辱和诽谤。前者是指故意使用贬低他人人格的词语或动作进行侵犯；后者是指捏造、散布虚假的事实，使得社会公众对被侵害人的社会评价降低。吴某在微信群中发布相应信息系因承某张贴不当条幅所引发，确有澄清解释之目的，且系发布在特定微信群中，并非向不特定群体公开，所发布的内容与相关事实基本相符，主观上难以认定存在恶意。虽然吴某所发的信息部分言语用词有所不当，但尚达不到侵犯名誉权所要求的侮辱和诽谤的标准。一审法院认定吴某未构成对承某名誉权的侵犯并无不当。

江苏省无锡市中级人民法院依照《中华人民共和国民事诉讼法》第一百七十条第一款第一项规定，作出如下判决：

驳回上诉，维持原判。

【法官后语】

公民的名誉是社会对公民的品德、情操、才干、声望、信誉和形象等各方面形成的社会评价，是人格的重要内容，受法律保护。《中华人民共和国民法总则》第一百一十条规定，自然人享有生命权、身体权、健康权、姓名权、肖像权、名誉权、荣誉权、隐私权、婚姻自主权等权利。《中华人民共和国民法通则》第一百零一条规定，公民、法人享有名誉权，公民的人格尊严受法律保护，禁止用侮辱、诽谤等方式损害公民、法人的名誉。

围绕本案吴某在特定微信群发布承某被追究刑事、行政责任的信息是否构成侵犯名誉权的问题，审理过程中，有两种观点。

第一种观点认为，虽然吴某发布的相关信息内容属实，但其发布该信息的目的并非履行职务，也未经承某同意，其主观目的应认定为借此降低承某的社会评价以泄愤。根据《最高人民法院关于审理利用信息网络侵害人身权益民事纠纷案件适用法律若干问题的规定》第十二条规定，自然人犯罪记录属于个人隐私，现吴某在微信群中发布承某先前被追究刑事责任及被治安处罚的信息，在一定范围内造成了影响，且无法定免责事由，应当认定侵害了承某的名誉权。

第二种观点认为，虽然吴某因私人纠纷在微信群里发布承某之前因犯罪被追究刑事责任以及被追究行政责任的信息确有不妥，且犯罪记录属于依法保护的隐私权内容，但吴某在此过程中未实施侮辱和诽谤等行为，即便社会公众对承某的社会评价降低，也是基于承某的违法犯罪行为，而非吴某的传播行为，吴某的行为虽有不当，但可非难性较小，不宜认定构成侵犯名誉权。

二审法院最终未支持承某的诉讼请求，主要基于以下考虑。

第一，个人纠纷引发的名誉权纠纷，应当结合纠纷缘起判断相关行为是否具有可非难性，并据此认定是否存在过错。本案中，吴某在微信群中发布涉案信息虽然不妥，但确系承某张贴不当条幅所引发，且发布的内容属实。基于承某先前行为引发的负面影响，吴某称此举本意在于澄清并恢复自身名誉，无侵犯承某名誉的故意，具有一定合理性，不应当认定其具有明显过错。

第二，名誉权是对名誉的保护，而不是对名誉感的保护。名誉是一种客观的社会评价，而名誉感是公民的一种内心的情感，具有个人主观性。认定行为人的行为是否造成他人名誉受损，不应以受害人的自我感觉，而应以行为人的行为是否造成受害人的名誉受损为判定依据。本案中，虽然吴某发布的涉案信息中有“不思悔改”的评论，并致使承某名誉感受挫，但社会公众不会单因吴某发表的“不思悔改”的评论降低对承某的评价。

第三，网络环境下，公开他人犯罪记录及其他个人违法信息应当结合个案情节认定是否构成侵权。随着人权保护意识的提升，犯罪记录被有条件地认定为隐私。对此，我国已实施未成年犯罪记录封存制度，《最高人民法院关于审理利用信息网络侵害人身权益民事纠纷案件适用法律若干问题的规定》第十二条亦将自然人犯罪记录有条件地作为隐私权加以保护，借此给予曾经犯罪并已经接受法律制裁之成年人重新回归社会的机会。虽然吴某并未实施侮辱和诽谤等行为，但是否因在微信群中发布承某先前被追究刑事及被治安处罚的信息构成侵犯隐私进而构成侵犯名誉权，仍有进一步讨论的必要。应当认为，如果发生侵害名誉权与侵害隐私权相竞合的情形，内容真实不得成为行为人免除其侵害名誉权的抗辩事由。本案中，法院之所以最终未认定吴某承担侵权责任，一方面是该特定微信群本属治安管理群，群员基于工作关系对承某先前的犯罪行为基本知晓，且不存在扩大影响的实际情形；另一方面亦是考虑吴某的过错轻微，且已在案件审理过程中赔礼道歉，承某名誉受损的情节显著轻微，尚达不到构成侵犯名誉权所要求的标准。

需要说明的是，微信群或微信朋友圈并非法外之地，如恶意公开他人犯罪记录等信息，并造成他人损害，仍应依法承担侵权责任。

编写人：江苏省无锡市中级人民法院　宁尚成　王静静

46

侵犯法定代表人的名誉构成侵犯企业法人名誉权的认定

——北京某某科技发展有限公司诉黄某某名誉权案

【案件基本信息】

1. 裁判书字号

北京市第一中级人民法院（2018）京01民终9166号民事判决书

2. 案由：名誉权纠纷

3. 当事人

原告：北京某某科技发展有限公司（以下简称北京某某公司）

被告：黄某某

【基本案情】

北京某某公司是中国领先的互联网产品和服务提供商，洪某担任该公司的法定代表人。自2009年起，该公司即与黄某某担任法定代表人的深圳某某公司签订《搜索业务代理协议》，授权其担任区域代理商，专业从事线上广告代理业务，双方协议于2016年12月31日终止。双方协议终止后，黄某某多次在无事实和法律依据的情况下，在网络上发布有关北京某某公司及洪某的负面消息，如在微信朋友圈随意发布洪某有索取性贿赂、嫖娼、滥用职权等行为的信息等。北京某某公司认为黄某某的行为严重损害了北京某某公司在公众心中多年建立起来的商业形象和商业信誉，给该公司的商誉造成了惨重的、难以挽回的损害，故诉至法院请求判令黄某某停止侵权、公开赔礼道歉、赔偿经济损失及合理维权费用100万元。

【案件焦点】

1. 名誉受到诋毁的自然人担任企业的法定代表人时，相关言论能否构成对企业法人名誉权的侵犯；2. 企业法人对该类言论容忍义务的范围如何认定。

【法院裁判要旨】

北京市海淀区人民法院经审理认为：一方面，黄某某所在的深圳某某公司与洪某所在的北京某某公司之间存在商业合同纠纷。关于双方公司之间商业合作的历史沿革、终止原因等，基于利益立场、个人经历感知的不同，黄某某持有不同意见，并进而发表部分带有主观感情色彩言论的相关内容，虽部分用语带有一定贬义，但从整体上来看，属于对己方商业经历的主观描述和渲染，未达到侵害当事人名誉权的严重程度，仍属于商业纠纷相对方应当容忍、克制的范畴，故不宜认定该部分内容构成侵犯北京某某公司名誉权。

另一方面，北京某某公司指控侵权内容中，包含黄某某称该公司的法定代表人、董事长洪某“索取性贿赂”“嫖娼”的内容，并在文章所处图片中以“盖戳”方式凸显表意。黄某某仅提供了深圳某某公司前员工的电话录音和书面证言，且电话录音通话中双方主体并无洪某，部分证言为个人推断。在无其他有效佐证情况下，并不足以证实洪某存在“索取性贿赂”“嫖娼”的事实行为。洪某为北京某某公司法定代表人、董事长，其在职业活动中的职业操守、守法表现关涉北京某某公司自身企业形象和品牌价值。黄某某在缺乏确凿证据的情况下，发布上述言论，势必会造成行业人士、合作企业等对北京某某公司企业形象、商业操守、合作信用等方面的消极评价，构成对北京某某公司名誉权的侵害。

北京市海淀区人民法院依照《中华人民共和国侵权责任法》第二条、第十五条，《最高人民法院关于审理利用信息网络侵害人身权益民事纠纷案件适用法律若干问题的规定》第十八条第二款，《中华人民共和国民事诉讼法》第六十四条规定，判决如下：

一、本判决生效之日起十日内，黄某某删除其微信朋友圈中的涉案侵权文章；

二、本判决生效之日起十日内，黄某某在其微信朋友圈中持续五日发布致歉内容（不得限制可见时间、人员范围），向北京某某公司赔礼道歉；

三、本判决生效之日起十日内，黄某某向北京某某公司赔偿经济损失 30000 元并支付维权合理开支律师费 20000 元，合计 50000 元；

四、驳回北京某某公司的其他诉讼请求。

黄某某、北京某某公司不服原审判决，提起上诉。北京市第一中级人民法院关于侵权言论性质的认定问题以及黄某某就侵权言论的责任承担方式问题，均同意一审法院裁判意见。

【法官后语】

本案涉及企业法人名誉权与该企业法定代表人名誉权之间关系的问题。北京某某公司提起本案诉讼时，其法定代表人洪某也就相同事实另案起诉本案被告黄某某侵犯其名誉权。由此产生了两种名誉权之间的区分及关联问题。同时，本案也涉及对企业法人容忍网络言论的范畴和界限的认定。

1. 企业法定代表人名誉权与企业法人名誉权的区分与关联

(1) 二者的区分

企业法人的名誉体现为企业法人的商誉，多为其依靠字号名称、品牌形象、产品和服务等所获得的社会评价。企业法定代表人从本质上来说依然是独立的自然人，其名誉体现为人格尊严，其名誉权体现为依赖自己的名誉参与社会生活的权利。一般来说，捏造或歪曲事实，对个人的声誉、名声进行攻击，是对其作为自然人的人格尊严进行的贬损，即便该自然人有某企业的法定代表人之身份，但若侵权言论本身只局限于对自身进行否定性评价，并不涉及企业的商誉，其侵害的依然是该法定代表人作为自然人的名誉权。

(2) 二者的关联或交叉

法定代表人身份存在一定特殊性，其是企业法人机关的组成部分，根据公司法规定，其依法代表企业法人行为，与企业法人具有同一法律人格，是部分与整体的关系。

由于法定代表人与企业法人具有一定关联，如果贬损法定代表人名誉的言论与其履职行为具有关联（如针对其职务行为，或能够直接指向与企业法人商誉相关的品牌形象、产品和服务等），则该言论可能同时侵犯企业法人的商誉。表现形式既包括歪曲、捏造事实对该法定代表人代表企业法人所从事的商业行为进行诋毁，也包括通过贬损法定代表人的名誉以毁损其所代表的企业从事经营活动所必需的信誉、特定品质等。

就本案涉及的侵权言论而言，一方面，洪某为北京某某公司董事长，在经营领域内享有社会声誉，黄某某在无确凿依据的情况下，称洪某“索取性贿赂”“嫖娼”，势必会对其职场声誉、道德素养等社会评价产生消极影响，构成对其个人名誉权的侵害。另一方面，黄某某指称北京某某公司的法定代表人代表该公司视察地方代理商时，向代理商“索取性贿赂”“嫖娼”，同样也是对其代表企业进行的职务行为和职业操守的负面评价。

对于营利性企业而言，拥有良好的信誉、规范的运营状态是其获得正当社会评价的基础，故而对企业法定代表人的负面评价可能会给企业形象、经济信用以及品牌价值造成消极影响，存在阻遏第三人与该企业发生经营联系的可能性，构成对企业法人名誉权的侵犯，同时也会给其造成经济损失。

2. 企业法人容忍言论的范畴与界限

互联网的发展给了言论更广阔的空间，网络言论的表达渠道更加畅通、传播交流更加便捷，同时也意味着作者发布言论所需的斟酌时间通常更短，因自媒体引发的名誉权侵权纠纷也随之增多。公民享有言论自由的权利，其中，代理商对其曾经参与的商业合作关系、消费者对于其购买的商品或服务均有权利发表肯定或否定的言论。

按言论的内容指向区分，可以将言论分为“事实陈述”和“意见表达”，基于事实依据的意见表达在法定范围内受到言论自由权利的保护，发表针对商业合作关系、商品或服务的言论时，应言而有据，不可任意歪曲事实、夸大事实，亦不可贬损、侮辱他人。判断网络言论是否构成侵权不仅要结合其行文结构、上下文的含义及语境、集中表达的中心思想等方面进行整体判断，同时要结合作者的主观目的、身份等因素加以综合判断。

就本案而言，不容忽视的前提是黄某某所在的深圳某某公司与洪某所在的北京某某公司之间存在商业合同纠纷。关于双方合作历史等事项，黄某某发表的带有主观感情色彩的言论，虽部分用语带有一定贬义，且属于令北京某某公司不快的情绪性意见，但从整体上来看，仍属于对己方商业经历的主观描述和渲染，属于意见表达范畴，并未脱离事实基础，亦未明显侮辱北京某某公司的人格，未达到侵害当事人名誉权的严重程度，属于商业纠纷相对方应当容忍、克制的范畴，不构成名誉侵权。

编写人：北京市海淀区人民法院　张江洲　陈昱晗

（三）其他

47

对英雄烈士的事迹提出质疑者应对由此引发的社会公众激烈批评负有较高的容忍义务

——洪某诉刘某、深圳市××文化咨询有限公司名誉权案

【案件基本信息】

1. 裁判书字号

广东省深圳市中级人民法院（2017）粤03民终15968号民事判决书

2. 案由：名誉权纠纷

3. 当事人

原告（上诉人）：洪某

被告（被上诉人）：刘某、深圳市××文化咨询有限公司（以下简称××公司）

【基本案情】

2013年9月9日，洪某在财经网公开发表《小学课本"狼牙山五壮士"有多处不实》（以下简称《不实》）一文，2013年第11期《炎黄春秋》杂志（2013年11月8日出版发行）刊载洪某撰写的《"狼牙山五壮士"的细节分歧》（以下简称《细节》）一文。两文均对狼牙山五壮士事迹中的若干细节问题提出质疑。

2015年5月24日，刘某在××网（××公司系该网站运营者）发布了《给郭、王等人的信》一文。2015年5月25日，××公司在其所有的新浪微博账号、微信公众号上发布了刘某的上述同名同内容文章。该文主体内容包括：介绍"狼牙山五壮士"的成员情况；通过引用相关史实和先辈诉说还原战斗细节；就国家应如

何应对污蔑英雄行为提出相关建议等，全文共计3940字。该文中还存在如下表述："在一些中国人中，竟然有带有日本色彩的帝国主义基因，替日本鬼子说话，与安倍唱一个调子。带这种基因的人，充当了新时期的汉奸走狗，起到帝国主义想起而起不到的作用。这些人，如《炎黄春秋》杂志的黄某和洪某之类，披着中国人的皮，却替帝国主义法西斯效命""这样找借口制造绯闻，是一股汉奸思潮，说这些人是'狗娘养的'是高抬了，他们连狗都不如""黄某、洪某，你们的言行太不要脸了，太无耻了！你们就是一群蓄意制造动乱的无赖，在利用言论自由、网络、报刊杂志毒化社会、毒化无知之人""黄某、洪某这样恶搞抗日英雄：一是完全不了解历史。他们没有资格谈论革命历史。他们诬蔑英勇作战的八路军战士是'土八路'，是一股欺压百姓无恶不作的土匪"。

洪某认为刘某在《给郭、王等人的信》中的上述言论是对洪某的侮辱、诽谤并导致其社会评价降低，故于2016年9月7日提起本案诉讼。

【案件焦点】

1. 刘某《给郭、王等人的信》是否超出洪某应予容忍的限度；2. 刘某在××网发布《给郭、王等人的信》是否构成对洪某名誉权的损害。

【法院裁判要旨】

广东省深圳市宝安区人民法院经审理认为：刘某的行为是否构成侵权，应当从双方当事人发生纠纷的涉案言论及其背景，言论全文主旨和有无造成损害后果等方面进行综合判断。

首先，本案纠纷因洪某发表在先的《不实》和《细节》两文而引发，该两文对"狼牙山五壮士"及其事迹的多处质疑，体现的是对典型英雄形象、事迹及抗日战争历史的颠覆。两文虽然形式上是对我国抗日战争史上具体英雄事迹细节的探究，但其实质上是对该英雄形象、事迹以及其中体现的民族精神、民族气节的质疑甚至颠覆，是对抗日民族统一战线历史地位和作用的再评价。该言论已经超越了对一般历史细节的探究和评价范畴，伤害了社会公众的民族和历史感情。据此，洪某就其发表的上述言论可能引发社会公众评价、批评甚至批判等，都应当能够预见且负有较高的容忍度。

其次，刘某《给郭、王等人的信》全文主旨不在于侵害洪某的名誉权。刘某撰写并发表于××网的一文，其主要内容，一是介绍“狼牙山五壮士”的成员情况；二是通过还原战斗细节回应先前的质疑言论；三是就如何应对污蔑英雄行为提出相关建议，全文共计3940字。该文通过大量引用相关历史事实和亲历者诉说，一定程度上消除了洪某先前质疑英雄事迹的不良影响，维护了先烈形象，其主旨和目的符合社会主义核心价值观，应予肯定。洪某所指该文侵害其名誉权的个别词句，既不属该文主要意旨，也远非该文主体内容，虽部分用语带有过激的感情色彩，但仍属社会公众对贬损英雄形象、事迹行为的民族感情反应，不足以认定为侵害洪某名誉权的行为。

最后，刘某《给郭、王等人的信》在传播过程中也不会构成对洪某名誉权的损害。刘某在××网发表《给郭、王等人的信》后，××公司在其所属的新浪微博、微信公众号等载体上进行全文转载、刊发。该传播方式和洪某发表在先言论的方式相同，客观上是在相当范围内、同等程度上对质疑英雄事迹言论所产生负面影响的消除。结合《给郭、王等人的信》的全文主旨和内容，该文在社会公众中所产生的主要作用，在于还原史实以正视听和对英雄事迹的弘扬，洪某称该文传播导致其社会评价降低、名誉权受损，不符合社会公众对该文的普遍认知，没有相关事实依据。

综上所述，刘某和××公司不构成对洪某的名誉权侵权，对洪某的诉讼请求，不予支持。对刘某个别过激的不当用语，提出批评。广东省深圳市宝安区人民法院依照《中华人民共和国侵权责任法》第六条第一款、《中华人民共和国民事诉讼法》第六十四条第一款规定，判决如下：

驳回洪某的诉讼请求。

洪某不服一审判决，提起上诉。二审法院同意一审法院裁判意见。

【法官后语】

本案例涉及因对于英雄烈士的事迹提出质疑而引发的社会公众激烈批评的言语是否构成对质疑者的名誉侵权问题，对于弘扬社会主义核心价值观、保护英雄烈士的名誉不受侵害具有重大意义，充分体现了人民法院通过民事审判彰显英烈人格尊严的社会价值、纯化道德风尚的积极作用。

1. 英雄烈士的名誉不容侵犯。《中华人民共和国民法总则》第一百八十五条规定，侵害英雄烈士等的姓名、肖像、名誉、荣誉，损害社会公共利益的，应当承担民事责任。立法将这类侵权行为特别加以规定，体现了全社会对侵害英雄烈士名誉权等行为的否定评价。从表面来看，本案系因刘某在××网站发表《给郭、王等人的信》引起，但实际上，纠纷的起因是洪某发表在先的《不实》和《细节》两文。人民法院的生效判决已认定《不实》和《细节》两文所侵害的利益不仅是“狼牙山五壮士”的名誉和荣誉，还包括融入了这种英雄人物名誉、荣誉的社会公共利益。对本案进行裁判，不能脱离这一大的背景。

2. 对英雄烈士事迹提出质疑者，应对社会公众批评负容忍义务。历史研究应当有自己的边界。英雄烈士的英勇形象和光辉事迹已经成为中华民族共同的历史记忆和宝贵的精神财富，是中华民族的“图腾”，个别人打着历史研究的幌子，以“考证细节”之名行否定英雄人物和英雄事迹之实，这是对社会公众民族感情的极大伤害，作者应当预见到此类言论将会引发公众的激烈批评，亦应容忍这些批评。从法律上来说，这是基于其在先行为（发表明知会侵犯民族感情的言论）而引发的义务（容忍他人的激烈批评）。本案中，洪某发表的《不实》《细节》两文，实质上构成了对“狼牙山五壮士”名誉权的侵害，也损害了社会公共利益。洪某作为文章作者，无论其身份是历史爱好者还是历史研究学者，对此应当是明知的。其决定发表两篇文章，就应当承受、容忍由此导致的批评。正因如此，在判断批评者的言论是否侵犯洪某的名誉权时，也应秉持较高标准：只要言论未超出其容忍范围，就不应认定构成对洪某名誉权的侵害。

3. 批评文章是否超出质疑者容忍范围应考虑文章主旨和传播效果。《最高人民法院关于审理名誉权案件若干问题的解答》第七条规定，是否构成侵害名誉权的责任，应当根据受害人确有名誉被损害的事实、行为人行为违法、违法行为与损害后果之间有因果关系、行为人主观上有过错来认定。所谓名誉被损害的事实，一般是指当事人的社会评价降低。对于质疑英雄烈士的英雄形象和英雄事迹而引发的社会公众批评是否构成对质疑者名誉权的侵犯，考虑到质疑者应负的容忍义务，不能仅看批评文章的表面文字，而应结合文章内容及其在社会传播中所产生的主要作用综合分析，如果文章主旨是为了还原史实，在社会传播中的主要作用也在于对英雄事迹的弘扬而非对质疑者的侮辱，应认定未导致质疑者社会评价降低，不构成名誉侵权。本案中，正如生效判决所认定的，《给郭、王等人的信》的主要目的、内容在于还原史实和对英雄事迹的弘扬，在社会传播过程中实际产生的主要作用也在于对英雄事迹的弘扬，未超出洪某应予容忍的范围。从普通人的角度来看，即使整个事件使得洪某社会评价降低，也是因为洪某发表的《不实》和《细节》两文导致的，而非《给郭、王等人的信》造成的。因此，该文未侵害洪某的名誉权，一、二审判决驳回洪某的诉讼请求，无疑是正确的。

编写人：广东省深圳市中级人民法院　李飞

48

合理举报行为不构成对名誉权的侵犯

——上海瑞皇管业科技有限公司诉成都胜煌管业有限公司名誉权案

【案件基本信息】

1. 裁判书字号

四川省成都市金牛区人民法院（2018）川0106民初4507号民事判决书

2. 案由：名誉权纠纷

3. 当事人

原告：上海瑞皇管业科技有限公司（以下简称瑞皇公司）

被告：成都胜煌管业有限公司（以下简称胜煌公司）

【基本案情】

2017年11月2日，胜煌公司向雅安市雨城区工商和质量技术监督局投送《举报信》，在信中提出雅安市大兴片区城市道路农科二路道路建设工程中使用的雨污排水管道为劣质聚乙烯材料，系由作坊企业仿冒生产的不合格产品，并指明产品合格证表明的生产厂家为瑞皇公司。至今，双方均未举证证明该雅安市雨城区工商和质量技术监督局对胜煌公司举报的相关事项作出最终的判断。

瑞皇公司表示胜煌公司的侵权行为就是恶意进行举报、在相关产业领域散播诋毁瑞皇公司的言论，瑞皇公司的损失则在于与相关下游销售企业终止了合作。

【案件焦点】

合理化的举报行为是否构成对名誉权的侵犯。

【法院裁判要旨】

四川省成都市金牛区人民法院经审理认为：根据《最高人民法院关于审理名誉权案件若干问题的解答》第七条“是否构成侵害名誉权的责任，应当根据受害人确有名誉被损害的事实、行为人行为违法、违法行为与损害后果之间有因果关系、行为人主观上有过错来认定”的规定，瑞皇公司的诉讼请求成立的条件即胜煌公司的行为违法，且胜煌公司的行为造成瑞皇公司的名誉权被损害。故本案的争议焦点即胜煌公司的行为是否违法，瑞皇公司的名誉权是否被损害。

一方面，胜煌公司向相关部门举报可能存在不合格产品的情况，是行使《中华人民共和国产品质量法》赋予的权利，而瑞皇公司未能举证证明诉争举报行为是恶意的行为，因此胜煌公司的举报行为并不违法。另一方面，瑞皇公司并未举证证明其信用、声望等方面的社会评价因为本次举报降低的情况。虽然瑞皇公司主张胜煌公司在相关产业领域散布不实言论，但其也并未提供证据证明该项主张。综上所述，胜煌公司的举报行为不存在过错，且未造成瑞皇公司名誉权受损的后果，胜煌公司的行为并未完全满足侵害名誉权的构成要件，瑞皇公司请求胜煌公司承担侵犯其名誉权的相关责任于法无据，不予支持。

四川省成都市金牛区人民法院依照《中华人民共和国民法通则》第一百零一条、《最高人民法院关于审理名誉权案件若干问题的解答》第七条、《中华人民共和国民事诉讼法》第六十四条第一款规定，判决如下：

驳回瑞皇公司的诉讼请求。

【法官后语】

法人的名誉是社会对法人的信誉、外在形象、经营特色、产品质量、服务态度等各方面的总的社会评价。法人的名誉往往对其生产经营和经济效益有重大的影响，因此我国法律规定法人享有名誉权。法人名誉权的内容直接与法人的经济活动和生产经营成果相联，是伴随企业经营过程中通过自身的能动作用而塑造出的社会形象，即对法人生产经营能力、生产水平、资产状况、产品声誉、商业信用、成果贡献等因素的综合社会评价。对法人名誉的侵犯必然直接妨害、影响法人参与社会竞争的资格，因此，法律保护法人的名誉权不受他人侵犯。按照侵权责任法之规定，认定侵犯名誉权的行为，应根据受害人确有名誉被损害的事实、行为人违法行为、违法行为与损害后果之间有因果关系、行为人主观上有过错来认定。本案审查的重点是举报行为是否违法和名誉损害事实是否成立。

1. 举报行为的违法性认定。本案起因是胜煌公司向相关部门举报瑞皇公司可能存在不合格产品的情况。公民有权依法向有关部门检举、控告他人的违法行为，但不得借故侮辱诽谤。因此，对公民正当行使产品质量监督的权利应当予以保护。即使检举、揭发、控告的部分内容失实，只要不存在故意捏造事实，或明知事实未查清而肆意散布的情况，司法应当更注重保障公民的监督权。故胜煌公司的行为并未被法律所禁止，无违法性，是合理的举报行为。

2. 受害人确有名誉被损害的事实的认定。侵害法人名誉权的行为往往是通过捏造、散布不实信息，诽谤、诋毁法人名誉，导致法人社会评价降低，并由此产生竞争不力，造成一定的经济损失。在信息时代，人们往往通过网络对相关信息进行传播扩散。胜煌公司只是将举报信送至特定职能部门，未形成扩散至第三人的后果，故不存在瑞皇公司名誉损害的事实。

本案中，因胜煌公司仅向相关职权部门进行举报，未肆意散布未经核实的消息，也未公开对瑞皇公司进行诽谤、侮辱，不存在损害名誉权的问题，胜煌公司的行为不应当得到否定性的评价。

综上，相关企业作为向大众公开提供产品的市场主体，对公民及社会组织的监督应当秉持“有则改之，无则加勉”的宽容态度，而相关质量监督部门也应当及时对公民及社会组织检举、揭发的情况予以核查，公开核查结果，这样才能形成产品质量监督系统的良性循环。该案的审理对于公民及社会组织行使申诉、控告、举报等权利的限度方面，以及区分合理化建议及不良举报行为方面具有一定的意义。

编写人：四川省成都市金牛区人民法院　李雪　刘康宁

49

将有争议的逾期还款情况记入当事人信用记录的行为不构成对名誉权的侵犯

——张某某诉中国银行名誉权案

【案件基本信息】

1. 裁判书字号

北京市第一中级人民法院（2018）京01民终6615号民事判决书

2. 案由：名誉权纠纷

3. 当事人

原告（上诉人）：张某某

被告（上诉人）：中国银行

【基本案情】

张某某系中国银行的信用卡客户，持有中国银行信用卡卡号为4380＊＊＊＊＊＊＊＊5929。2012年5月8日，张某某的该信用卡发生一笔991.92欧元的消费，消费地点为境外，当晚张某某致电中国银行客服，以自己身在北京、信用卡亦在自己手中、该笔消费不是张某某消费为由对此笔消费提出异议。后中国银行称因商家对此笔消费存在争议，需由国际银联组织仲裁，要求张某某签署相关法律文件由中国银行代表张某某参加仲裁，但张某某拒绝签署相关文件。此后中国银行对该笔欠款本金进行了抵销，但向张某某发送的账单中仍存在滞纳金。此后中国银行多次通过短信及电话等方式向张某某催收该笔滞纳金，张某某认为该笔欠款与其无关不同意归还，在接到催收电话时提出异议，对方告知其如有异议可至中国银行信用卡部解决相关问题，但张某某未向中国银行有关部门办理相关手续，因该笔滞纳金多次逾期，逾期情况被记录入张某某个人征信。

张某某主张，首先该笔欠款及因欠款产生的滞纳金与其无关，而中国银行向其催讨上述款项的行为侵犯了其名誉权；其次张某某不应归还该笔滞纳金，但该笔欠款的逾期信息被录入张某某个人征信，影响了张某某的个人征信，即中国银行侵犯了张某某的名誉权。

另，张某某未就该笔991.92欧元的争议款项进行报案，双方亦未通过司法途径或其他途径对该笔争议款项的性质进行确认，目前该笔消费是否为盗刷等情况性质不明，最终应由何方负担并无有权机关的认定。张某某主张目前中国银行抵销了该笔消费的本金及滞纳金，可以证明中国银行认可该笔欠款与其无关，中国银行对此表示否认，主张抵销消费欠款的本金和滞纳金只是本着解决问题的态度进行了内部处理，并非对该笔款的性质的认定。

【案件焦点】

将有争议的逾期还款情况如实记入当事人信用记录的行为是否构成对名誉权的侵犯。

【法院裁判要旨】

北京市石景山区人民法院经审理认为：公民、法人享有名誉权，公民的人格尊严受法律保护，禁止用侮辱、诽谤等方式损害公民、法人的名誉。是否构成侵害名誉权的责任，应当根据受害人确有名誉被损害的事实、行为人行为违法、违法行为与损害后果之间有因果关系、行为人主观上有过错来认定。首先，张某某主张中国银行侵犯其名誉权，应当举证证实中国银行存在侵权的行为及主观过错。张某某向中国银行申领了中国银行发放的信用卡，双方形成信用卡合约关系，故中国银行有权要求张某某在中国银行指定的到期还款日之前归还偿还欠款。张某某主张该笔消费与其无关，不应由其偿还，但其未就该笔欠款进行报案，公安机关未就该笔欠款是否为信用卡诈骗或涉嫌犯罪作出认定，也未有其他司法机关或有权机关对该笔消费及由此形成的欠款、滞纳金的性质进行认定，张某某也未配合中国银行针对该消费进行的仲裁，在因该笔消费形成的欠款、滞纳金的性质没有最终确认前，中国银行要求张某某还款的行为并无不妥。其次，张某某个人征信录有逾期归还该笔滞纳金的信息，虽张某某主张该笔滞纳金不应由其偿还，但该笔滞纳金并无有权机关定性。且中国银行就该笔滞纳金对张某某进行了多次催缴、张某某对此滞纳金亦明确知情，其逾期归还滞纳金的情况系客观存在，并非中国银行捏造或编造事实。最后，中国银行在张某某起诉后积极抵销了滞纳金并表示愿意在张某某配合下消除逾期的不良记录。综上，张某某提交的证据不足以证明中国银行有侵害张某某名誉的主观故意和过错行为。故对张某某主张中国银行侵犯其名誉权等全部诉讼请求因证据不足，不予支持。

综上所述，北京市石景山区人民法院依据《中华人民共和国民法总则》第一百一十条、《中华人民共和国侵权责任法》第六条、《最高人民法院关于审理名誉权案件若干问题的解答》第七条、《中华人民共和国民事诉讼法》第六十四条第一款及《最高人民法院关于民事诉讼证据的若干规定》第二条规定，判决如下：

驳回张某某的全部诉讼请求。

张某某不服一审判决，提起上诉。北京市第一中级人民法院经审理认为：《中华人民共和国民法通则》第一百零一条规定，公民、法人享有名誉权，公民的人格尊严受法律保护，禁止用侮辱、诽谤等方式损害公民、法人的名誉。认定名誉侵权的核心要件是行为人是否对受害人实施了侮辱或者诽谤的行为，进而贬损了受害人的人格。张某某办理了中国银行的信用卡，双方形成了服务合同关系。张某某持有的信用卡在境外发生消费行为，作为合同另一方当事人，中国银行向张某某催收该款项与滞纳金并无不当。虽然张某某对该笔消费行为提出异议，但在未经有权部门对是否为盗刷、款项如何负担作出认定的情况下，张某某未能及时履行付款义务，从而使张某某个人征信受到影响，该行为并非中国银行对张某某的侮辱或者诽谤，张某某未还款的行为被记入其信用记录，并非中国银行故意捏造张某某不还款的事实，进而侵害张某某名誉的行为，故张某某主张中国银行侵犯其名誉权，无事实与法律依据，不予支持。

综上，北京市第一中级人民法院依照《中华人民共和国民事诉讼法》第一百七十条第一款第一项规定，判决如下：

驳回上诉，维持原判。

【法官后语】

本案主要的争议焦点为金融机构将有争议的逾期还款情况如实记入当事人信用记录的行为是否构成对名誉权的侵犯。

名誉，是指人们对于公民或法人的品德、才干、声望、信誉和形象等各方面的综合评价。这些被维护的名誉是指具有人格尊严的名声，是人格的重要内容，受法律的保护。公民、法人享有名誉权，公民的人格尊严受法律保护，禁止用侮辱、诽谤等方式损害公民、法人的名誉。是否构成侵害名誉权的行为，应当根据受害人确有名誉被损害的事实、行为人行为违法、违法行为与损害后果之间有因果关系、行为人主观上有过错来认定。

本案中，张某某主张中国银行侵犯其名誉权，但不能举证证实中国银行存在侵权行为及主观过错。首先，张某某只是对涉案信用卡消费持有异议，并未就该笔欠款进行报案，公安机关未就该笔欠款是否为信用卡诈骗或涉嫌犯罪作出认定，也未有其他司法机关或有权机关对该笔消费及由此形成的欠款、滞纳金的性质进行认定，张某某也未配合中国银行针对该消费进行的仲裁，在因该笔消费形成的欠款、滞纳金的性质没有最终确认前，中国银行要求张某某还款的行为并无不妥。其次，中国银行就涉案滞纳金对张某某进行了多次催缴、张某某对此滞纳金亦明确知情，其逾期归还滞纳金的情况系客观存在，并非中国银行捏造或编造事实。综上，张某某虽然口头对该笔交易提出了异议，但一直没有主动就该笔款项的定性采取相关措施、亦拒绝配合中国银行就该笔款项向有关机构提出的异议，故该笔款项是否因盗刷而产生性质不明。在此种情况下，中国银行将此逾期记录如实向征信机构提供并不存在过错。故张某某主张中国银行侵犯其名誉权以及其他诉讼请求因证据不足，不能获得支持。

现代社会是信用社会，信用记录和我们每个人的生活息息相关。我们的信用记录被依法采集后，由专业的征信机构负责管理和使用。中国人民银行征信中心作为专业化征信机构，专门负责企业和个人征信系统的建设、运行和维护。其依法采集的个人信用信息客观记录了个人全部信用支付历史。通过收集、整理个人信用信息，就形成了个人信用报告。可以说，个人信用报告，客观反映了每个人的信用状况，是每个人的“第二张身份证”，它对我们每个人的经济生活都产生着重要的影响，对我们的社会经济正常运行有着重大意义。所以，每个人都应当珍惜和维护好自己的信用记录。如果发生了可能影响个人信用的情形，应该积极地提出异议、解决问题。可以通过司法途径比如提起信用卡纠纷之诉等方式解决疑似盗刷款项的问题，或协助金融机构对该款项采取申诉、调查等相关措施，或按照金融机构的要求与其他相关部门联系处理，尽早明确消费的性质和责任人。而不应消极处理甚至不闻不问。本案中，正是张某某的消极行为导致其有争议的逾期记录未能及时解决而被银行如实提供给征信机构，最终影响了他的信用记录。

编写人：北京市石景山区人民法院　赵莹

50

金融机构超期不予删除连带责任保证人的不良信用记录是否构成名誉权侵权

——林某诉山东沂源农村商业银行股份有限公司名誉权案

【案件基本信息】

1. 裁判书字号

山东省淄博市中级人民法院（2018）鲁03民终1387号民事判决书

2. 案由：名誉权纠纷

3. 当事人

原告（被上诉人）：林某

被告（上诉人）：山东沂源农村商业银行股份有限公司（以下简称沂源农商行）

【基本案情】

张某于2007年1月29日向原沂源县农村信用合作联社（后改制为沂源农商行）借款33000元，借款期限为一年（2007年1月29日至2008年1月20日）。林某作为其中的一个保证人与原沂源县农村信用合作联社签订保证合同一份，林某自愿为张某的借款承担连带责任保证，保证期间为主合同约定的债务人履行债务期限届满之日起二年。借款到期后，沂源农商行未提起诉讼或者通过其他方式向借款人和保证人主张过权利，但将林某列入信用不良记录。林某起诉要求沂源农商行立即删除其在银行金融系统的信息不良记录并赔偿经济损失10000元。

【案件焦点】

沂源农商行超期不予删除连带责任保证人的不良信用记录是否构成名誉权侵权。

【法院裁判要旨】

山东省沂源县人民法院经审理认为：本案借款合同的期限为2007年1月29日至2008年1月20日，林某承担连带责任保证，保证期间至2010年1月20日届满，沂源农商行未在保证期间内主张权利，也就是说依据法律规定自2010年1月21日开始林某作为保证人不应再承担保证责任。根据《征信业管理条例》第十六条规定，自不良行为或者事件终止之日起超过5年，金融系统应当对个人不良信息记录进行删除。沂源农商行从未向借款人和保证人主张过权利，超过保证期间后，林某作为保证人依据法律规定已经不再承担保证责任，还款义务和保证责任消失，林某可以主动偿还借款，但已经不能依据法律规定强制林某按照保证责任还款，因此，债权人未主张权利超过保证期间应该视为不良行为或者事件终止之日。个人不良信息的保存期限，自不良行为或者事件终止之日起超过5年的，应当予以删除，即自2010年1月21日开始计算5年时间，林某的信用不良记录应当自2015年1月22日开始予以消除。林某发现信用不良后已向沂源农商行要求撤销不良记录，但沂源农商行未及时启动纠错程序，致使林某名誉权受侵犯，并且侵权行为实际对林某造成了一定的损害结果，沂源农商行侵权成立。林某要求沂源农商行赔偿经济损失10000元，未提供证据，庭审中要求撤回该项诉讼请求另行主张，予以支持。沂源农商行辩称林某个人信息不良的行为或者事件并未终止，其不良信息不应消除，即使林某另案起诉要求确认其不再承担保证责任，要求消除其个人信息不良记录也不能成立，该辩称理由不成立，不予支持。综上所述，沂源农商行侵害林某的名誉权，应当对林某承担侵权责任，林某要求沂源农商行删除其在金融系统的个人不良记录信息，恢复其个人正常信用的诉讼请求，于法有据，予以支持。据此，一审判决：

沂源农商行删除林某在金融系统的信用不良记录，恢复林某的个人正常信用。

沂源农商行持原审答辩意见提起上诉。山东省淄博市中级人民法院经审理认为：依据《中华人民共和国担保法》规定，在合同约定的保证期间，债权人未要求保证人承担保证责任的，保证人免除保证责任。林某与原沂源县农村信用合作联社签订的贷款责任书中约定，林某为案外人张某的借款承担连带责任保证，保证期间为主合同约定的债务人履行债务期限届满之日起二年。在双方约定的保证期间内，原沂源县农村信用合作联社及沂源农商行均未要求林某承担保证责任，故林某的保证责任已免除，沂源农商行将林某列入金融系统的个人不良记录信息不当，一审法院据此判决沂源农商行删除林某在金融系统的信用不良记录并无不当。因此，沂源农商行的上诉理由于法无据，依法不予支持。据此，二审判决：

驳回上诉，维持原判。

【法官后语】

实践中，为了保证借款债权的安全性，商业银行等金融机构在从事商业贷款业务时通常采取抵押或保证的担保方式。其中对于保证担保而言，金融机构通常要求借款人对其借款提供连带责任保证人，从而确保在借款人不能正常还款的情况下由保证人承担对借款的连带责任。而一旦产生借款逾期的情况，连带责任保证人依法应当对借款人的借款承担保证责任，并且在其个人征信上也会产生影响。而个人征信一旦产生不良记录，就会对个人的工作和生活造成影响，尤其是对于个人在就业、出行、贷款等诸多方面均具有直接的负面影响，甚至会波及家庭成员。其中最为常见的是个人与银行的交易行为因个人征信不良记录而受阻甚至无法进行，进而导致其他一系列不利后果。本案中，林某就是因为他人借款提供担保而导致产生个人征信不良记录，并因该不良记录致其在办理银行贷款时被拒，进而使其购房合同落空。而上述消费行为受阻不仅影响林某个人，也会影响林某的家人及与林某进行交易的相对方。同时，在上述交易过程中林某的不良记录在一定范围内得以公开，显然会造成其社会评价的降低，并且只要该不良记录一直存在，其上述影响及其引发的对其社会评价的降低则会持续。由此，因个人征信不良记录而产生的对个人名誉的影响是显而易见的。

客观而言，在个人征信不良记录正常存在期间，其对个人名誉的负面影响是客观、公正的，也并非银行方面的原因所导致，故银行并不存在侵害名誉权的问题。然而个人征信的不良记录一旦产生也并非永远存在。对此，《征信业管理条例》第十六条规定：征信机构对个人不良信息的保存期限，自不良行为或者事件终止之日起为5年；超过5年的，应当予以删除。根据该规定，自不良行为或者事件终止之日起超过5年，金融系统应当对个人不良信息记录进行删除。如果银行及时将个人不良信息记录删除，则个人名誉受损的基础便不复存在。但若银行不及时删除“原因已终止”且满法定期间的个人不良信息记录，那么个人的名誉因该征信不良记录而受到影响的事实便会持续存在，个人就会持续受到不客观、不公正的评价，且该事实与银行不予删除不良信息记录的行为显然具有因果关系，银行不予删除不良信息记录的行为便构成对个人名誉权的侵权。这对于已经承担了担保责任的保证人而言自不必说，毕竟承担担保责任明显属于“不良行为或者事件终止”。

但本案出现的这种情况则是保证人并未主动承担其保证责任，是因银行的消极行为导致其保证责任被免除。此情形能否认定为“不良行为或者事件终止”便成为正确处理本案的核心问题。对此本案一、二审法院均认定此情形属于“不良行为或者事件终止”，银行超期不予删除不良信用记录构成名誉权侵权。理由在于，尽管保证人未主动承担保证责任，但因其保证责任根据法律规定已经免除，故应当认定为《征信业管理条例》第十六条所规定的“不良行为或者事件终止”。在该不良行为或者事件终止之日起超过5年的情形下，金融系统同样有义务将该保证人的个人不良信息记录予以删除。具体来说，银行或者农村信用社等专业金融机构对于其贷款应当尽到审慎义务，即及时要求连带责任保证人承担保证责任，如因银行怠于行使权利导致保证人保证责任免除达到法定期限的，银行对相关不良征信信息应及时启动纠错程序予以撤销，否则将承担相应的侵权责任。

编写人：山东省淄博市中级人民法院　荣明潇　葛云雷

51

错误实施自力救济的侵权责任承担

——汪某某诉马某某名誉权案

【案件基本信息】

1. 裁判书字号

江苏省无锡市锡山区人民法院（2017）苏0205民初5612号民事判决书

2. 案由：名誉权纠纷

3. 当事人

原告：汪某某

被告：马某某

【基本案情】

2017年9月7日15时左右，汪某某与家人一同至某售楼处办理购房及交费手续，在洽谈时曾坐在1号谈判桌边。此时，售楼处工作人员马某某发现其有一部白色手机壳的黑色苹果6S手机不见了。经询问，购房人刘某称看到一名穿白绿条纹T恤的人从1号谈判桌上拿了一只白色手机壳的手机。马某某按此特征在交费处找到汪某某，询问是否拿走了手机并称有人看见了。汪某某当即否认，马某某借用同事的手机拍下部分监控视频出示给汪某某，汪某某要求报警，于是马某某于16时28分向云林派出所报警。当日正值楼盘集中签约，事发当时售楼处约有百人在场。云林派出所出警后在售楼处简单了解了事情经过，就将汪某某等人带至云林派出所配合调查，并对众人制作了笔录。次日凌晨，云林派出所将汪某某释放。次日下午，云林派出所调取了售楼处的全部监控视频，认定汪某某并未盗窃马某某的手机，其从桌上拿起的系其家人所有的华为手机，马某某表示愿意向汪某某道歉。后经该案承办警官核实，马某某并未在云林派出所向汪某某道歉。

汪某某认为事发当天在售楼处及派出所均有人对此事议论纷纷，其名誉受到了严重损害，其精神遭受极大痛苦，还患上了抑郁症，故诉至法院，请求判令：1. 马某某向汪某某赔礼道歉，通过当地报纸刊登公告、当地广播的方式为汪某某消除影响、恢复名誉；2. 马某某赔偿精神损害抚慰金30000元及律师费10000元。审理中汪某某要求追加刘某为本案被告并承担相应责任。

【案件焦点】

1. 马某某的行为是否侵害了汪某某的名誉权，如构成侵权，应如何承担侵权责任；2. 是否应追加刘某为本案被告。

【法院裁判要旨】

江苏省无锡市锡山区人民法院经审理认为：关于争议焦点一，马某某在未确认

1号谈判桌上是否是自己手机的情况下就当众询问汪某某是否拿走其手机，又称有人看到汪某某拿了手机，并在查看视频后报警，上述一系列行为足以使在场的上百名工作人员及购房人怀疑汪某某是偷手机的人，一定程度上降低了汪某某的社会评价，已经构成对汪某某名誉权的侵害。马某某应当向汪某某赔礼道歉。本案的侵权行为地位于售楼处，目睹此事的人限于售楼处的工作人员及买房人，故马某某应以在售楼处及小区公告栏内张贴道歉信的方式向汪某某赔礼道歉。此外，汪某某因被怀疑偷手机一事被公安机关传唤并协助调查数小时，事后又没有及时收到道歉，马某某的侵权行为对汪某某造成了一定精神损害，马某某应当向汪某某赔偿精神损害抚慰金8000元。汪某某另主张的律师费，不属于侵权损害的赔偿范围，也不是侵权行为造成的合理必要损失，不予支持。

关于争议焦点二，不应追加刘某为本案被告。理由如下：第一，刘某从未在售楼处当众控告汪某某拿了马某某的手机；第二，刘某仅陈述其看到汪某某拿起了桌上的手机后又放下，该种证言不能直接证明汪某某偷了马某某的手机，其与名誉权的损害不具有因果关系；第三，刘某与马某某不存在侵权的合意。综上，没有证据证明刘某为本案的必要共同诉讼人，对汪某某要求追加刘某为本案被告的申请不予准许。需要说明的是，《中华人民共和国刑事诉讼法》第六十条规定，凡是知道案件情况的人，都有作证的义务。刘某在马某某询问手机下落时将本人亲眼所见情况告知马某某及公安部门，系普通人的热心之举，也是履行法律规定的作证义务。其唯一的过失是因手机外形相似而未正确辨认手机品牌及型号，如因此无心之失便要承担法律责任，不符合普通民众的善良认知，也将打击民众履行作证义务的积极性。

江苏省无锡市锡山区人民法院依照《中华人民共和国侵权责任法》第二条、第六条、第十五条、第二十二条规定，作出如下判决：

一、马某某应于本判决生效后十日内以书面方式向汪某某赔礼道歉（内容须经本院审核），并以在售楼处、小区公告栏内张贴道歉信的方式为汪某某消除影响、恢复名誉；

二、马某某应于本判决生效后十日内向汪某某赔偿精神损害抚慰金8000元；

三、驳回汪某某的其他诉讼请求。

【法官后语】

1. 错误实施自力救济的侵权责任承担

本案是一例典型的因错误实施自力救济造成他人名誉权受损的案件。马某某在发现自己手机丢失并找到了“嫌疑人”的情况下，如果不及时对“嫌疑人”采取措施，“嫌疑人”就有可能离开，即便立即报警，待公安机关赶到现场也来不及了。也就是说，当时情势急迫，要想追回丢失的财产，只能依靠自力救济，当众揭发就是马某某采取的一种企图以公众舆论压力迫使“嫌疑人”就范的自力救济措施。

自力救济又称自助行为，在我国现行法律中没有专门的规定。从学理上来说，自力救济是指权利人为保护自己权益，在形势紧迫又不能及时请求相关国家机关救助的情况下，对他人的人身或财产实施拘束、扣押或其他相应措施，而为法律或社会公德所认可的行为。

自力救济具有随意性和破坏性，本案中马某某当众揭发汪某某“盗窃”的行为对象错误，属于诽谤他人，马某某行使自力救济对象错误、手段过激，即集中体现了自力救济的上述两个固有缺陷。因此，对自力救济的行使必须设置一定限制，包括必须为保护自己合法权益、必须情况紧急、不超过必要限度等。如果错误实施自力救济，侵犯他人合法权益的，应承担相应的侵权责任，自力救济不能成为免责事由。

2. 名誉权侵权的构成要件

本案有一个延伸的问题是，如果“嫌疑人”当真窃取了马某某的手机，那么马某某的当众揭发行为是否仍侵犯“嫌疑人”的名誉权？笔者认为此时应当不属于侵犯“嫌疑人”的名誉权。《中华人民共和国民法通则》第一百零一条规定，公民、法人享有名誉权，公民的人格尊严受法律保护，禁止用侮辱、诽谤等方式损害公民、法人的名誉。参照侵权行为的一般构成要件，名誉权侵权应当具备以下要件：一是属于侮辱、诽谤；二是使他人的社会评价降低。本案中，马某某错误指认的行为属于诽谤，当众揭发的行为使汪某某的社会评价降低，因而构成名誉权侵权。如果“嫌疑人”被证实盗取了手机，则不符合诽谤的构成要件，不构成名誉权侵权。从另一方面来说，如果马某某不是当众揭发汪某某，也谈不上侵犯汪某某的名誉权。

3. 热心人错误作证，应否承担共同侵权责任

学理上对于共同侵权行为之成立，分为客观说和主观说。客观说认为二人以上侵害他人权益致发生同一损害，即使行为人之间无意思联络，仍构成共同侵权行

为。主观说认为共同侵权行为之成立，须行为人对该违法行为有意思联络或共同认识。侵权责任法对共同侵权采取主观说。

本案中，证人刘某所作证言实质为：看到汪某某从桌上拿起一部白色手机又放下，该证言与监控片段基本一致，说明证人所作证言基本属实，唯一的过错是刘某错认了手机型号。且仅有该证人证言不足以证明汪某某盗取了马某某的手机，因为还需证明桌上的手机属马某某所有。更重要的是刘某并未当众控告汪某某盗窃，而是配合公安机关调查作证，故刘某既无侵害之行为，亦无侵害之故意或过失。

《中华人民共和国刑事诉讼法》第六十条规定，凡是知道案件情况的人，都有作证的义务。本案中，马某某到处询问手机下落，刘某出于热心将其所见告知马某某，又配合到公安机关调查、制作笔录，该举动于其并无任何好处，性质上是履行法律规定的公民义务，从当下普通民众的心态上讲，纯粹出于好意。如果仅仅因为在做好事的过程中犯了轻微过失，就动辄得咎，将打击民众履行作证义务的积极性。因此，本案承办人从否定共同侵权的角度驳回了汪某某追加刘某为共同被告的申请，不仅从程序上也从实体上否定了共同侵权的主张。

编写人：江苏省无锡市锡山区人民法院　邹吟冰

三、姓名权、肖像权纠纷

52

银行办理贷款未核实贷款人的身份信息，导致对他人姓名权的侵犯

——姚某某诉中国某某银行股份有限公司昆明某某支行姓名权案

【案件基本信息】

1. 裁判书字号

云南省昆明市中级人民法院（2018）云01民终8087号民事判决书

2. 案由：姓名权纠纷

3. 当事人

原告（被上诉人）：姚某某

被告（上诉人）：中国某某银行股份有限公司昆明某某支行（以下简称中国某某银行）

第三人：云南路建集团某某路桥工程有限公司（曾用名：云南某某汽车运输经贸公司）（以下简称某某路桥公司）

【基本案情】

2000年8月21日，中国某某银行发放了一笔以姚某某为借款人的住房贷款，借款人信息为姚某某，借款合同及相关贷款资料中借款人处均是加盖了姚某某字样的印章，贷款金额为90000元，期限为2000年8月21日至2010年8月20日，贷款利率月息千分之4.65，用于购买坐落于昆明市穿金路735号18幢某某室房屋。

还款方式为每月20日归还980.28元，贷款划入售房者在中国某某银行处开立的账户。中国某某银行与某某路桥公司签订《个人住房借款保证合同》，约定某某路桥公司为上述借款承担连带保证责任，保证期间为两年。

2001年1月3日，姚某某向某某路桥公司缴纳42131.13元的购房款，用于购买昆明市穿金路735号某某室房屋。现姚某某请求判令中国某某银行停止侵害，消除该银行系统中关于姚某某2000年8月20日在该银行贷款的相关信息。

【案件焦点】

1. 姚某某与中国某某银行间是否存在借款合同关系；2. 因为贷款关系，中国某某银行是否侵犯了姚某某的姓名权。

【法院裁判要旨】

云南省昆明市盘龙区人民法院经审理认为：针对第一个争议，姚某某认为未签署履行过合同，未使用过用于签署合同的印章，双方不存在借款合同关系；中国某某银行认为合同关系成立生效，从而发放了贷款。根据《中华人民共和国民事诉讼法》第九十一条第一项，主张法律关系存在的当事人，应当对产生该法律关系的基本事实承担举证证明责任。中国某某银行主张双方存在合同关系，对合同关系成立的基本事实承担举证责任。合同的成立以双方意思表示达成一致为成立要件，中国某某银行提交的以姚某某名义贷款的相关资料中借款人处均是以姚某某名字的条章签署，姚某某否认使用过条章，中国某某银行未举证证实姚某某使用过该条章，无法证实签署合同是姚某某的真实意思表示，也不能证实姚某某收到过贷款并履行过还款义务。并且，姚某某提交的证据证实其在2001年1月3日缴纳了全额的购房款，贷款的发放时间是2000年8月21日，直接划入售房者的账户，缴款和贷款相互矛盾，不符合常理。综上，双方不存在借款合同关系。

针对第二个争议，姚某某认为从未在中国某某银行处办理过住房贷款，对贷款的发放、归还等毫不知情，却莫名在银行系统中有贷款信息，给姚某某造成了一定影响；中国某某银行认为依法为姚某某办理贷款，姚某某多次逾期还款，中国某某银行不是侵权人，不应承担责任。姓名权是保护自然人在社会关系中法律身份标识利益的具体人格权，是个人主体身份的识别符号，其不仅包含了姓名本身，也包含了由姓名衍生的民事权益。根据《中华人民共和国民法通则》第九十九条及《中华人民共和国侵权责任法》第六条规定，姚某某主张中国某某银行侵害其姓名权，应举证证明中国某某银行的侵权行为，且主观存在过错。姚某某提交的证据可以证实姚某某的姓名信息被使用于贷款。中国某某银行及某某路桥公司提供的合同和相关贷款资料不能证实是姚某某本人贷款的真实意思表示，即姚某某未使用自己姓名及相关信息，但该信息被使用产生贷款，并因为逾期，姚某某的信用信息被错误记录。中国某某银行是商业银行，而商业银行作为中国人民银行个人信用数据库的数据提供者，有义务保证其提供的信息准确、完整。信息的准确、完整来源于在信息采集使用时的审慎审核。中国某某银行在签订合同时对于姚某某的身份及信息应进行认真审核，保证姚某某的信息是基于本人的真实意思表示所使用，但中国某某银行未尽到审慎审核的义务，导致姚某某个人信用信息被错误记录，侵犯了与姚某某姓名相关的信用利益，存在侵权行为并造成了损害后果，且中国某某银行未尽到审核义务其主观上存在过错。因此，中国某某银行侵害了姚某某的姓名权，应承担相应的侵权责任。中国某某银行应立即停止侵害，消除以姚某某信息产生的本案所涉的贷款信息。

云南省昆明市盘龙区人民法院依照《中华人民共和国民法通则》第九十九条，《中华人民共和国侵权责任法》第六条及《中华人民共和国民事诉讼法》第九十一条第一项、第一百一十八条规定，作出如下判决：

中国某某银行立即停止侵害，于本判决生效之日起十五日内消除以姚某某的姓名信息产生的本案所涉的贷款信息。

中国某某银行不服一审判决，提起上诉。云南省昆明市中级人民法院经审理认为：本案所涉贷款资料中凡“借款人”处均是以姚某某名字条章加盖的形式完成签署，并未由姚某某本人签字或捺印，此与金融机构签订个人借款合同的惯例以及基本形式的审核要求不符且中国某某银行对此亦不能作出合理解释。现姚某某否认使用过该条章并贷款的情况下，无法进一步得出涉案借款合同的签署系姚某某真实意思表示的相应结论，中国某某银行对此仍应负有举证责任并应承担举证不能的法律后果，同时基于本案已查明的涉案贷款从放款时即未进入姚某某个人账户且仅凭部分转账还款事实亦不能必然证实系姚某某自行履行还款义务（而必然排除他人偿还）的情况下，姚某某所主张的其姓名信息被冒用于涉案贷款的事实因具有证据优势，应当成立并因实际逾期而造成在中国某某银行内部系统中予以记录的损害后果，对此，中国某某银行具有过错并侵犯了姚某某的姓名权。

云南省昆明市中级人民法院依照《中华人民共和国民事诉讼法》第一百七十条第一款第一项规定，作出如下判决：

驳回上诉，维持原判。

【法官后语】

《中华人民共和国民法通则》第九十九条规定，公民享有姓名权，有权决定、使用和依照规定改变自己的姓名，禁止他人干涉、盗用、假冒。《中华人民共和国民法总则》第一百一十条规定，自然人享有生命权、身体权、健康权、姓名权、肖像权、名誉权、荣誉权、隐私权、婚姻自主权等权利。姓名是用以确定和代表个体公民并与其他公民相区别的文字符号。姓名作为表现自己、区别他人的符号，总是与某个特定的个人联系在一起的，可以说，它是个人人格的基本特征。公民的姓名权，就是公民决定、使用和依照规定改变自己姓名的权利。姓名代表了公民的个人，姓名权亦包含了由姓名衍生的相关民事权利。姓名权内容包括积极权能和消极权能两方面完整的内容。姓名权的积极权能，是指公民享有的决定、使用和依照规定改变自己姓名的积极意义方面的权利；姓名权的消极权能，是指公民的姓名权受到侵害或遭受妨碍的情况，如受到他人干涉、盗用、假冒等不法侵害，权利人有权提出停止侵害、排除妨碍、赔偿损失等请求，以保护并实现其姓名权。公民的姓名权本质上是公民的人格权，公民使用自己的姓名并要求他人尊重这种权利是公民姓名权的基本内容之一。除社会交往中的正常使用等情形外，使用他人姓名必须经本人同意，否则就是对他人人格权的不尊重，也是对保护他人姓名权的义务的违反。

本案中，专属于姚某某个人的姓名及身份信息被用于贷款，银行不能证实签订贷款合同是姚某某的真实意思表示，作为专业的金融机构，银行在办理贷款时未尽到审慎审核的义务，即银行未经姚某某授权，就签订了贷款合同并发放了贷款，并将贷款逾期的不良信息记录在银行的内部系统中，导致姚某某存在逾期贷款信息及不良记录，使姚某某的利益受损，侵犯了姚某某的姓名权，应当承担相应的侵权责任。与本案情形相似的还有一系列案件均进行了诉讼，某某路桥公司大批员工的名字被作为借款人与中国某某银行签订了贷款合同，部分员工因贷款逾期导致其在中国人民银行征信中心个人信用报告中出现逾期的信息记录，故除请求中国某某银行消除银行内部的贷款信息外，还请求消除银行征信系统不良信用记录及赔偿精神损害抚慰金。这些系列案件充分反映出中国某某银行作为专业金融法机构，在签订相关贷款合同过程中对他人姓名权的漠视，未能审慎核实贷款人的身份信息，以致冒用他人姓名，构成侵权。

需要说明的是，本案纠纷的产生存在一个特定的背景，某某路桥公司原是国企，后改制为有限公司，因经营不善，于2010年停业，公司的股东不知所踪，公司管理混乱，政府为处理该公司遗留问题成立了处置小组，处置小组能找到的与本案相关的资料不全，无法证实当时贷款的整个过程及真实情况。姚某某是接到银行的催款通知后经查询才得知自己名下存在贷款，其认为中国某某银行未尽到相应的审查义务，侵害其姓名权，导致其名下产生不良贷款信息，要求中国某某银行停止侵权，消除相关贷款信息。某某路桥公司是贷款的连带责任保证人，姚某某未要求第三人承担侵权责任。考虑到本案的特殊背景，法院判决支持了姚某某的诉求。

编写人：云南省昆明市盘龙区人民法院　孙敏　陈娜　保静

53

伪造他人签名进行企业工商登记的应承担侵权责任

——柳某某诉傅某某姓名权案

【案件基本信息】

1. 裁判书字号

江苏省镇江市中级人民法院（2018）苏11民终1130号民事判决书

2. 案由：姓名权纠纷

3. 当事人

原告（被上诉人）：柳某某

被告（上诉人）：傅某某

【基本案情】

柳某某系韩国公民。2012 年年初，柳某某和傅某某经人介绍相识。2012 年 10 月 30 日，傅某某持一份有“柳某某”韩、英文签名的《外方投资者外国（地区）企业授权委托书》(以下简称《授权委托书》，内容为柳某某委托傅某某办理新罗公司的登记事宜)，护照复印件等材料向镇江市工商局申请新罗公司设立登记。此后，新罗公司被准予设立登记，公司性质为柳某某发起的外国自然人独资有限责任公司，傅某某为该公司的法定代表人并担任执行董事和总经理。

新罗公司成立后因经济纠纷被诉至法院，法院在执行过程中，以柳某某作为股东出资不实为由追加其为被执行人并限制其出境。此后，柳某某欲从我国出境时得知自己被法院列为被执行人并被限制出境。

2016 年 11 月 7 日，柳某某将镇江市工商局诉至法院，要求镇江市工商局撤销 2012 年 12 月 14 日的股东企业登记。法院经审理认为镇江市工商局对傅某某提交的公司设立申请材料进行形式审查，认为申请材料齐全并准予登记的行为符合相关规定，判决驳回柳某某的诉讼请求。柳某某遂提起本案诉讼。

法庭上，傅某某陈述其曾与柳某某、金某某商量一起注册一个公司，由柳某某做股东，傅某某做法定代表人负责公司的具体事务。2012 年 10 月 30 日，柳某某本人带了护照原件并亲自出具了授权委托书给傅某某，两人一起在行政窗口办理了相关手续，此后，新罗公司一直由傅某某具体负责运营。柳某某对此则陈述其通过金某某与傅某某相识，金某某告诉柳某某可以由他和傅某某种植鲜花，柳某某拿到韩国卖，需要帮忙时再由柳某某提供护照，以赚取补贴，享受优惠政策，但不需要柳某某出资，所以柳某某将护照拿给了金某某去复印，此后柳某某并未去办理过新罗公司的工商登记。

本案审理中，柳某某向法院申请对涉案《授权委托书》上柳某某的签名真假进行司法鉴定。经南京东南司法鉴定中心鉴定，《授权委托书》上柳某某的韩、英文签名字迹均不是柳某某所写，倾向认定均是傅某某所写。

【案件焦点】

伪造他人签名进行企业工商登记的法律责任认定。

【法院裁判要旨】

江苏省扬中市人民法院经审理认为：自然人享有姓名权，禁止他人干涉、盗用、假冒。根据南京东南司法鉴定中心的司法鉴定意见书，讼争《授权委托书》上柳某某的韩、英文签名均非柳某某所写。该鉴定意见书系由具备鉴定资质的专业鉴定机构所出具，具有证据效力，予以采纳。

对于新罗工商的成立背景和经过，尤其是2012年10月30日柳某某本人是否到场办理了工商登记，柳某某和傅某某各执一词，现有证据也无法完全还原当日事实，但目前可以确定的是，傅某某所持《授权委托书》上的柳某某签名并非柳某某本人所写。对于该事实，傅某某应当知晓，但傅某某却坚称《授权委托书》系柳某某本人所写，并依据该《授权委托书》登记、运营了新罗公司，傅某某对此存在过错，并给柳某某造成了一定损害，应向柳某某承担相应的赔偿责任。现柳某某仅要求傅某某赔偿其损失5000元和鉴定费5600元、取样费2000元，合计12600元，予以支持。

江苏省扬中市人民法院依照《中华人民共和国民法总则》第一百一十条、第一百七十九条规定，作出如下判决：

傅某某限于本判决生效后十日内赔偿柳某某损失12600元。

傅某某不服一审判决，提起上诉。江苏省镇江市中级人民法院经审理认为：首先，傅某某申请重新鉴定的理由，不符合《最高人民法院关于民事诉讼证据的若干规定》第二十七条的相关规定，不予支持；其次，根据现有证据，傅某某称柳某某亲自持护照原件去行政中心办理工商登记并亲自书写《授权委托书》缺乏证据证明，相关行政判决并未确认上述事实，傅某某提供的行政案件庭审笔录中的相关记载，仅为当事人单方陈述，并与鉴定结论不符，故对柳某某称一审认定事实错误的主张不予支持。

江苏省镇江市中级人民法院依照《中华人民共和国民事诉讼法》第一百七十条第一款第一项规定，作出如下判决：

驳回上诉，维持原判。

【法官后语】

2019年2月25日，央视《焦点访谈》栏目以“不想‘被老板’这事该谁管”

为题报道了河北省石家庄市民冯某莫名成为两家公司的老板，保障房资格被取消的奇事，冯某为了证明自己不是“老板”，在税务、市场监管和公安多个部门间奔波数月。节目播出后，2019年2月27日晚，依据冯某等人的撤销申请书和公安部门出具的身份被冒用注册公司的证明，石家庄高新区行政服务局依法对冯某名下的两家公司进行了撤销。

本案中，柳某某的遭遇与冯某相似，在得知自己因“名下”企业债务被追加为被执行人并被限制出境后，柳某某先是以企业登记机关为被告提起了行政诉讼，败诉后又以冒用其姓名的傅某某为被告提起了民事诉讼。

一方面，从法律角度分析，本案并不复杂——我国法律规定，公民享有姓名权，有权决定、使用和依照规定改变自己的姓名，禁止他人干涉、盗用、假冒。侵害姓名权行为的形态主要有干涉、盗用和冒用三种。本案中，傅某某依据虚假的柳某某签名进行工商登记、开办公司的行为，属于冒用他人姓名。傅某某冒用柳某某的签名，致使柳某某被工商部门登记为新罗公司的老板，后新罗公司涉及经济纠纷，柳某某作为新罗公司工商登记的唯一股东，被法院追加为被执行人并被限制出境，柳某某在此过程中遭受了损失，其损失结果的发生与傅某某冒用其姓名的行为存在法律上的因果关系，傅某某的行为属于侵权，依法应当承担相应的法律责任。

但另一方面，从社会角度分析，柳某某维权的过程却很复杂——在这起“被老板”事件中，柳某某被法院追加为被执行人并被限制出境，其正常的生活节奏被打乱，为自证清白，柳某某往来于多个部门之间，聘请律师，提起了多起诉讼，耗费了大量的人力和物力，维权成本不可谓不高。

这几年，莫名其妙“被老板”的现象屡见不鲜，通过审理本案，我们也在思考这一社会现象：一方面，我们要思考如何避免更多的无辜群众受到伤害，减少“被老板”现象的发生，堵住企业登记注册过程中的漏洞，我们认为，这既需要“技防”，也更需要“人防”，引用央视评论员的一段话——“唯有严谨的工作态度和为人民办实事的责任心才是最有效的防火墙，也才能获得群众的信赖”；另一方面，我们也要思考，当无辜群众已经身处“被老板”的处境，我们又该采取怎样的措施，尽可能地减少“被老板”现象给当事人造成的负面影响，尽可能地减少当事人的维权成本。我们认为，一方面，这离不开各个部门的“各司其职”，要明确这事“该谁管、怎么管”；另一方面，考虑到公民的维权意识和维权能力等因素，解决这件事，也离不开各部门之间的协同。一句话，我们要让部门之间多联系，让群众少跑路。

编写人：江苏省扬中市人民法院　王双磊

54

游戏 ID 是否属于姓名权的保护范围

——韩某诉郭某姓名权、肖像权案

【案件基本信息】

1. 裁判书字号

北京市朝阳区人民法院（2018）京0105第1832号民事判决书

2. 案由：姓名权、肖像权纠纷

3. 当事人

原告：韩某

被告：郭某

【基本案情】

韩某为著名的电竞职业选手，游戏竞技频道主持人，其游戏 ID 为 Miss，曾在多项国内国际电竞游戏中荣获大奖，获得最受欢迎解说等殊荣，拥有众多粉丝，粉丝亦称韩某为 MISS（Miss）大小姐。韩某经营的淘宝网店（网址：missgame.taobao.com），主要经营电子竞技产品、零食、男装等，以良好的服务体验，获得粉丝好评。郭某采用假冒的淘宝网店（网址：misssgame.taobao.com）假借韩某的名义，并假冒使用韩某的姓名（电竞名字 Miss）、肖像在淘宝网网站平台上大量销售同类电子竞技产品，在其淘宝店铺上使用“MISS 大小姐电竞外设店——电竞达人 MISS 专营店”“MISS 电竞”“MISS 推荐”字样，并因此获利颇丰，甚至优先于韩某正品店的销售排位，造成许多粉丝的误解，给韩某造成巨大的经济和名誉损失。韩某主张郭某的上述行为侵犯了其姓名权、肖像权，要求郭某停止侵权、赔偿损失。

【案件焦点】

郭某在淘宝网店使用韩某的游戏ID的行为是否构成对韩某姓名权的侵犯。

【法院裁判要旨】

北京市朝阳区人民法院经审理认为：郭某在其开办的淘宝网站上使用了韩某的照片作为网店的配图，该网店营利性质明显，现无证据证明郭某使用韩某的照片经过韩某同意或授权，故郭某的行为侵害了韩某的肖像权。

对韩某主张侵犯姓名权一节，按照法律规定，公民享有姓名权，有权决定、使用和依照规定改变自己的姓名，禁止他人干涉、盗用、冒用。除法律另有规定，自然人在民事活动中可以使用本名，也可以使用自己的笔名、艺名、化名等特定名称。虽然MISS（Miss）本身系一个通常的单词，但其亦是韩某在游戏中的ID，是相关公众对韩某的惯常称呼。通常单词或者游戏用户名并不必然成为姓名权的保护对象，但韩某作为游戏主播和电竞选手，在游戏领域具有一定的知名度，而且一般提到MISS（Miss）、MISS（Miss）大小姐，即能对应到韩某，大量媒体在报道中亦使用该名称指代韩某，使得该名称与韩某之间建立了稳定的对应关系和特定的关联性。相关公众对MISS（Miss）、MISS（Miss）大小姐和韩某之间的对应关系形成了广泛的认同度，具有了公开化和长期化的稳定性，使得这一名称特定化，并具有了相应的商业价值，应属于姓名权保护范围。他人未经许可，不得擅自使用。郭某经营的淘宝网店，主要经营游戏电竞产品，并出现MISS字样，具有明显的营利性质，现无证据证明郭某使用该名称经过韩某的同意或有其他合法根据，构成对韩某姓名权的侵犯。

现涉案的网站已经无法打开，侵权行为已经停止，故对于韩某要求郭某在涉案网站上停止使用其肖像和姓名的诉讼请求不再支持。韩某要求郭某赔偿损失于法有据，关于经济损失的数额，综合考虑韩某的职业身份、客观经济损失及郭某的使用情况等对该项请求酌情予以判处。

北京市朝阳区人民法院依照《中华人民共和国侵权责任法》第二条、第六条、第十五条、第二十条以及《中华人民共和国民事诉讼法》第一百四十四条规定，判决如下：

一、郭某于本判决生效后七日内赔偿韩某经济损失50000元；

二、驳回韩某的其他诉讼请求。

【法官后语】

本案的争议焦点为韩某的游戏ID是否属于姓名权的保护范围。由本案推广开来，自然人在互联网中的网名等特定名称是否能够成为姓名权的保护范围?

自然人的姓名是个人区别于他人的用文字组成的语言上的标记，是人的独特性的表现，其功能是有利于识别个人。另外，姓名也是特定公民之间具有亲属关系的一种标识，具有形成家庭秩序的功能。姓名不仅具有人格利益，还可以产生财产利益，特别是公众人物的姓名，有很高的经济价值。姓名权的保护既保护姓名持有人的精神利益，也保护财产利益。任何组织和个人未经许可，不得擅自使用他人姓名的经济价值。

对于姓名的范围，法律并没有进行定义，自然人身份证上记载的本名当然属于姓名范围，但是随着科技的发展，尤其随着互联网的发展，出现了许多新情况，比如自然人在网络上的网名、各种社交软件上的昵称、游戏中的ID等，因为在当前网络技术下，完全雷同的网名无法完成注册，这些名称是将某一自然人与其他网络用户区别开来的身份代号，这类名称是否属于姓名权的保护范围，目前没有明确规定。笔者认为，认定这些特定名称是否属于姓名权的保护范围，主要考虑以下几点：第一，该特定名称是否具有一定的知名度。知名度是对公众知悉程度的要求，也是该特定名称可能具有的商业价值的表达，关于知名度的范围，笔者认为只要在某一特定行业或者领域有知名度即可，不用达到全部社会公众知悉的程度。第二，该特定名称与自然人本人的对应关系，即提到该特定名称，相关公众是否能够自然联想并知晓指代的系该自然人。第三，该特定名称指代该自然人是否公开化和持续化，即在某一领域或者社会公众中，该自然人是否公开并长期使用这一特定名称，如果不是公开使用的，相关公众不会知悉，自然谈不上与自然人本人的对应，如果不是长期使用，经常变更，不能形成稳定的对应关系，也无法让相关公众产生相对应的关联认知。在满足上述几点的情况下，该特定名称即具备了区别于他人的人格属性，应当属于姓名权的保护范围。

就本案而言，虽然MISS（Miss）、MISS（Miss）大小姐仅是一个通常的英文单词，指的是“女士，小姐，年轻未婚女子”，任何一个未婚女士均可以被这样称呼，但在本案中，这一名称有了特殊含义：MISS（Miss）是韩某的游戏ID，韩某在游戏领域知名度很高，在该领域，一般提到MISS（Miss）、MISS（Miss）大小姐，即能对应到韩某，媒体在报道中亦使用该名称指代韩某，使得该名称与韩某之间建立了稳定的对应关系和特定的关联性。相关公众对这一名称和韩某之间的对应关系形成了广泛的认同度，且公开、长期、稳定，使得这一名称特定化，成为韩某姓名的一部分。该名称应当和韩某的真实姓名一样受到法律的保护。

编写人：北京市朝阳区人民法院　谷培培

55

明星肖像权被微信公众号侵犯之法律保护

——陈某某诉郑州市二七区一美医疗美容门诊部肖像权案

【案件基本信息】

1. 裁判书字号

河南省郑州市二七区人民法院（2018）二七豫0103民初3320号民事判决书

2. 案由：肖像权纠纷

3. 当事人

原告：陈某某

被告：郑州市二七区一美医疗美容门诊部（以下简称门诊部）

【基本案情】

陈某某是我国台湾知名女艺人。2016年6月19日，门诊部在其运营的微信公众号上发布《【一美整形·塑造小V脸】明星没了小V脸……真的丑爆了!》文章一篇，并使用陈某某照片一张。文章写道："陈某某变大脸后，咳咳，变身某某阿姨了，真的好显老。"2017年3月17日，上海市长宁公证处作出（2017）沪长证字第1369号《公证书》，对上述微信公众号内容进行了证据保全公证，陈某某为此支付公证费3000元，公证书中涉及32家美容医院，包括门诊部。庭审中，陈某某确认门诊部已在其管理的微信公众号上将关于陈某某的内容删除。

陈某某认为，门诊部的以上行为侵犯了陈某某的合法权益，造成了巨大的经济损失，故起诉至法院，请求判令门诊部：1. 出具书面的致歉声明，在全国发行的报纸上刊登内容相同的致歉声明（致歉版面不小于6 厘米×9 厘米），并在侵权微信公众号“河南一美整形”上连续30 日发布内容相同的致歉声明；2. 赔偿经济损失10 万元及合理维权费用3093.75 元；3. 赔偿精神损害抚慰金20000 元。

【案件焦点】

门诊部的行为是否构成侵权。

【法院裁判要旨】

河南省郑州市二七区人民法院经审理认为：公民依法享有肖像权，未经本人同意，不得以营利为目的使用公民的肖像。公民的肖像受到侵害的，有权要求停止侵害、消除影响、赔礼道歉，并可以要求赔偿损失。门诊部未经陈某某同意，将陈某某姓名、肖像照片用于运营的微信公众号上宣传，其行为符合法律规定的侵犯肖像权的构成要件。陈某某有权要求停止侵害、恢复名誉、消除影响，赔礼道歉，并可以要求赔偿损失。关于消除影响、赔礼道歉的范围，一般应与侵权所造成的不良影响的范围相当。门诊部在其微信公众号中发表涉案文章，微信公众号的信息阅读区别于网站、报刊等媒体，其观众具有局限性，故门诊部通过其微信公众号赔礼道歉足以消除不良影响，无需借助其他媒体。对于陈某某要求判令门诊部在全国公开发行的报纸上向陈某某赔礼道歉，致歉版面不小于6 厘米×9 厘米的诉讼请求，因无法律明确规定，不予支持。关于经济损失及合理维权费用问题，根据目前司法实践，肖像权侵权的经济损失因不同的侵权对象其肖像权在社会上的经济价值不尽相同，结合本案陈某某的知名度及公众影响力等实际情况，酌情认定经济损失为20000 元，并对维权费用3093.75 元予以认定。关于精神损害抚慰金问题，门诊部发表的文章配图及文字说明，均系对陈某某形象的积极展示，未有丑化、贬损等反面评价和歪曲，即未降低社会公众对陈某某的评价，故陈某某要求支付精神损害抚慰金的依据不足，不予支持。

河南省郑州市二七区人民法院依照《中华人民共和国民法通则》第一百条、第一百二十条第一款，《最高人民法院关于确定民事侵权精神损害赔偿责任若干问题的解释》第八条第一款及《中华人民共和国民事诉讼法》第六十四条，作出如下判决：

一、门诊部自本判决生效之日起十日内在其微信公众号对未经许可使用陈某某肖像一事赔礼道歉；

二、门诊部于本判决生效之日起十日内赔偿陈某某经济损失20000元及维权费用3093.75元；

三、驳回陈某某的其他诉讼请求。

【法官后语】

本案涉及侵犯明星肖像权的法律保护问题。

1. 侵犯公民肖像权的定性

根据《中华人民共和国民法通则》规定，公民的肖像权受到侵害，公民要求赔偿损失的，法院可以根据侵权人的过错程度、侵权行为的具体情节、后果和影响确定其赔偿责任。对于明星和普通人的肖像权，法律没有作区分，但承办法官可能会因明星被侵权的后果或影响更大而作不同的考虑。

本案中，门诊部擅自使用陈某某的肖像权，侵犯了其肖像权。首先，门诊部的微信公众号在商业运营中使用了陈某某的照片，就算这张照片是其他人提供的，但是是通过门诊部的微信公众号发布出来的，那么门诊部应当是照片的使用人。其次，门诊部使用陈某某的照片并没有经过陈某某本人的同意或授权，属于无权擅自使用。最后，门诊部使用陈某某照片作为配图并配有广告，试图借助陈某某的知名度提高其关注度，并招徕顾客，显然系以营利为目的。

聚焦案情，门诊部在营利性的宣传活动中，未经同意使用陈某某照片，侵犯了其肖像权，应承担侵权责任。因明星自身的知名度及其附着的经济价值，且肖像权属于法定的人格权益，只要未经权利人同意以营利为目的而使用他人肖像，即造成了他人人格利益和经济利益的损害，都需承担法律责任。同时，随着自媒体的发展，微信公众号作为一个宣传发布信息的重要平台，发布者应当对其发布信息的真实性、合法性负责。即在商业运行中运用“微信公众号”发布照片，照片来源必须合法，应当经过他人的同意或授权，在他人不知情、未授权的情况下发布、使用他人照片的，即侵害了他人的合法权益，构成侵权。

2. 侵犯明星权益的法律救济

根据“谁主张，谁举证”的原则，陈某某要求门诊部支付精神损害抚慰金，需提供证据证明精神损害后果的存在，即社会公众降低了对其评价，方能依法支持。

反之，对其个人形象并没有丑化、贬损、歪曲，未形成反面评价，就不具备请求精神损害抚慰金的条件，得不到法律上的救济。对于经济赔偿，一方面，明星不同于一般公民，其社会影响要大于一般公众，在社会中因付出所获得的报酬要高于一般公民，其个人信息具有潜在的商业价值，因此对其合法权益的保护在一定程度上需要适用物质赔偿的责任方式。而另一方面，明星知名程度、损害后果等在一定程度上也难以量化，相关法律对赔偿标准没有具体规定。本案依法判定门诊部向陈某某支付经济赔偿20000元，是基于门诊部以获利为目的而实施了侵权行为，给陈某某造成了一定的影响。由于陈某某既未向法庭提供证据证实门诊部获得了多少利益，又未举出造成其实际损失的有利证据，这就要求承办法官依法运用自由裁量权。根据法律原则和价值取向，依法合理确定赔偿数额。

本案提示我们，商家或者个人在“微信公众号”上发布图片或文字，务必做到依法慎用，不得侵犯他人的合法权益，否则将会承担法律责任。

编写人：河南省郑州市二七区人民法院　张彦鹏　王京州

四、一般人格权纠纷

56

出境旅游中因持用不法取得证照被拒绝入境后的侵权责任划分

——李某诉云南熊猫国际旅行社有限公司、赵某一般人格权案

【案件基本信息】

1. 裁判书字号

云南省昆明市中级人民法院（2018）云01民终742号民事判决书

2. 案由：一般人格权纠纷

3. 当事人

原告（上诉人）：李某

被告（被上诉人）：云南熊猫国际旅行社有限公司（以下简称熊猫国旅）、赵某

【基本案情】

李某与熊猫国旅于2015年1月16日签订《大陆居民赴台湾地区旅游合同》，由熊猫国旅为李某赴台旅游提供服务。2015年1月22日，李某因“持用不法取得、伪造、变造之证照”，我国台湾地区的出入境管理部门对其持有的出入境许可证予以注销，李某随即被遣返。后李某向我国台湾地区当地的“行政”部门提出诉愿，当地部门以其接受调查时前后说辞反复，且提供在职证明不符为由维持了原处分。李某为申请诉愿，支出律师费、公证费等费用共计5450元。综上，李某认为因熊猫国旅的故意伪造行为和领队赵某不依法依规履职的行为，致使李某在我国台湾地

区留下了终身的不良记录，这将给其一生造成不良影响，故诉请判令熊猫国旅、赵某赔礼道歉，采取措施消除此事件的不良影响以及在我国台湾地区的不良记录，连带赔偿精神损失费100000元和经济损失5450元。

【案件焦点】

1. 导致李某于2015年1月22日赴台湾旅游时被拒绝入境、核定注销台湾地区出入境许可证、遣返出境的过错在谁；2. 李某受损的系何种民事权益，其主张的救济及赔偿请求哪些可以得到支持。

【法院裁判要旨】

云南省昆明市官渡区人民法院经审理认为：根据我国台湾地区生效文书，李某于2015年1月22日赴台湾旅游时被拒绝入境、核定注销我国台湾地区出入境许可证、遣返出境，其系熊猫国旅在为李某申请入台许可手续时提交错误文件所致。对此，熊猫国旅已在2015年4月10日的情况说明中向李某书面道歉。熊猫国旅的过错直接导致李某丧失赴台旅游的资格，其受损的是人格权而非名誉权，法院为减轻当事人诉累，径行对本案进行裁判。李某诉请判令熊猫国旅消除其在台湾出入境的不良记录并非民事案件审理的范畴，对此不予支持。赵某作为熊猫国旅指派的旅游团领队，其在履行职务过程中的不当行为，应由熊猫国旅承担责任。熊猫国旅应当对李某身份权益受侵犯承担损害赔偿责任。对于精神抚慰金数额的确定，参考昆明居民赴台旅游的团费标准，予以酌情支持。

云南省昆明市官渡区人民法院依据《中华人民共和国侵权责任法》第二条、第二十二条规定判决如下：

一、熊猫国旅于本判决生效后三日内一次性赔偿李某因人格权受损支出的费用5450元及精神抚慰金4000元；

二、李某的其他诉讼请求不予支持。

宣判后，李某不服，提起上诉，云南省昆明市中级人民法院经审理同意一审法院意见。

【法官后语】

本案是一起极为罕见的侵权案件。由于案情新颖，人民法院在审理时主要从侵犯权利类型、救济措施两个角度进行分析并寻找法律依据。

1. 本案中原告被侵害的是何种权利

原告起诉本案为名誉权纠纷，但一审法院审理后认为，本案中原告受损的是一般人格权而非名誉权。

《中华人民共和国民法总则》第一百一十条第一款规定了自然人享有生命权、身体权、健康权、姓名权、肖像权、名誉权、荣誉权、隐私权、婚姻自主权等。以上权利均为自然人的特别人格权。其中的名誉权，一般是指自然人就其自身属性和价值所获得的社会评价，享有的保有和维护的权利。再从《中华人民共和国民法通则》第一百零一条规定理解，侵犯名誉权的构成要件有四，即“行为人故意（或过失）实施了侮辱、诽谤的行为；侮辱、诽谤指向特定人；侮辱、诽谤的行为为第三人所知悉；受害人的社会评价因侵害人的行为而降低”。根据上述要件，李某受侵害的并非名誉权。但为减轻当事人诉累，法院径行依法对本案进行裁判。

那么李某受侵害的究竟是什么民事权利?《中华人民共和国民法总则》第一百零九条规定，自然人的人身自由、人格尊严受法律保护。一、二审法院最终认为，李某在本次事件中受损的是人格尊严，而将人格尊严归入一般人格权是有理论依据的。作为立法上明定的“特别人格权”，为各种具体人格权中的一些典型（姓名权、肖像权、生命权、健康权等），并非全部具体人格权之列举，其标的亦非全部具体的人格利益。在对立法上所规定的特别人格权进行必要解释时，一般人格权便成为解释之标准。本案中，一审法院认为，李某在涉案事件中受损的是人格权而非名誉权；二审法院进一步明确认为，“熊猫国旅的侵权行为导致李某人格尊严严重受损”，因此本案中李某受侵害的系一般人格权。

2. 对原告受损权利的救济

本案中，李某诉请判令熊猫国旅、赵某赔礼道歉，采取措施消除此事件对李某的不良影响以及在台湾的不良记录，连带赔偿精神损失费100000元和经济损失5450元。

《中华人民共和国侵权责任法》第二条规定，侵害民事权益，应当依照本法承担侵权责任。其中列举了诸如生命权、健康权、姓名权、名誉权等人身和财产权益。根据前文分析，如果无法明确列入特别人格权的权益，可以纳入一般人格权范畴，但仍然属于侵权责任法保护的范围。《中华人民共和国侵权责任法》第十五条、

第二十二条规定了权利受侵害后的相关救济措施，针对李某的第一项诉讼请求，一审法院认为熊猫国旅已向李某书面道歉，二审法院进一步认为，李某在向台湾当地部门进行申诉时存在不实陈述，其自身对事件的发生存在一定过错，故一审法院对其赔礼道歉的诉请未予支持并无不当；针对第二项诉讼请求，根据《最高人民法院关于确定民事侵权精神损害赔偿责任若干问题的解释》第一条规定，法院已经确认了侵权事实，故李某的请求符合相关法律规定。法院认为，本案中熊猫国旅的侵权行为导致李某人格尊严严重受损，符合上述司法解释第八条，故熊猫国旅依法应当赔偿其精神损害抚慰金。结合我国司法实践当中，对造成人员死亡、伤残等情形的精神损害抚慰金赔偿情况，酌情支持李某4000元的精神损害抚慰金。

3. 本案的指导意义

近年来随着人民群众物质水平的提高，出境游被热捧。以2018年“十一黄金周”为例，据初步统计出境游人数已经达到了创历史纪录的700万。随着出境旅游人数的增加，其中发生的人身损害、消费陷阱等经济纠纷也呈上升趋势。本案属于诸多纠纷中比较特殊的情形，即旅行社出具了虚假的证明材料，又加上当事人对入境部门作出不实的陈述导致乘兴而去，败兴而归，还在对方行政机关留下了所谓的“污点”记录。随着法院判决的生效，本案纠纷似乎尘埃落定，但留给我们的思考却是深刻的。

出境旅游本应当是愉悦身心、增长见识的经历，但如果为了达到出境目的而采用欺骗手段甚至提交虚假材料，必将为此付出代价。本案中其实原、被告都是“输家”，原告不仅输掉了人格尊严，被遣返，还在对方行政机关留下了所谓的“污点”记录；被告输掉了企业的诚信并为此付出了金钱的代价。在建设社会主义精神文明，提升公民道德素质的大背景下，对个人而言，如何以自己的行为去代表国家的形象，如何以自己的行为去延续中华民族几千年的诚信美德，且不为一己私利作出违反法律违背道德的事情；对企业而言，如何合法合规地经营，建立良好的企业信用和企业文化，为人民群众提供更优质的服务，这些都是值得我们思考的问题。

此外，从专业的角度看，对一般人格权和特别人格权的区分和判断，也是本案确定侵权类型的关键所在，为类案提供了有益的参考。因国内之前鲜有类似纠纷引起诉讼的案例出现，而事件中出现的违规违法做法现实中并不少见，故当最终损害结果出现时，从专业角度评判民事权益受损一方究竟被侵害的是什么权益正是本案值得深入剖析的地方。而一、二审法官的判断和处理也为今后类案的处理提供了宝贵的参考价值。

编写人：云南省昆明市官渡区人民法院　卢旭　马永宏

57

个人信息侵权中信息保管人的责任认定

——赵某诉北京某某房地产经纪有限公司等一般人格权案

【案件基本信息】

1. 裁判书字号

北京市朝阳区人民法院（2018）京0105民初9840号民事判决书

2. 案由：一般人格权纠纷

3. 当事人

原告：赵某

被告：北京某某房地产经纪有限公司（以下简称某某公司）、宋甲、杨某

第三人：宋乙

【基本案情】

2017年4月6日，赵某与某某公司签订《房屋出售委托协议》，主要约定赵某委托某某公司出售其名下的涉案房屋；赵某应当提供房屋的有效证件及资料，作为某某公司提供委托服务的依据，某某公司应妥善保管其提供的房屋钥匙及各种证件、资料。签约当日，赵某将其身份证及涉案房屋产权证复印件交给时任某某公司经纪人杨某、宋乙。其后，某某公司时任员工宋甲找到杨某，询问其是否能提供业主的个人信息以便宋甲办理居住证使用，杨某遂将赵某的身份证复印件、涉案房屋产权证复印件提供给宋甲。后宋甲持上述赵某的个人信息资料，伪造出租人赵某与承租人宋甲针对涉案房屋的租赁合同至派出所为宋甲及其配偶吴某办理了北京市居住登记卡。因被赵某发现，该居住登记卡于2017年9月4日注销。

【案件焦点】

某某公司作为个人信息的保管人在本案中的责任认定。

【法院裁判要旨】

北京市朝阳区人民法院经审理认为：自然人的身份证信息、房产信息因足以使他人特定化该自然人而构成个人信息。宋甲为给其个人及家属办理北京市居住证非法取得赵某的房产信息和身份证信息并进行违法使用，构成对赵某个人信息权益的侵害。杨某在担任某某公司员工期间明知宋甲使用赵某信息将用于非法目的，仍利用职务之便向其非法提供，其与宋甲基于共同故意实施侵权行为，构成共同侵权，应承担连带侵权责任。因杨某将其在执行工作任务中获取的信息非法提供给宋甲，其侵权行为与履行职务存在内在关联，故应由用人单位某某公司承担杨某的侵权责任，即由某某公司与宋甲对赵某承担连带侵权责任。

某某公司作为在经营活动中大量获取客户个人信息的营利性法人，主要就是利用自身在市场上信息优势地位，为房地产市场买卖及租赁双方提供信息匹配的居间委托服务。因此，对市场信息的掌握是某某公司营利的核心要素。在利用客户信息获取利益同时，某某公司需要对客户信息承担高于一般经营实体的保管义务，但其并未设立有效的措施保障客户的信息安全，亦应对赵某的个人信息被侵害的损害后果承担侵权责任。

北京市朝阳区人民法院依照《中华人民共和国民法总则》第一百一十一条，《中华人民共和国侵权责任法》第八条、第三十四条，《中华人民共和国民事诉讼法》第一百四十四条，《最高人民法院关于适用〈中华人民共和国民事诉讼法〉的解释》第二百四十条，作出如下判决：

一、某某公司于本判决生效后十日内在其官方网站首页以公告形式向赵某赔礼道歉，赔礼道歉公告的持续时间为连续三日（公告内容需经本院核准，如某某公司拒不履行该义务，本院将在全国公开发行的媒体上公布本判决的主要内容，费用由某某公司负担）；

二、宋甲于本判决生效后十日内向赵某出具书面道歉声明，向其赔礼道歉（书面声明内容需经本院核准，如宋甲拒不履行该义务，本院将在全国公开发行的媒体上公布本判决的主要内容，费用由宋甲负担）；

三、某某公司、宋甲于本判决生效后十日内连带赔偿赵某经济损失 10 万元；

四、驳回赵某的其他诉讼请求。

【法官后语】

有关某某公司在本案中的责任认定，既是本案的争议焦点，也是具有一定典型性的要点问题，即信息保管人疏于妥善保管个人信息应当承担侵权责任法上的什么责任。本案最终判定其与直接盗用信息人承担连带赔偿责任，主要理由有以下三点。

一是某某公司作为合同相对方，对赵某负有合同上的信息妥善保管义务。某某公司与赵某签订的《房屋出售委托协议》明确约定某某公司应当妥善保管赵某提供的资料，该保管义务应当限定为某某公司仅在取得个人信息目的范围内使用赵某的信息，即仅在以符合合同约定的条件出售涉案房屋之用时，某某公司有权使用赵某的个人信息，任何超范围的使用均为无权使用，构成某某公司对信息妥善保管义务的违反。而实际上，赵某的个人信息在某某公司保管过程中被擅自用于超出委托事项之外的房屋出租事宜及北京市居住证的办理，违反了信息的"合目的使用原则"，故某某公司违反合同义务未妥善保管信息的不作为构成侵权。主观上某某公司与宋甲具有共同过错，客观上某某公司的不作为与宋甲的盗用信息行为直接结合侵害了赵某的个人信息权益，故二者构成共同侵权。

二是某某公司作为用人单位，对其员工与职务相关的行为负有谨慎管理义务。杨某作为某某公司员工，因职务需要取得赵某的个人信息并因职务需要留存该信息，最终因某某公司疏于有效管理导致杨某作为经纪人毫无客户信息保护意识，随意出借该信息，造成对赵某个人信息权益的侵害。虽然杨某出借信息的行为并非某某公司直接授意，但该行为与某某公司的管理及运营息息相关。尤其某某公司作为用人单位对其经纪人利用客户信息的行为具有一定的控制力，但因某某公司未有效规制其经纪人的执业行为，造成了侵权事实的发生，故某某公司应当对杨某在职期间的侵权行为承担替代责任。杨某的出借信息行为与宋甲的盗用信息行为相结合，构成共同侵权，而相应侵权责任由用工单位某某公司承担。故某某公司与宋甲构成共同侵权。

三是某某公司作为中介机构，以聚合信息为营利基础，应当对信息泄露负有同等的风险负担义务。某某公司的房地产居间业务以聚合大量房产信息及房主信息为基础，故业主个人信息构成某某公司盈利的主要资源之一。作为市场份额占比较大的中介机构，某某公司在利用该等信息进行高额盈利的同时，基于"利益风险相一致原则"，亦应对信息泄露负有较高的风险负担义务。大量个人信息的电子化、碎片化造成的技术管理及人事管理难度，属于某某公司经营过程中应当负担的管理成本和系统性风险。

编写人：北京市朝阳区人民法院　罗曼　高世华

58

对骨灰的处理应当符合伦理观念，不得违背公序良俗

——吴小满等诉薛立春等人格权案

【案件基本信息】

1. 裁判书字号

江苏省徐州市中级人民法院（2018）苏03民终5548号民事判决书

2. 案由：人格权纠纷

3. 当事人

原告（被上诉人）：吴小满、吴小暑、吴小雪

被告（上诉人）：薛立春

被告：薛立夏、薛立秋、薛立冬

【基本案情】

吴小满、吴小暑、吴小雪和薛立春系同母异父的兄妹。薛立春的父亲去世后，其母阎某于1958年与吴小满、吴小暑、吴小雪的父亲吴某结婚，共同生活在睢宁县古邳镇陈吴村。2005年9月，吴某去世，2017年4月26日火化。2017年4月29日，吴小满、吴小暑等人将阎某葬于其父吴某墓地内。薛立春以吴小满、吴小暑、吴小雪等人在为阎某送葬时未通知其参加等为由，召集薛立夏、薛立秋、薛立冬，于2017年6月29日夜至阎某、吴某合葬墓地，掘开坟墓将阎某的骨灰取走。之后薛立春将阎某的骨灰葬于自己的生父墓内。吴小满、吴小暑、吴小雪得知其母骨灰被盗后向公安机关报警，公安机关找到薛立春，薛立春承认掘墓取走骨灰是其所为。吴小满、吴小暑、吴小雪向薛立春索要骨灰无果，遂提起本案诉讼。

【案件焦点】

薛立春将其母亲骨灰盗走的行为侵犯的是何种权利，应当如何承担民事责任。

【法院裁判要旨】

江苏省睢宁县人民法院经审理认为：骨灰由人的遗体转化而来，凝结着亲属对逝者的情感因素，成为亲人祭奠的对象，以实现其重要的精神利益。它的正确安置处理，体现了对亡者人格利益的维护和亲属精神利益的保护。骨灰作为特殊的遗留物，存在所有权和处分权的问题。原则上，由于近亲属与逝者生前之间的特殊身份关系和情感，其所有权和处分权应当由其近亲属行使。公民对已经去世的亲属进行祭奠，应当符合社会基本的伦理观念，不得违背公序良俗。一般情况下，只要是死者的亲属，均可以对死者进行祭奠。在行使祭奠权时，应尊重骨灰的管理者，以违反社会公德的方法侵害骨灰的，应当承担相应的法律责任。阎某去世后，对于其骨灰的安置，没有留下遗言，应当按照由其近亲属协商的或者社会公认的方式进行处理。薛立春作为阎某长子，在得知其母亲故去后，拒绝吊唁，也不主动提出协商骨灰安置事宜，待吴小满等人按照社会认可的方式给阎某送葬后，采取私自破坟方式将阎某骨灰取走下葬，侵害了吴小满等人的祭奠权等合法权益，客观上造成了吴小满等人精神损失，应当由实施共同侵权行为的薛立春、薛立夏、薛立秋、薛立冬共同承担赔偿责任，关于数额，酌定为20000元。吴小满等人为安葬其母亲，着实花费了一定数额的费用，薛立春、薛立夏、薛立秋、薛立冬的侵权行为，使吴小满等人的丧葬目的不能实现，该费用损失由侵权人进行赔偿具有客观性。关于具体数额，酌定为20000元。鉴于薛立春亦是阎某之子，也具有对逝者骨灰的管理权利，且骨灰已再次下葬，若公权力介入后，再责令予以返还，亦违背入土为安的公序良俗，故对吴小满、吴小暑、吴小雪要求返还骨灰的诉讼请求，不予支持。

江苏省睢宁县人民法院依照《中华人民共和国民法总则》第三条、第八条、第十条，《中华人民共和国侵权责任法》第二条、第八条 、第十三条，《最高人民法院关于确定民事侵权精神损害赔偿责任若干问题的解释》第三条第三项，《中华人民共和国民事诉讼法》第六十四条第一款、第一百四十四条规定，判决：

一、薛立春、薛立夏、薛立秋、薛立冬于本判决生效后十日内赔偿吴小满、吴小暑、吴小雪损失计20000元、精神损失费计20000元，合计40000元；

二、驳回吴小满、吴小暑、吴小雪其他诉讼请求。

一审宣判后，薛立春不服，提起上诉。江苏省徐州市中级人民法院经审理认为：阎某作为本案双方当事人的母亲，其生前没有留下处理身后事的遗言，因此薛立春与吴小满、吴小暑、吴小雪在处理母亲后事上，应在遵循民间习俗及社会认可的基础上协商处理。薛立春作为长兄在安葬其母的问题上与弟妹出现意见分歧时，未能妥善处理，而是一走了之再不过问。待母亲下葬后，薛立春采用了更加错误的方式，召集薛立夏等人，在未与吴小满、吴小暑、吴小雪协商的情况下，深夜掘墓取走阎某骨灰，其行为违反了社会公德和善良风俗，侵害了吴小满、吴小暑、吴小雪对母亲阎某的伦理亲情，给三人造成一定的精神伤害。故原审法院据此判决薛立春等人共同赔偿精神损害抚慰金及相关殡葬费用并无不当。鉴于双方当事人为一母同胞的亲兄妹，双方同属母亲骨灰之人格权延续利益的享有人，薛立春取走骨灰亦为实现其母与生父合葬之愿望，其做法虽严重错误，但并无其他恶意。且阎某骨灰已再次下葬，应以逝者为尊，入土为安以慰亡灵，原审法院判决不再返还阎某骨灰亦是遵循了这一中华民族传统善良风俗。

综上，薛立春的上诉主张不能成立，不予支持。原审判决认定事实清楚，适用法律正确，依法应予维持。江苏省徐州市中级人民法院依照《中华人民共和国民事诉讼法》第一百七十条第一款第一项规定，判决如下：

驳回上诉，维持原判。

【法官后语】

近年来，亲属之间争夺骨灰的案件屡发。骨灰是人死亡经过火化形成的遗留物，其本身没有经济价值，但是具有人格的属性，虽然不是严格法律意义上的物，但是其存在能承载生者对死者的悼念和哀悼，是情感凝集的对象物，即骨灰是具有人格象征意义的特定物。骨灰的安置、保存及处理，受民族、文化、传统、习俗、政策导向等因素影响。我国现行法中没有对骨灰安置、保存及处理的明确规范。虽然人死亡后不再是民事权利的主体，亦不享有民事权利和义务也不存在民事权利的保护问题，但骨灰是死者近亲属的权利客体，由其近亲属享有所有权。对骨灰权利的行使，应受到严格限制。在符合民法上公序良俗的基础上，如果死者有遗愿的，最好尊重其遗愿；无遗愿的，由其近亲属协商处理；协商不成，产生纠纷并诉至法院的，审判人员应在查明事实的基础上，遵从民法上公序良俗原则，审慎予以处理。

本案中双方当事人系同母异父关系，都是母亲骨灰之人格权延续利益的享有人，双方争夺骨灰或是为了实现母亲与各自生父合葬之愿望，或是为了表达对逝者的哀思尽自己之孝道。双方的出发点均为好意，但是不能因此而采用错误的行为方式。

需要指出的是，在一般侵权案件中，如行为人的行为具有违法性并侵害了他人的利益，责任承担方面原则上应采取恢复原状的裁判思路。但是类似于本案的情形，因双方诉争的对象关涉伦理和善良风俗，在双方将母亲骨灰与自己生父骨灰合葬的目的具有同等的正当性、合理性的情况下，责任方式的选择应以尊重公序良俗为首要依据，尽量避免采取有伤风化的责任方式。故本案在认定薛立春等人擅自取走骨灰构成侵权的基础上，支持了吴小满等人关于物质、精神损害赔偿的请求，而对其返还骨灰的请求予以驳回，尊重了中华传统文化中死者为尊、入土为安的善良风俗。

编写人：江苏省睢宁县人民法院　金传会

59

祭奠权的司法保护

——刘某甲、张某某诉彭某某、刘某乙一般人格权案

【案件基本信息】

1. 裁判书字号

重庆市涪陵区人民法院（2018）渝0102民初5041号民事判决书

2. 案由：一般人格权纠纷

3. 当事人

原告：刘某甲、张某某

被告：彭某某、刘某乙

【基本案情】

刘某丙系刘某甲、张某某的儿子，彭某某的丈夫，刘某乙的父亲。2014年1月，刘某丙因病去世，火化后其骨灰存放于涪陵殡仪馆，其兄弟等亲属为其安葬事

宜多方寻找墓地。其间，四位当事人因分割刘某丙遗产发生争议并诉至法院，该案已于2015年4月结案。2015年6月16日，刘某乙将其身份证和刘某丙骨灰证拿给彭某某后，彭某某将刘某丙的骨灰从涪陵殡仪馆领走。2018年6月5日，刘某甲、张某某以刘某丙的骨灰盒被彭某某、刘某乙从涪陵殡仪馆私自领走，且未告知其安葬地点，导致其无法到墓地去看望祭奠，精神上受到极大伤害等事实为由，要求彭某某、刘某乙赔礼道歉，并赔偿精神损害抚慰金10000元。

【案件焦点】

彭某某的行为是否侵害刘某甲、张某某的合法权利。

【法院裁判要旨】

重庆市涪陵区人民法院经审理认为：根据《中华人民共和国侵权责任法》第二条第一款规定，侵害民事权益，应当依照本法承担侵权责任。我国侵权法保护的范围不限于法律明确规定的民事权利，对于当事人合法的民事利益，也同样予以保护。根据我国传统的伦理观念和长期形成的民间风俗习惯，祭奠是生者对死者悼念和寄托哀思的方式，符合我国的善良风俗，属于合法的民事利益，应受我国法律保护。刘某甲、张某某作为刘某丙的父母，享有对刘某丙祭奠的合法民事权益。彭某某作为刘某丙的妻子，至殡仪馆领取刘某丙骨灰的行为并不当然侵犯刘某甲、张某某的合法权益，但彭某某在领取刘某丙的骨灰后，擅自处理刘某丙的骨灰，没有征得刘某甲、张某某的同意，也没有按照传统习俗通知刘某甲、张某某等死者亲属到安葬现场与刘某丙的骨灰“告别”，其擅自处理行为侵害了刘某甲、张某某合法的祭奠利益，具有过错，构成侵权，且对刘某甲、张某某的精神造成了严重损害，应当承担赔礼道歉和精神抚慰的民事责任。

重庆市涪陵区人民法院依照《中华人民共和国侵权责任法》第二条第一款、第二款，第六条第一款、第十五条第一款第七项、第二十二条，《最高人民法院关于确定民事侵权精神损害赔偿责任若干问题的解释》第十条第一款及《最高人民法院关于适用〈中华人民共和国民事诉讼法〉的解释》第九十条规定，判决如下：

一、彭某某于本判决生效后十日内向刘某甲、张某某赔礼道歉；

二、彭某某于本判决生效后十日内赔偿刘某甲、张某某精神损害抚慰金10000元；

三、驳回刘某甲、张某某的其他诉讼请求。

【法官后语】

本案处理重点主要在于对祭奠权益的法律保护。

1. 祭奠属人格权保护范围。“祭奠”又称“悼念”，是公民在其配偶、父母子女或是其他亲属逝世后为表达追念而举行的仪式活动。祭奠权是有利益关系的生者对死者的哀吊、追思的特定权益。其权益现实表现形式繁多，包括亲人死亡情况的知情权、悼念权、安葬权、墓碑署名权、保持墓碑及坟墓完整权等。一般人格利益是一般人格权的保护对象，目前我国法律规定的人格权包括健康权、人身自由权、名誉权、生命权、荣誉权、信用权、身体权、隐私权等权利和其他人格利益，祭奠权属于人格权中的“其他人格利益”。理由是，祭奠权存在所保护的人格利益，祭奠权的客体是一种精神利益，一方面体现在祭奠权能化解亲属过世带来的痛苦，表达对死者的思念，另一方面体现在社会对逝者的晚辈孝与不孝的道德评价，同时还体现在权利人对逝者悼念的行为自由，符合一般人格权的内涵。同时，公民有权参加直系亲属的葬礼，有权对已去世的亲属表示祭奠，这符合并体现了我国社会生活中基本的伦理道德观念，理应得到法律的认可与保护。

2. 祭奠权司法保护之障碍。首先，实体法并未明确规定祭奠权。目前“祭奠权”尚未成为一种类型化的法定权利，司法审判实践中，对祭奠性权益的性质、主体范围及行使顺位、保护模式均未形成统一标准，因立法缺位及风俗习惯的差异，祭奠类纠纷的裁判结果不一，裁判理由各异，实践中，部分判决将之视为一般人格权，从维护公序良俗的角度对之加以保护，部分判决直接采取“祭奠权”的概念，将之视为一种独立的权利加以保护。其次，当事人的诸多诉讼请求不具有可执行性。当事人从生活实践出发，多提出“告知墓地位置”“迁移墓地位置”“确认对墓地的单方管理权”等诉讼请求，但往往因执行行为不明晰、违反风俗习惯而缺乏可执行性，因此也难获法院支持。最后，执行困难重重。法院判决作出后，义务人往往拒绝履行，当事人需另行提请强制执行，然因丧葬行为不可回溯，且具有很强的人身属性和纪念属性，故而即使法院强制执行，时常也难以实现“祭奠”的真正目的。

3. 祭奠权司法保护之路径。行使祭奠权一方面能表达对逝者的哀思，减轻因失去亲人所造成的伤害，另一方面还能得到社会良好的评价。如果侵犯祭奠权，不但会造成权利人更大的精神痛苦，还会使其社会评价降低。《中华人民共和国侵权责任法》第二十二条规定：“侵害他人人身权益，造成他人严重精神损害的，被侵权人可以请求精神损害赔偿。”广义的精神损害赔偿包括狭义的精神损害赔偿（以下简称金钱赔偿）和非财产性的责任承担方式。在一般纠纷中，金钱赔偿是一种主要的方式，但是也不可忽视其他非财产性责任承担方式的优势。实践中，权利人可以通过以下两种途径进行司法救济。一是要求侵害人及时停止侵害。所谓停止侵害是指当侵权人正在实施侵权行为时，受害人请求法院判决其停止实施正在施行的行为。例如，在墓碑署名纠纷中，侵权人可以通过在墓碑上加刻被侵权人的姓名来停止对权利人祭奠权的侵害。又如本案，假如刘某甲、张某某有充分证据证实彭某某、刘某乙对逝者骨灰进行土葬，法院即可判决彭某甲、刘某乙将逝者骨灰的安葬位置告知刘某甲、张某某。二是要求侵害人消除影响、恢复名誉和赔礼道歉。在祭奠权纠纷案件中，大部分案件都发生在近亲属之间，而且由于侵害祭奠权会使权利人的社会评价降低、名誉受损，对于权利人来说，可能对金钱赔偿并不感兴趣，之所以诉诸法律，可能更多的是为了分清是非，还自己一个公道，恢复自己的名誉。通过赔礼道歉可以消除因侵权所产生的不良影响，恢复受损的名誉。从祭奠权的内容可以看出，无论是已经实施完毕的侵权行为还是正在实施的侵权行为，都可以适用上述三种责任承担方式。

4. 祭奠权司法保护之建议。法律本为重建秩序，化解纠纷而设。面对以上困惑，亦当从立法和实践两个层面寻求解决的方法。其一，从立法层面而言，随着司法实践的发展，对祭奠性权益加以保护已成为共识，笔者建议在时机成熟时通过立法明确祭奠权的法律性质，对其行使主体、客体范围、行使方式进行规范，并将之纳入民法总则、侵权责任法等法律的保护体系之中。其二，从实践层面而言，在缺乏明确“祭奠权”规范条文的前提下，法官应当充分考虑本地风俗习惯，依据人格权保护的一般条款，结合个案特点及裁判惯例对祭奠性权益加以保护，并充分考虑判决结果的可执行性。惆怅东栏一株雪，人生看得几清明。祭奠逝者既是对逝者的缅怀，也是对生者的教化，而上述缅怀和教化作用的发挥，不仅依赖于近亲属间的互谅互睦，也依赖于法律的默默守护。

编写人：重庆市涪陵区人民法院　胡志刚

60

近亲属未经告知死者成年子女即将尸体火化并遗弃，应赔偿精神损害抚慰金

——林甲诉林乙一般人格权案

【案件基本信息】

1. 裁判书字号

吉林省吉林市中级人民法院（2018）吉02民终2779号民事判决书

2. 案由：一般人格权纠纷

3. 当事人

原告（上诉人）：林甲

被告（被上诉人）：林乙

【基本案情】

林丙与林甲系父女关系。林丙与林乙系兄妹关系。2017年11月16日，林丙自杀死亡。经林丙母亲与林乙商议，当日对林丙的尸体进行火化，不要骨灰。林乙在未通知林甲的情况下，在火化票据上签写：家属同意不要骨灰。随后林丙的遗体被火化，骨灰被遗弃。事后林甲得知该情况，主张林乙为霸占林丙遗产，在无任何人授权且未通知林甲的情况下，将林丙遗体火化并遗弃骨灰，严重剥夺了林甲对父亲的悼念权和祭奠权，给林甲造成无法挽救、无法衡量的伤害，遂向法院起诉，要求林乙向林甲书面赔礼道歉并赔偿精神抚慰金6万元。

【案件焦点】

林乙未通知林甲即将林丙的遗体火化并遗弃骨灰，是否侵犯林甲的一般人格权。

【法院裁判要旨】

吉林省吉林市龙潭区人民法院经审理认为：《殡葬管理条例》第五条规定："在实行火葬的地区，国家提倡以骨灰寄存的方式以及其他不占或者少占土地的方式处理骨灰……"林甲的父亲去世后，其近亲属选择不留骨灰并无不妥。林乙亦不存在《最高人民法院关于确定民事侵权精神损害赔偿责任若干问题的解释》第三条规定的情形，故林甲的诉讼请求不予支持。

吉林省吉林市龙潭区人民法院依照《最高人民法院关于确定民事侵权精神损害赔偿责任若干问题的解释》第三条、《中华人民共和国民事诉讼法》第六十四条第一款规定，作出如下判决：

驳回林甲的诉讼请求。

林甲不服一审判决，提起上诉。吉林省吉林市中级人民法院经审理认为：林甲对其父亲林丙的死亡有知情权，有对林丙的遗体告别及对林丙的骨灰进行祭拜的权利。林乙在处理林丙遗体时应尽到通知林甲的义务，并尊重林甲的权利。林乙主张因林丙系非正常死亡，故其与母亲协商后将林丙的遗体火化并将骨灰遗弃。但林乙的行为使林甲失去了祭拜林丙的特定物，确有不妥，对林甲造成不可逆转的精神痛苦，故林乙应对林甲道歉并进行精神损害赔偿。综合林乙的过错及本案案情，酌情判定林乙赔偿林甲精神损害抚慰金5000元。综上所述，林甲的上诉请求部分成立，予以支持。

吉林省吉林市中级人民法院依照《中华人民共和国民法总则》第八条，《中华人民共和国侵权责任法》第二条、第三条、第十五条，《最高人民法院关于确定民事侵权精神损害赔偿责任若干问题的解释》第一条，《中华人民共和国民事诉讼法》第一百七十条第一款第二项规定，作出如下判决：

一、撤销吉林市龙潭区人民法院（2018）吉0203民初1692号民事判决；

二、林乙于判决生效后五日内以书面形式向林甲赔礼道歉；

三、林乙于判决生效后五日内赔偿林甲精神损害抚慰金5000元；

四、驳回林甲的其他诉讼请求。

【法官后语】

司法实践中，随着人民群众维权意识的增强，因死者的名誉权、肖像权、荣誉权等被侵害引发的案件逐年增多。《最高人民法院关于确定民事侵权精神损害赔偿责任若干问题的解释》第三条规定："自然人死亡后，其近亲属因下列侵权行为遭受精神痛苦，向人民法院起诉请求赔偿精神损害的，人民法院应当依法予以受理：(一) 以侮辱、诽谤、贬损、丑化或者违反社会公共利益、社会公德的其他方式，侵害死者姓名、肖像、名誉、荣誉；(二) 非法披露、利用死者隐私，或者以违反社会公共利益、社会公德的其他方式侵害死者隐私；(三) 非法利用、损害遗体、遗骨，或者以违反社会公共利益、社会公德的其他方式侵害遗体、遗骨。"这是基于《中华人民共和国民法通则》规定的公民享有姓名权、肖像权、名誉权等权利，而进一步对死者的上述人格权利益予以延伸保护。这一规定还解决了他人非法利用、损害遗体、遗骨等行为构成的侵权问题，将诸如医疗机构等单位、死者部分家属私自将遗体火化等损害遗体的行为明确为侵权行为，从而认定其应当承担侵权责任，使死者近亲属在精神上得到安慰。

本案中，关于林乙未通知林甲即火化林丙的遗体并遗弃骨灰的行为是否构成侵权，首先，应当明确《最高人民法院关于确定民事侵权精神损害赔偿责任若干问题的解释》第三条规定保护的是谁的什么权利。因为《中华人民共和国民法通则》明确规定，公民从出生时起到死亡时止，具有民事权利能力，依法享有民事权利，承担民事义务。所以死者已经不具备民事权利能力，无法享有民事权利，该条规定保护的不是死者作为人身权主体所享有的权利。又因上述人格权具有人身属性，故亦非对死者近亲属的上述人格权的保护。该条规定的是因死者的权益遭到侵害给其近亲属带来精神痛苦，而对死者近亲属利益的保护。林甲作为林丙的子女，因林乙的行为，未能与其父亲的遗体告别，且无法保存其父亲骨灰进行悼念，由此带来精神痛苦，故其利益应当受到法律保护。其次，林乙的行为是否属于他人以违反社会公共利益、社会公德的方式侵害遗体。虽林乙与林甲均系林丙的近亲属，但林乙的行为如违反法律规定，仍应当承担相应责任。林乙的行为是否系违法行为，不应单纯考虑其行为是否损害社会公共利益，而应结合《中华人民共和国民法总则》第七条、第八条规定，将此处的违法行为解释为包括违背善良风俗的行为。虽林乙系经与其母亲协商，并考虑到林丙为自杀，故作出火化遗体并遗弃骨灰的决定。但林乙在未通知林甲其父亲去世并由林甲决定其是否保存骨灰的情况下即遗弃骨灰，违反了我国传统的子女祭奠逝去父母的风俗习惯，应属于违反上述法律规定的不法行为，故林乙应当承担赔礼道歉并赔偿精神损害抚慰金的责任。

编写人：吉林省吉林市中级人民法院　王东竹

61

未成年人遭受监护人侵害的民法保护

——瑞安市民政局与鲍某某、朱某某申请撤销监护人资格案

【案件基本信息】

1. 裁判书字号

浙江省瑞安市人民法院（2018）浙0381民特399号民事判决书

2. 案由：申请撤销监护人资格

3. 当事人

申请人：瑞安市民政局

被申请人：鲍某某、朱某某

【基本案情】

鲍某某、朱某某系夫妻关系，于2005年左右抱养弃婴小隐（女，2003年出生），2014年7月至瑞安市民政局办理收养登记手续。2013年至2014年11月，鲍某某多次对小隐实施性侵行为。2018年8月17日，鲍某某因涉嫌猥亵儿童罪被瑞安市公安局立案侦查并被刑事拘留，2018年8月30日被执行逮捕。

瑞安市民政局认为，鲍某某作为监护人，在监护期间严重损害未成年被监护人身心健康，事发后，朱某某拒绝继续抚养被监护人，且没有其他亲属愿意承担监护责任。故申请依法撤销二人的监护人资格。

瑞安市人民检察院支持起诉称，瑞安市民政局提起的申请，符合法律规定。

鲍某某、朱某某对民政部门提起的申请及检察机关出具的支持起诉书陈述的事实均无异议。案件审理期间，法院询问了小隐的个人意愿，并核实了其生活现状。

小隐已年满15周岁，具有与其年龄相适的思考判断能力，其本人不愿意再回到收养家庭生活，已在瑞安市社会福利院居住。

【案件焦点】

在监护人实施侵害行为后，如何保护年幼的被监护人的合法权益。

【法院裁判要旨】

浙江省瑞安市人民法院经审理认为：监护人应当履行监护职责，保护被监护人的人身、财产及其他合法权益。鲍某某利用养父身份对养女小隐实施性侵行为，漠视法律、罔顾伦理道德，严重损害了未成年人身心健康。朱某某系小隐的监护人，但明确表示不再履行抚养义务。为维护未成年人小隐的合法权益，应撤销被申请人鲍某某、朱某某的监护人资格。现无其他具有申请撤销监护人资格的个人或组织提起诉讼，瑞安市民政局申请要求撤销鲍某某、朱某某的监护人资格于法有据，予以支持。因没有合适人员和其他单位担任小隐的监护人，法院指定瑞安市民政局担任监护人，由其所属福利机构收留抚养小隐。

浙江省瑞安市人民法院依照《中华人民共和国民法总则》第三十六条，《最高人民法院、最高人民检察院、公安部、民政部关于依法处理监护人侵害未成年人权益行为若干问题的意见》第二十七条、第三十五条、第三十六条规定，判决如下：

一、撤销鲍某某、朱某某作为小隐监护人的资格；

二、指定瑞安市民政局为小隐的监护人。

【法官后语】

本案系因被监护人（养女）受到监护人侵害，由民政部门申请撤销监护人（父母）资格的案件。该案较之其他申请撤销监护人资格的案件，情节相当恶劣。

监护人本应是未成年人人身、财产及其他合法权益的保护人，倘若监护人实施侵害被监护人的行为，则对未成年人身心健康的损害更为严重。性侵行为的社会危害性远超一般家暴行为，会给未成年人造成巨大的身心创伤。国家除应采取刑法手段严厉打击监护人侵害被监护人的违法犯罪行为外，有必要运用公权力妥善处理遭受侵害的未成年人的监护问题。

1. 民政部门是申请撤销监护人资格的适格主体

在撤销父母监护权案件中，受到监护侵害的未成年人虽然是与本案有直接利害关系的人，但其行为认知能力和行为控制能力有限，并不能够独立进行诉讼行为。因此，《中华人民共和国民法总则》第三十六条对可撤销监护人资格的个人和组织作出明确规定，包括其他依法具有监护资格的人，居民委员会、村民委员会、学校、医疗机构、妇女联合会、残疾人联合会、未成年人保护组织、依法设立的老年人组织、民政部门等。同时规定，前款规定的个人和民政部门以外的组织未及时向人民法院申请撤销监护人资格的，民政部门应当向人民法院申请。

2. 检察机关不仅可作为未成年人权益代表人支持起诉，还应及时尽到监护干预的责任

《中华人民共和国民事诉讼法》第十五条规定“机关、社会团体、企业事业单位对损害国家、集体或者个人民事权益的行为，可以支持受损害的单位或者个人向人民法院起诉”。为加强对遭受监护侵害以及处于监护缺失未成年人的综合司法保护，2014年12月，最高人民法院、最高人民检察院、公安部、民政部联合制定并下发《关于依法处理监护人侵害未成年人权益行为若干问题的意见》，明确了法院、检察院、公安、民政等部门对遭受监护人侵害以及监护缺失未成年人的监护干预与综合保护职责。本案中，一方面检察机关负责对监护侵害犯罪提起公诉，并及时告知未成年人及其临时照料人依法申请撤销监护人资格或书面建议民政部门、未成年人救助保护机构向法院提起申请撤销监护人资格诉讼，对公安机关、人民法院办理监护侵害案件依法实行法律监督；另一方面检察机关作为未成年人权益代表人出庭，是人民法院家事审判方式改革的成果，亦是检察机关对涉未成年人的抚养权、监护权等民事案件在审判监督领域的有益探索，发挥了良好的社会效果。

3. 妥善处理未成年人的心理修复和生活教育问题

在判决撤销监护人资格时，未成年人有其他监护人的，应当由其他监护人承担监护责任；没有其他监护人的，法院应指定个人担任监护人；没有合适的个人和其他单位担任监护人的，法院应当指定民政部门担任监护人，由其所属的儿童福利机构承担具体的抚养责任。《中华人民共和国民法总则》也提出了在确定指定监护人时需要尊重被监护人的真实意愿。本案中，被申请人的监护资格被依法

撤销后，因没有合适人员和其他单位担任小隐的监护人，在询问了小隐的个人意愿后，法院综合所有情况，指定由民政部门担任监护人，由其所属福利机构收留抚养小隐，是从最有利于被监护人的角度出发，更好地保护未成年人的生存权、受教育权、医疗保障等权利。通过公权力的介入，由检察机关、人民法院启动司法救助程序，为受害人进行必要的心理评估，制订心理治疗方案，帮助其创后心理愈合。

编写人：浙江省瑞安市人民法院　陈丽霞　周昕昕

62

产妇对胎盘所享人格权利益的认定与保护

——张某、胡某诉南方医院人格权案

【案件基本信息】

1. 裁判书字号

广东省广州市白云区人民法院（2018）粤0111民初4807号民事判决书

2. 案由：人格权纠纷

3. 当事人

原告：张某、胡某

被告：南方医院（化名）

【基本案情】

胡某、张某系夫妻。2018年1月18日，张某因怀孕临产到南方医院住院待产，于1月20日剖腹产娩出一足月男婴。南方医院于2018年1月24日出具的《病理检查报告单》记载的病理诊断及建议为“1. 妊娠晚期胎盘伴局部梗死及灶状钙化；2. 急性绒毛膜炎，1期；3. 脐带未见明显异常”，但未将婴儿胎盘归还胡某、张某。

张某、胡某认为，南方医院在胡某胎盘未有任何传染性病的情况下长期占有，拒绝归还胎盘，其无法把胎盘带回老家按照老家风俗处理，给张某、胡某及双方家人造成了精神压力，导致夫妻二人在老家为此饱受议论，给二人的名誉造成了很大影响，严重侵犯了二人的合法权利，要求南方医院书面道歉并赔偿精神损失费45000元。

【案件焦点】

1. 张某、胡某是否对胎盘享有人格权利益；2. 医院的处置行为是否构成侵权；3. 权利救济的方式和程度问题。

【法院裁判要旨】

广东省广州市白云区人民法院经审理认为：医务人员在诊疗活动中应当向患者说明病情和医疗措施，未尽到相关义务造成患者损害的，医疗机构应当承担赔偿责任。《卫生部关于产妇分娩后胎盘处理问题的批复》规定，“产妇分娩后胎盘应当归产妇所有。产妇放弃或者捐献胎盘的，可以由医疗机构进行处置。如果胎盘可能造成传染病传播的，医疗机构应当及时告知产妇，按照《传染病防治法》《医疗废物管理条例》的有关规定进行消毒处理，并按照医疗废物进行处置”。张某在南方医院待产分娩，南方医院在未经其同意的情况下处置胎盘，目的虽然在于根据张某的病情诊断进行胎盘病理检查，但作为医疗机构的南方医院对此并未向张某尽到充分的告知义务以及未获得有效处置权。同时，根据南方医院出具的病理检查报告单记载的“送检胎盘取6盒”，病理诊断为“1. 妊娠晚期胎盘伴局部梗死及灶状钙化；2. 急性绒毛膜炎，1期；3. 脐带未见明显异常”，南方医院将病理检查后的胎盘按照感染性医疗废物收集处理亦不符合《医疗废物管理条例》第十六条的相关规定。因此，南方医院的行为违反了《中华人民共和国侵权责任法》第五十五条第一款规定的义务，但其行为并未造成张某、胡某人身损害。基于本案人格权法律关系的适用，考虑到张某、胡某主张的埋葬胎盘的风俗习惯，南方医院的行为给张某、胡某造成一定的精神损害，张某、胡某主张精神损害赔偿45000元数额过高，对此酌定5000元。对于要求南方医院出具书面道歉信的诉讼请求，因南方医院的行为并无给张某、胡某造成人身损害，行为目的在于病情诊断查明，且已支持张某、胡某主张的精神损害赔偿，故对该项诉讼请求不予支持。至于要求南方医院出具销毁凭证的诉讼请求，因南方医院已就胎盘在病理检查后按医疗废物处理，故对该项诉讼请求亦不予支持。

综上所述，广东省广州市白云区人民法院依照《中华人民共和国侵权责任法》第六条、第二十二条、第五十五条，《最高人民法院关于确定民事侵权精神损害赔偿责任若干问题的解释》第十条，《中华人民共和国民事诉讼法》第六十四条规定，判决如下：

一、在本判决生效之日起三日内，南方医院赔偿张某、胡某精神损害抚慰金5000元；

二、驳回张某、胡某的其他诉讼请求。

【法官后语】

“人格权是一个不断发展的体系，在实践中存在大量的人格利益受到损害，急需加以救济的情况。”特别是在人格权专门立法尚未出台、保护体系尚待细化完善的背景下，通过司法实践对人格权的内涵和边界进行确认，对于人格权保护有重要的探索推动作用。结合本案的争议焦点，裁判论述和结果主要明确了以下几点。

第一，确认产妇对胎盘享有法律上的权益。“对权利的确认制度不能通过责任制度来代替，责任只是侵害权利的后果，它是以权利的存在为前提的。”本案中，相关法规通过明确规定“产妇分娩后胎盘应当归产妇所有。产妇放弃或者捐献胎盘的，可以由医疗机构进行处置”，据此确认张某对胎盘享有所有权和处置权。此外，妇女在分娩后要把产后胎盘带回家，以特定方式进行处理，沿袭成为河南东部平原风土习俗，在不违背法律规定和善良风俗的基础上，张某所在地与胎盘相关的风俗所及可能带来的有利或不利的社会评价，也应当作为张某的人格权利益在本案中予以确认并加以考量。

第二，关于医院的处置行为是否构成侵权。医院的行为同时侵犯了张某的所有权和人格权。基于权利属性的不同，对于所有权和人格权的侵害一般应分别进行认定，但在本案中，应当作为一个整体来加以看待认定。这主要是因为：从侵权构成要件来看，南方医院基于过失处置张某胎盘的行为，虽然同时侵害了张某的所有权和人格权，但没有对张某或胎儿的身体健康造成损害，实际上造成的损害后果集中表现为“由于南方医院的行为导致张某在其家乡社会评价的减损和心理上的负面影响”，即南方医院的侵权行为侵害了两个权利，但是只导致了一个损害后果，故在认定南方医院行为为侵权行为的基础上，对于具体侵害的法益进行整体的认定，结合主观过失、损害后果严重程度等因素，一并在精神损害赔偿金的范畴内予以体现、弥补。

第三，关于权利救济方式和程度。根据侵权责任法“有损害则有救济”的基本原则，对于实际受到损害的权利才应当予以救济，应当结合侵权人的主观过错程度，使权利救济的程度与损害程度相一致。基于此，南方医院虽然对张某的胎盘所有权构成侵权，但并未造成张某身体健康损害的实际损害结果，没有侵权法上构成赔偿责任的基础，故并未直接对侵犯胎盘所有权进行赔偿责任认定，而是认定为侵害所有权利益导致人格权受到损害，在人格权损害赔偿责任中加以体现。同时，由于南方医院对胎盘的处置，导致张某无法按照其家乡风俗处置胎盘，事实上造成张某及家人社会评价上的贬损和心理上的负面影响，属于法律上的利益减损，故结合实际损害程度判令南方医院承担5000元的精神损害赔偿责任。

编写人：广东省广州市白云区人民法院　万鹏　朱东军

63

英烈人格利益所体现的公共利益之司法保护

——江苏省淮安市人民检察院诉曾某侵害烈士名誉公益诉讼案

【案件基本信息】

1. 裁判书字号

江苏省淮安市中级人民法院（2018）苏08民公初1号民事判决书

2. 案由：侵害烈士名誉公益诉讼纠纷

3. 当事人

公益诉讼起诉人：江苏省淮安市人民检察院（以下简称淮安市检察院）

被告：曾某

【基本案情】

2018年5月12日下午，江苏省淮安市清江浦区恒大名都小区高层住宅发生火灾，淮安市消防支队水上大队城南中队消防战士谢勇在解救被困群众时不幸坠楼，壮烈牺牲。5月13日，中华人民共和国公安部批准谢勇同志为烈士并颁发献身国防金质纪念章。5月14日，中共江苏省公安厅委员会追认谢勇同志为中国共产党党员，江苏省副省长、省公安厅厅长刘旸签发命令追记谢勇同志一等功，淮安市人民政府追授谢勇"灭火救援勇士"荣誉称号。

2018年5月14日，曾某对谢勇烈士救火牺牲一事在微信群中公然发表"不死是狗熊，死了就是英雄""自己操作失误掉下来死了能怪谁，真不知道部队平时是怎么训练的""别说拘留、坐牢我多（都）不怕"等侮辱性言论，歪曲烈士谢勇英勇牺牲的事实。该微信群共有成员131人。

2018年5月18日，谢勇近亲属向江苏省淮安市人民检察院出具声明一份，内容为："我们系谢勇烈士的近亲属，曾某近日在网上捏造事实、侮辱谢勇烈士的言论，严重侵害了谢勇烈士的名誉，对曾某的侵权行为，我们作为谢勇的近亲属，声明不对曾某提起民事诉讼，我们相信并支持检察机关提起诉讼，追究曾某的侵权责任。"谢勇父亲、母亲等近亲属在该份声明上签字。公益诉讼起诉人淮安市检察院向法院提起诉讼，请求判令曾某通过公开媒体赔礼道歉、消除影响。

【案件焦点】

1. 英烈人格利益所体现的社会公共利益的司法保护；2. 国家法定机构提起公益诉讼的问题。

【法院裁判要旨】

江苏省淮安市中级人民法院经审理认为：《中华人民共和国英雄烈士保护法》第二十五条规定，对侵害英雄烈士的姓名、肖像、名誉、荣誉的行为，英雄烈士的近亲属可以依法向人民法院提起诉讼。英雄烈士没有近亲属或者近亲属不提起诉讼的，检察机关依法对侵害英雄烈士的姓名、肖像、名誉、荣誉，损害社会公共利益的行为向人民法院提起诉讼。故，对侵害英烈名誉、荣誉的行为，英烈的近亲属可以依法向人民法院提起诉讼。因谢勇烈士的近亲属表示对曾某的侵权行为不提起民事诉讼，故淮安市检察院依法有权作为公益诉讼起诉人提起诉讼。

《中华人民共和国民法总则》第一百八十五条规定，侵害英雄烈士的姓名、肖像、名誉、荣誉，损害社会公共利益的，应当承担民事责任。《中华人民共和国英雄烈士保护法》第二十二条规定，英雄烈士的姓名、肖像、名誉、荣誉受法律保护。任何组织和个人不得在公共场所、互联网或者利用广播电视、电影、出版物等，以侮辱、诽谤或者其他方式侵害英雄烈士的姓名、肖像、名誉、荣誉。根据上述规定，英烈精神是社会主义核心价值观的体现，侵害英雄烈士的名誉、荣誉，损害社会公共利益的，应当承担民事责任。曾某利用微信群，发表带有侮辱性质的不实言论，已经超出了言论自由的范畴，侵害了谢勇烈士的名誉及社会公共利益。遂判决：

曾某于本判决生效之日起七日内在本地市级报纸上公开赔礼道歉。

【法官后语】

出于对英烈人格利益所体现的社会公共利益的保护，《中华人民共和国民法总则》《中华人民共和国英雄烈士保护法》《中华人民共和国民事诉讼法》等法律及有关司法解释对英烈人格、身份利益的保护从实体和程序上进行了规范和保障。

1. 保护英烈人格利益所体现的社会公共利益是立法的核心目的和最终目的，国家法定机构有权提起公益诉讼

法律对英烈人格利益和社会公共利益予以双重保护。首先，《中华人民共和国英雄烈士保护法》第一条开宗明义地指出立法目的包括保护英雄烈士，维护社会公共利益。其第二十五条规定，对侵害英雄烈士的姓名、肖像、名誉、荣誉之人格利益的行为，英雄烈士的近亲属可以依法向人民法院提起诉讼；对侵害英雄烈士上述人格利益，损害社会公共利益的行为，检察机关有权提起公益诉讼。其他条款也对英雄烈士的个人人格利益和社会公共利益的保护作出了具体的规范。其次，从《中华人民共和国民法总则》第一百八十五条的逻辑指引看，其既保护英雄烈士本人的人格利益，更保护英雄烈士人格利益所体现的社会公共利益。因此，《中华人民共和国英雄烈士保护法》和《中华人民共和国民法总则》英烈条款既保护英雄烈士的私人人格利益，又保护社会公共利益。

但是，保护英烈人格利益所体现的社会公共利益是立法的归属。如前所述，《中华人民共和国民法总则》第一百八十五条立法目的的逻辑指向更是对社会公共利益的保护。再从立法层面看，一方面，《中华人民共和国民法总则》第一百八十五条以及《中华人民共和国英雄烈士保护法》第二十二条、第二十三条、第二十五

条、第二十六条关于英烈人格利益的内容指的是姓名、肖像、名誉、荣誉，该四项内容系与公共利益相关，而不包括英烈的隐私、遗体、遗骨，及英烈近亲属人格尊严、精神健康等利益，其说明是以保护该四项内容所体现的社会公共利益为目的。另一方面，《中华人民共和国侵权责任法》第二条和《最高人民法院关于适用〈中华人民共和国民事诉讼法〉的解释》第六十九条，对死者姓名、肖像、名誉、荣誉、隐私以及遗体、遗骨，乃至英烈近亲属人格尊严、精神健康等民事权益的保护另有比较系统的规定。据此亦可知，英烈的近亲属如果以自己的名义以《中华人民共和国民法总则》第一百八十五条、《中华人民共和国英雄烈士保护法》相关规定主张其所维护的社会公共利益，将与有关私益的法律规范产生冲突，因而应以有关法定机构以该法为依据提起公益诉讼为宜。

2. 本案诉讼管辖与诉讼主体资格的认定

首先，《最高人民法院关于适用〈中华人民共和国民事诉讼法〉的解释》第二百八十五条第一款规定，公益诉讼案件由侵权行为地或者被告住所地中级人民法院管辖，但法律、司法解释另有规定的除外；《最高人民法院、最高人民检察院关于检察公益诉讼案件适用法律若干问题的解释》第五条规定，市（分、州）人民检察院提起的一审民事公益诉讼案件，由侵权行为地或者被告住所地中级人民法院管辖。本案侵权行为地和被告住所地皆在淮安市，故淮安市中级人民法院有管辖权。其次，根据《中华人民共和国民事诉讼法》第五十五条、《中华人民共和国英雄烈士保护法》第二十五条规定，对侵害英烈的姓名、肖像、名誉、荣誉的行为，英烈的近亲属可以依法向人民法院提起诉讼。英烈没有近亲属或者近亲属不提起诉讼的，检察机关依法对侵害英烈的姓名、肖像、名誉、荣誉，损害社会公共利益的行为向人民法院提起诉讼。本案淮安市检察院作为公益诉讼起诉人提起本案诉讼符合上述规定。

3. 侵害英烈的人格利益所体现的社会公共利益承担民事责任于法有据

英烈的人格利益所体现的社会公共利益的内涵不难理解为民族的共同记忆、共同情感和民族精神，社会主义核心价值观，尊崇英烈、扬善抑恶的社会风气。英烈的人格利益不仅是个人权益的重要内容，更是社会利益的典型体现。侵害英烈的名誉、荣誉等人格权益，不仅损害了英烈人格权益，更直接或间接地损害了英雄人物及其英雄事迹所体现的全社会、全民族的共同情感，也损害了英烈所代表的社会主义核心价值观等。英烈的名誉、荣誉等人格权益受法律保护。公民享有言论自由，但在行使自由和权利的时候，不得损害国家的、社会的、集体的利益和其他公民的合法权利。因行使言论自由侵害英烈的名誉、荣誉等人格权益，及其所体现的公共利益的，依法应承担侵权责任。《中华人民共和国英雄烈士保护法》第二十二条规定，英雄烈士的姓名、肖像、名誉、荣誉受法律保护。任何组织和个人不得在公共场所、互联网或者利用广播电视、电影、出版物等，以侮辱、诽谤或者其他方式侵害英雄烈士的姓名、肖像、名誉、荣誉。侵害英雄烈士的姓名、肖像、名誉、荣誉，损害社会公共利益的，应当承担民事责任。《中华人民共和国侵权责任法》第十五条规定，承担侵权责任的方式有赔礼道歉、消除影响等。

网络不是法外之地，任何人不得肆意歪曲、亵渎英雄事迹和英烈精神。谢勇烈士的英雄事迹和精神为国家所褒扬，成为全社会、全民族的精神遗产，其名誉、荣誉等人格权益上升为社会公共利益，不容亵渎。而曾某利用成员众多、易于传播的微信群，故意发表带有侮辱性质的不实言论，歪曲烈士谢勇英勇牺牲的事实，诋毁烈士形象，对谢勇烈士不畏艰难、不惧牺牲、无私奉献的精神造成了负面影响，已经超出了言论自由的范畴，侵害了谢勇烈士的名誉、荣誉等人格权益，同时其行为也是对社会公德的公然挑战，侵犯了社会公共利益，构成民事侵权，应当承担民事责任。

编写人：江苏省淮安市中级人民法院　马作彪

图书在版编目（CIP）数据

中国法院2020年度案例. 人格权纠纷：含生命、健康、身体、姓名、肖像、名誉权纠纷 / 国家法官学院，最高人民法院司法案例研究院编. —北京：中国法制出版社，2020.3

ISBN 978-7-5216-0910-3

Ⅰ.①中… Ⅱ.①国…②最… Ⅲ.①人格-权利-民事纠纷-案例-汇编-中国 Ⅳ.①D920.5

中国版本图书馆CIP数据核字（2020）第034117号

策划编辑：李小草　　责任编辑：韩璐玮　赵律玮　　封面设计：温培英　李宁

中国法院2020年度案例·人格权纠纷：含生命、健康、身体、姓名、肖像、名誉权纠纷

ZHONGGUO FAYUAN 2020 NIANDU ANLI · RENGEQUAN JIUFEN：HAN SHENGMING、JIANKANG、SHENTI、XINGMING、XIAOXIANG、MINGYUQUAN JIUFEN

编者/国家法官学院，最高人民法院司法案例研究院

经销/新华书店

印刷/三河市紫恒印装有限公司

开本/730毫米×1030毫米　16开　　印张/16　字数/212千

版次/2020年3月第1版　　2020年3月第1次印刷

中国法制出版社出版

书号 ISBN 978-7-5216-0910-3　　定价：56.00元

北京西单横二条2号

邮政编码 100031　　传真：010-66031119

网址：http：//www.zgfzs.com　　**编辑部电话：010-66071862**

市场营销部电话：010-66033393　　**邮购部电话：010-66033288**

（如有印装质量问题，请与本社印务部联系调换。电话：010-66032926）

中国法院2012～2020年度案例系列

国家法官学院　最高人民法院司法案例研究院　编

简便易用、权威实用——打造“好读有用”的案例

1. 权威的作者：国家法官学院案例开发研究中心持续20余年编辑了享誉海内外的《中国审判案例要览》丛书，2012年起推出《中国法院年度案例》丛书，旨在探索编辑案例的新方法、新模式，以弥补当前各种案例书的不足。

2. 强大的规模：2012、2013年各推出15本，2014年推出18本，2015年推出19本，2016年推出20本，2017年推出21本，2018、2019、2020年推出23本，含传统和新近的所有热点纠纷，所有案例均是从全国各地法院收集到的上一年度审结的近万件典型案例中挑选出来的，具有广泛的选编基础和较强的代表性。

3. 独特的内容：不再有繁杂的案情，高度提炼案情和裁判要旨，突出争议焦点问题。不再有冗长的分析，主审法官撰写“法官后语”，展现裁判思路方法。

1. 婚姻家庭与继承纠纷
2. 物权纠纷
3. 土地纠纷（含林地纠纷）
4. 房屋买卖合同纠纷
5. 合同纠纷
6. 买卖合同纠纷
7. 借款担保纠纷
8. 民间借贷纠纷
9. 侵权赔偿纠纷
10. 道路交通纠纷
11. 雇员受害赔偿纠纷（含帮工受害纠纷）
12. 人格权纠纷（含生命、健康、身体、姓名、肖像、名誉权纠纷）
13. 劳动纠纷（含社会保险纠纷）
14. 公司纠纷
15. 保险纠纷
16. 金融纠纷
17. 知识产权纠纷
18. 行政纠纷
19. 刑事案例一
20. 刑事案例二
21. 刑事案例三
22. 刑事案例四
23. 执行案例